OLDENBOURG
GRUNDRISS DER
GESCHICHTE

OLDENBOURG
GRUNDRISS DER
GESCHICHTE

HERAUSGEGEBEN
VON
JOCHEN BLEICKEN
LOTHAR GALL
HERMANN JAKOBS

BAND 5

DAS FRANKENREICH

VON

REINHARD SCHNEIDER

2., überarbeitete und erweiterte Auflage

R. OLDENBOURG VERLAG
MÜNCHEN 1990

CIP-Titelaufnahme der Deutschen Bibliothek

Oldenbourg-Grundriss der Geschichte / hrsg. von
Jochen Bleicken ... – München : Oldenbourg.
NE: Bleicken, Jochen [Hrsg.]; Grundriss der Geschichte

Schneider, Reinhard:
Das Frankenreich / von Reinhard Schneider. –
2., überarb. u. erw. Aufl. – München : Oldenbourg, 1990
(Oldenbourg-Grundriss der Geschichte ; Bd. 5)
ISBN 3-486-49692-1 kart.
ISBN 3-486-48802-3 Gb.

Bd. 5. Schneider, Reinhard: Das Frankenreich. –
2., überarb. u. erw. Aufl. – 1990

Umschlaggestaltung: Dieter Vollendorf, München
Satz: Robert Hurler GmbH, Notzingen
Druck- und Bindearbeiten: R. Oldenbourg Graphische Betriebe GmbH, München.

ISBN 3-486-**48802**-3 geb.
ISBN 3-486-**49692**-1 brosch.

VORWORT DER HERAUSGEBER

Die Reihe verfolgt mehrere Ziele, unter ihnen auch solche, die von vergleichbaren Unternehmungen in Deutschland bislang nicht angestrebt wurden. Einmal will sie – und dies teilt sie mit manchen anderen Reihen – eine gut lesbare Darstellung des historischen Geschehens liefern, die, von qualifizierten Fachgelehrten geschrieben, gleichzeitig eine Summe des heutigen Forschungsstandes bietet. Die Reihe umfaßt die alte, mittlere und neuere Geschichte und behandelt durchgängig nicht nur die deutsche Geschichte, obwohl sie sinngemäß in manchem Band im Vordergrund steht, schließt vielmehr den europäischen und, in den späteren Bänden, den weltpolitischen Vergleich immer ein. In einer Reihe von Zusatzbänden wird die Geschichte einiger außereuropäischer Länder behandelt. Weitere Zusatzbände erweitern die Geschichte Europas und des Nahen Ostens um Byzanz und die Islamische Welt und die ältere Geschichte, die in der Grundreihe nur die griechisch-römische Zeit umfaßt, um den Alten Orient und die Europäische Bronzezeit. Unsere Reihe hebt sich von andern jedoch vor allem dadurch ab, daß sie in gesonderten Abschnitten, die in der Regel ein Drittel des Gesamtumfangs ausmachen, den Forschungsstand ausführlich bespricht. Die Herausgeber gingen davon aus, daß dem nacharbeitenden Historiker, insbesondere dem Studenten und Lehrer, ein Hilfsmittel fehlt, das ihn unmittelbar an die Forschungsprobleme heranführt. Diesem Mangel kann in einem zusammenfassenden Werk, das sich an einen breiten Leserkreis wendet, weder durch erläuternde Anmerkungen noch durch eine kommentierende Bibliographie abgeholfen werden, sondern nur durch eine Darstellung und Erörterung der Forschungslage. Es versteht sich, daß dabei – schon um der wünschenswerten Vertiefung willen – jeweils nur die wichtigsten Probleme vorgestellt werden können, weniger bedeutsame Fragen hintangestellt werden müssen. Schließlich erschien es den Herausgebern sinnvoll und erforderlich, dem Leser ein nicht zu knapp bemessenes Literaturverzeichnis an die Hand zu geben, durch das er, von dem Forschungsteil geleitet, tiefer in die Materie eindringen kann.

Mit ihrem Ziel, sowohl Wissen zu vermitteln als auch zu selbständigen Studien und zu eigenen Arbeiten anzuleiten, wendet sich die Reihe in erster Linie an Studenten und Lehrer der Geschichte. Die Autoren der Bände haben sich darüber hinaus bemüht, ihre Darstellungen so zu gestalten, daß auch der Nichtfachmann, etwa der Germanist, Jurist oder Wirtschaftswissenschaftler, sie mit Gewinn benutzen kann.

Die Herausgeber beabsichtigen, die Reihe stets auf dem laufenden Forschungsstand zu halten und so die Brauchbarkeit als Arbeitsinstrument über eine längere Zeit zu sichern. Deshalb sollen die einzelnen Bände von ihrem Autor oder einem anderen Fachgelehrten in gewissen Abständen überarbeitet werden. Der Zeitpunkt der Überarbeitung hängt davon ab, in welchem Ausmaß sich die allgemeine Situation der Forschung gewandelt hat.

Jochen Bleicken | Lothar Gall | Hermann Jakobs

INHALT

VORWORT

Die Konzeption der Reihe ermöglicht auch die Behandlung des Frankenreiches, dessen Geschichte aber selbstverständlich über das Jahr 840 hinausreicht. Inwiefern die zeitliche Begrenzung vertretbar erscheinen mag, wird in der Einleitung angedeutet. An dieser Stelle sollen die notwendigen sonstigen Stoffverkürzungen, besonderen Gewichtungen und Schwerpunkte weder beklagt noch entschuldigt werden. Solchen Zwängen entgeht keine Darstellung. Im Teil II: „Grundprobleme und Tendenzen der Forschung" wurde auf ältere Arbeiten, zumal solche des 19. und früherer Jahrhunderte nur in Einzelfällen verwiesen. Auch der Rückgriff auf sozusagen schon klassisches Rüst- und Handwerkszeug unterblieb im Regelfall, weil diese sonst unentbehrlichen Hilfsmittel als bekannt, ja vertraut vorauszusetzen sein dürften.

Das Manuskript wurde im Spätherbst 1981 abgeschlossen. Bis dahin erschienene Literatur wurde berücksichtigt, Vollständigkeit aber war nie beabsichtigt. Das Literaturverzeichnis in Teil III kann also keine Bibliographie ersetzen, zumal die vorliegende Schwerpunktsetzung zur Kürzung auch der Literaturangaben auf anderen wichtigen Feldern der fränkischen Geschichte zwang. Die Zitierweise selbst folgt den für die Gesamtreihe geltenden Richtlinien.

Für mannigfache Hilfe habe ich herzlich zu danken. Hermann Jakobs hat als Herausgeber der Reihe das Manuskript gelesen und mit Kritik gefördert, mit zahlreichen Kollegen und Mitarbeitern konnten klärende Gespräche geführt werden. Für Hilfen bei der Manuskriptherstellung und den Korrekturen danke ich meiner Saarbrücker Mitarbeiterin Irmgard Schüler, ganz besonders auch Frau Brigitte Gutjahr für die Reinschriften.

Saarbrücken, im März 1982 R. S.

ZUR ZWEITEN AUFLAGE

Seit 1982 sind in der Reihe „Oldenbourg Grundriß der Geschichte“ die Bände 4 und 22 erschienen, die „das Frankenreich“ flankieren: JOCHEN MARTINS Band über „Spätantike und Völkerwanderung“ (1987) und PETER SCHREINERS Band über „Byzanz“ (1986). Die erschienenen Bücher entlasten die Darstellung des Frankenreiches. Sie sind demnach grundsätzlich zu beachten. Das Problem einer durchgängig angemessenen Berücksichtigung der mediterranen Welt wird demnächst durch Band 4 A der Reihe gelöst werden, wenn JÖRG JARNUTS Darstellung vorliegt: „Völkerwanderung und germanische Reichsbildungen am Mittelmeer 418–774“. Gerade der Mittelmeerraum wird vom Frankenreich nur in Teilen unmittelbar beeinflußt und verlangt eine solche eigene Darstellung, die auch den germanischen Reichsbildungen außerhalb des Frankenreiches seit der Völkerwanderungszeit stärker Rechnung tragen könnte. Ein Schließen solcher Lükken sollte zugleich einen Brückenschlag zwischen der westlichen und der östlichen Vormacht, eben des Frankenreiches einerseits und der Großmacht Byzanz andererseits bieten. Denn die unmittelbare Berührung beider Großmächte, mindestens aber ihrer Interessenbereiche, ergibt sich in durchgängiger Form bekanntlich erst im Zusammenhang mit den fränkisch-byzantinischen Verträgen ab 812. Davon bleibt selbstverständlich unberührt, daß sich zumal im italischen Raum zahlreiche Konfrontationen schon längst vorher ereignet hatten.

Die Neuauflage trägt manchem kritischen Einwand Rechnung, korrigiert auch Fehler. Vor allem aber führt sie in Teil II die Diskussion über Grundprobleme und Tendenzen der Forschung weiter. Erstaunlicherweise sind seit 1981/82 im In- und Ausland sehr zahlreiche Studien und vor allem auch gewichtige monographische Abhandlungen vorgelegt worden, die Berücksichtigung verdienen. Neben der anhaltenden Flut populärer Darstellungsformen zeugt gerade die rege wissenschaftliche Diskussion von der schier ungebrochenen Faszination des Frankenreiches und zumal der Karlszeit bzw. der Person des größten Karolingers.

Gegenüber der 1. Auflage ist im Darstellungsteil das Kapitel 9 „Kulturelles Leben“ eingefügt worden, dem im Teil II eine erweiterte Fassung entspricht. Diese Passagen stützen sich auf eigene Artikel, die zwischenzeitlich in der TRE erschienen sind. Auch Teil III (Quellen und Literatur) ist erweitert worden.

Zu danken habe ich Frau E. Bernhardt für die Herstellung des Manuskripts und Herrn Th. Trapp für reiche Hilfe und die Überarbeitung des Registers.

Saarbrücken, im Juli 1989 R. S.

I. Darstellung

1. Einleitung

a) Zur allgemeinen Bedeutung des Frankenreiches

Die Bedeutung der Franken ist für die europäische Geschichte vielfältig und offenkundig: Sie treten ins historische Licht als Erben der weströmischen Herrschaft in Gallien, nehmen eine Mittlerstellung zwischen Spätantike und Mittelalter ein und erreichen die dauerhafteste und wirkungsmächtigste Staatsbildung aller germanischen Völkerschaften. Dieses fränkische Reich gehört zu den eindrucksvollsten Beispielen frühmittelalterlicher Großreichsbildung, und es war von einer außerordentlich prägenden Kraft. So ist das fränkische Großreich zur Wiege zahlreicher europäischer Reiche, aber auch von kontinentalen Nationen und Nationalstaaten geworden; man denke beispielsweise nur an Frankreich, Italien, Burgund, und schließlich auch an Deutschland, obwohl dessen Entwicklung zum Teil anders verlaufen ist, da hier die Nationalstaatsbildung bekanntlich erst im 19. Jahrhundert erfolgte und eine Staatsbildung vor 1871 in Deutschland nicht durchgängig erreicht wurde. Mittlerstellung

Die Auswirkungen dieses frühmittelalterlichen Großreichs sind selbst nach Osten und Südosten beträchtlich gewesen. Dies muß um so mehr betont werden, als noch für Ranke das Mittelalter durch die germanisch-romanischen Völker wesentlich bestimmt wurde, während die Slaven als dritte wichtige Komponente in seinem Geschichtsbild fehlten. Mindestens in karolingischer Zeit sind aber teilweise auch Slaven (Teile der Westslaven, besonders aber die Awaren) dem fränkischen Reich eingegliedert worden. Großreichsbildung

Gezwungenermaßen hatte das Frankenreich eine welthistorische Aufgabe mit der Abwehr des Islam zu übernehmen, es zerbrach jedoch nicht an dieser Aufgabe. Durch die Franken erhielten Europas Länder mehr oder weniger ausgeprägt ihre inneren Verfassungsstrukturen. Zum Teil hat man deshalb das Frankenreich sogar mit dem Römischen Reich verglichen, indem man davon ausging, daß das Römische Reich die Antike geformt habe, während andererseits das fränkische Reich dem Mittelalter seine Formkraft lieh.

Für das moderne Verständnis ist wesentlich, daß die fränkische Geschichte eine Vorgeschichte der französischen und der deutschen Geschichte sowie anderer vornehmlich mitteleuropäischer Staaten ist. Sie gehört nicht, wie noch im älteren Verständnis etwa des 19. und beginnenden 20. Jahrhunderts angelegt, zur deutschen oder gar zur „frühen deutschen" Geschichte.

Versteht man das Frankenreich als Wiege der Völker Mittel- und Westeuropas, dessen Einflüsse weit über diesen Bereich hinaus zu den Slaven und bis nach Südeuropa reichten, so wird es vornehmlich als ein Kulturträger und Mittler von höchstem Rang angesprochen. Dies schlug sich nieder in so geläufigen Begriffen wie der karolingischen Renaissance, der karolingischen Schriftkultur, karolingischer Institutionen wie Kanzlei, Hofkapelle usw., sowie in der Tatsache, daß die klassische antike Literatur fast ausnahmslos durch Handschriften, die in karolingischen Schreibschulen angefertigt wurden, dem Mittelalter und der neuzeitlichen Nachwelt überliefert worden ist. Gerade diese Vermittlung ist das Werk einer hohen Klosterkultur, deren Verdienste noch heute kaum überschätzt werden können.

In der fränkischen Geschichte ist aber auch bereits der historische Ausgangspunkt angelegt für eine weltgeschichtliche Auseinandersetzung, die über Jahrhunderte die europäische Szenerie bewegte: Die große Auseinandersetzung zwischen Kaisertum und Papsttum, das historische Kräftemessen zwischen Imperium und Sacerdotium. Die Voraussetzungen für diese wechselseitigen Beziehungen gehen weit in die fränkische Frühzeit zurück mit dem bedeutungsvollen Übertritt der Franken zum Christentum und dessen Übernahme durch alle zum fränkischen Herrschaftsbereich gehörenden barbarischen Stämme, deren letzte Sachsen und Awaren waren.

Zum Zeitpunkt der Taufe Chlodwigs war sein Übertritt zum katholischen Bekenntnis noch nicht selbstverständlich, Chlodwig vollzog ihn vielmehr bewußt und mit gezielter politischer Absicht im Gegensatz zu allen anderen germanischen Stämmen, die zwar Anschluß an das arianische Christentum, damit aber keine Brücke zum „rechtgläubigen" Bekenntnis der überwiegenden Bevölkerungsmehrheit ihrer Reichsbildungen gefunden hatten. So treten schon früh politische Klugheit gepaart mit Rücksichtnahmen als charakteristische Elemente fränkischer Herrschaft neben religiös-rechtgläubigen Grundhaltungen entgegen, deren Fortwirkungen weit in das kontinentale Mittelalter hineinreichten.

b) Der zeitliche Rahmen

Aus heutiger Sicht reicht der zeitliche Rahmen der fränkischen Geschichte von der Frühzeit des 4./5. Jahrhunderts bis zum Ende des 9. Jahrhunderts, eventuell sogar bis zur Wende des 9./10. Jahrhunderts. Die so lange Zeitphase läßt sich grundsätzlich in zwei Großperioden gliedern. Die in zunehmendem Maße als eigenständiger gewertete Merowingerzeit dauert bis zum Staatsstreich Pippins 751, bis dahin reicht formal die Herrschaftszeit der 1. Dynastie. Die Periode der 2. Dynastie führt dann von 751 bis spätestens etwa 911, bis zum Todesjahr Ludwigs des Kindes, des letzten karolingischen Königs im Ostreich. Vereinzelte moderne Tendenzen, die Karolingerzeit bis 987 auszuweiten [z. B. 206: R.

McKitterick], führen in die Irre, sie orientieren sich ohnehin nur an der Geschichte des westlichen Reichsteils. Herkömmlicher als der Einschnitt von 751 ist freilich die Betonung der Zäsur mit der Schlacht von Tertry (687), in der Pippin der Mittlere sich als Hausmeier im Gesamtreich durchsetzte und der unaufhaltsame Aufstieg der Arnulfinger seinen entscheidenden Ausgang nahm. Diese moderne Sehweise trifft sich übrigens mit der Auffassung des Karlshofes, wie sie in den Annales Mettenses priores am deutlichsten zum Ausdruck kommt. Für die zeitliche Abgrenzung der fränkischen Reichsgeschichte lassen sich freilich Einschränkungen gewichtiger Art machen.

Fragen zeitlicher Abgrenzung

Für Althistoriker wirft beispielsweise die Frage nach dem Anfang schwierige Probleme auf, während für Mediävisten die nach dem Ende nicht eindeutig beantwortbar ist. Wenn J. Martin bemüht ist, „die Geschichte des 4.–6. Jhs. nicht von ihrem Ende her aufzurollen, zumal „ein definitives Ende“ des Römischen Reiches ja „auch längst nicht überall festzustellen“ sei [57: J. Martin, 143], so besticht in der Tat die konsequent römische Sehweise, die aber denjenigen irritieren muß, der vorrangig nach der Umgestaltung der ehemals römisch dominierten Welt, nach dem Zusammenbruch des Reiches und den neuen Formen ethnisch-politischer Großgruppen und ihrer Herrschaftsübung fragt. Bei diesen Problemstellungen geht es um mehr als lediglich Aspekte römischer Innen- bzw. Provinzialpolitik und ggf. solche einer Außenpolitik. Die römische Perspektive ist auch in der glänzenden Darstellung der Spätantike aus der Feder A. Demandts [40] gewahrt, wenn er der Regierungszeit des Kaisers Valens deshalb weltgeschichtliche Bedeutung zuerkennt, weil in ihr die „germanische Völkerwanderung“ begann. Es hängt wohl mit diesem leicht irreführenden Begriff zusammen, wenn Demandt die römische Geschichte im Westen bis 493 (Odoaker) und bis 565 im Osten führt, wo Justinian den letzten, vergeblichen Versuch unternommen hatte, das römische Reich zu retten. So selbstverständlich sich aber aus den legitimen Sichtweisen für die Darstellungen der Spätantike und des Frankenreichs Berührungspunkte und Überschneidungen ergeben, sie lösen nicht das Postulat einer „Zusammenarbeit von Althistorikern und Mediävisten“ ein, von dem – wieder einmal und zu Recht – auch J. Martin (Vorwort S. XI) spricht.

Wenn man der Auflösung des Karolingerreiches eine besondere Bedeutung für die gesamteuropäische Entwicklung der Folgezeit zumißt, dann wird man die große Endzäsur bereits in der Mitte des 9. Jahrhunderts sehen wollen. Ludwigs des Frommen Tod 840 und der Vertrag von Verdun 843 lassen sich hierbei mit guten Gründen bereits als kulminierende Punkte der Auflösung des Karlsreiches interpretieren. Die häufig angesprochene Bedeutung des Frankenreiches als einer Wiege für eine Vielzahl europäischer Völker und Nationen hätte hier eine sinnvolle Entsprechung insofern, als mit den Ereignissen seit den Altersjahren Ludwigs des Frommen die Formierung Europas mit immer größerer Deutlichkeit heraustritt. Auch wenn man den Akzent stärker auf eine Geschichte des Frankenreichs legt und dabei insbesondere dessen Einheit betont, wird die Zäsur von

843 dominant. Denn abgesehen von einigen mehr oder weniger zufallsbedingten Entwicklungen blieben die Konturen der Teilreiche von 843 in der Folgezeit dauerhaft, und eine fränkische Reichseinheit ließ sich nicht mehr herstellen. Karls III., des Dicken, vorübergehende nominelle Alleinherrschaft über alle fränkischen Teilreiche ändert an dieser Feststellung wenig, zumal sie episodenhaft blieb und immer nur eine Addition ohne Chance zur Integration war.

Chlodwig und Karl d. Gr. als überragende Herrscher

Die Gesamtepoche der fränkischen Geschichte ist durch zwei überragende Herrscherfiguren geprägt: durch Chlodwig (482–511) einerseits, dem die Monopolisierung des fränkischen Königtums und die Begründung eines Einheitsreiches, ja sogar eines Großreiches gelang, und durch Karl den Großen (768–814) andererseits, der als *pater Europae* – um nur einen seiner zeitgenössischen Ehrentitel zu nennen – eine weit über die Grenzen des Frankenreiches hinausstrahlende historische Persönlichkeit gewesen ist. Sein Beiname *magnus* tritt noch im späteren Polen als Personenname von Herrschern auf, berühmter aber wurde die Entwicklung seines Personennamens zum Titel, was vergleichsweise nur dem Namen Caesar – Kaiser – Zar gelungen ist. So begegnet der Name Karls des Großen als slavischer Herrschertitel in: bulgarisch *kral'*, serbokroatisch *krālj*, tschechisch *král*, altsorbisch *krol*, polnisch *król*, bis hin zu russisch und ukrainisch *korōl'* usw. [198: H. D. Kahl].

Fragen historischer Gliederung

Angesichts zweier so überragender Herrschergestalten läge es nahe, den gesamten Zeitraum der fränkischen Geschichte unter Berücksichtigung der von ihnen ausgehenden und vor allem den Staat prägenden Kraft zu gliedern. Eine solche Konzentration könnte auch durch die relative Überlieferungsdichte nahegelegt werden, die für Chlodwig und die Karlszeit recht groß ist. Gleichwohl soll im folgenden der Blick stärker auf die politische Geschichte sowie auf die der Wirtschaft und Gesellschaft des Frankenreiches gerichtet werden. Trotz dieser angestrebten Systematisierung werden sich freilich verschiedene Komponenten häufig überlappen, da ja historische Darstellungen den dominanten Zeitfaktor bzw. den chronologischen Entwicklungsfaden zu berücksichtigen haben, ihn jedenfalls nicht ungestraft vernachlässigen können.

Neben dem für die fränkische Geschichte eher traditionellen Gliederungsschema in Merowinger- und Karolingerzeit empfiehlt sich aus mancherlei Gründen eine konsequente dynastische Orientierung. Zunächst könnte es der Respekt vor der Königserhebung Pippins selbst sein, die in ihrer für die Reichsgeschichte einschneidenden Bedeutung nicht gemindert werden sollte, obwohl ihr der auch subjektiv empfundene „Makel" des Staatsstreiches anhaftete. Verwirrender ist die Gewohnheit, unter Rückgriff auf die Ahnherren die Geschichte der Karolinger weit in das 7. Jahrhundert zurückzuverlegen und dabei den Anschein einer bereits dynastischen Geschichte zu wecken. Selbst der schon fast übliche Ansatz, mit der Schlacht von Tertry 687 die Karolingerzeit beginnen zu lassen, wird dem komplizierten Legitimations- und Verfassungsgefüge der Zeit vor 751 nicht gerecht. Da auch das karolingische Haus selbst aus letztlich rätselhaften Gründen mindestens den Schein merowingischer Königsherrschaft vor 751 nicht zu beseitigen wagte, gerät eine formalere dynastische Gliederung der Geschichte des Frankenreiches vielleicht weniger in die Gefahr vorurteilsbedingter Sehweise und Akzentuierung. Freilich werden damit nur Gliederungsfragen und letztlich Aspekte der historiographischen Gestaltung angesprochen, nicht aber die These gestützt, als hätten solche Dynastien eine monopolartige Prägekraft besessen, als seien etwa die Karolinger gar eine Familie gewesen, die Europa geschaffen habe [61: P. Riché, Les carolingiens. Une famille qui fit l'Europe; die deutsche Ausgabe von 1987 nimmt den Aussageanspruch etwas zurück: „Die Karolinger. Eine Familie formt Europa"].

2. Zur Frühgeschichte der Franken – Herkunft und Selbstverständnis

Dunkel, kompliziert und zum Teil ganz undurchsichtig ist die Frühgeschichte der Franken. Dennoch ist sie historisch außerordentlich wichtig, da sie einen wesentlichen Abschnitt der Völkerwanderungszeit umfaßt und zu deren Bewertung herangezogen werden muß. Universalhistorisch bedeutsam ist sie ferner, weil sie zum Großthema des Unterganges des Weströmischen Reiches und dessen spezieller Ursachen gehört und weil auch von ihr weitgehend die Frage der Einschätzung der Franken als eines Staatsvolkes abhängig ist. Angedeutet sei dies mit der Frage der fränkischen Landnahme: Erfolgte sie durch brutale Unterdrückung, in Form einer rollenden Lawine, oder handelte es sich nur um die allmähliche Überlagerung anderer Völker durch die dünne Minderheit eines (späteren) Herrenvolkes?

Erste Nennungen des Frankennamens

Das Thema verlangt eine Konzentration auf wenige und wichtige Punkte. Zum ersten Mal wird der Name der Franken in römischen Quellen genannt, die über das Vorrücken dieser Germanen in Richtung auf den Rhein bald nach der Mitte des 3. Jahrhunderts berichten. Aus der Folgezeit liegen nur Nachrichtensplitter vor. Daher ist es üblich geworden, die Geschichte der Franken seit der Mitte des 3. Jahrhunderts zu datieren, also mit ihren Einfällen in das Römische Reich die historische Darstellung zu beginnen. Sehr problematisch für diese früheste Phase ist aber die Tatsache, daß in den schriftlichen Quellen kein geschlossener Stamm oder Stammesverband erkennbar ist, sondern allenfalls Teile, Splitter, Kommandotrupps und ähnliches. Ferner wird in den überlieferten Quellen nur von Einfällen, Scharmützeln, teilweise auch Schlachten, aber vor allem von Plünderung und Raub berichtet, während Hinweise auf Siedlungen fehlen. Diese überaus einseitige Quellenlage wird durch eine ohnehin äußerst komplizierte Chronologie zusätzlich erschwert. Eine bedeutende Schwierigkeit bietet ferner die Terminologie dieser schriftlichen Quellen, in denen häufig nur von „Germanen" die Rede ist. Zweifellos gehören auch die Franken zu ihnen, aber sind immer Franken gemeint, wenn Germanen genannt werden?

Fränkische Geschichte ist keine deutsche Geschichte

Während die ältere Forschung unter den Germanen vor allem „frühe" Deutsche oder gar die „ersten" Deutschen verstand und von einer Kontinuität germanisch-deutscher Geschichte ab Caesar und Tacitus, welche die frühesten Zeugnisse bieten, ausging und demnach beispielsweise von „den Deutschen zur Zeit Tacitus' Germania" redete, ist diese Sehweise inzwischen nicht mehr zu rechtfertigen. Nicht häufig genug kann nämlich betont werden, daß die Geschichte des deutschen Reiches erst seit dem letzten Drittel des 9. Jahrhunderts frühestens anzusetzen ist, daß die Geschichte des deutschen Volkes zwar bereits etwas eher im 9. Jahrhundert angelegt war, daß sich hier aber eine viel länger anhaltende Entwicklung abzeichnete und daß schließlich die Geschichte des deutschen Volkes und der deutschen Nation letztlich noch heute ein weithin offenes Forschungsproblem darstellt.

Problematik des Germanen-Begriffs

Die Mehrzahl heutiger Historiker meidet nach Möglichkeit den Begriff „Germanen" und verwendet statt dessen die Namen der einzelnen (germanischen) Völkerschaften in direkter Form: Ostgoten, Westgoten, Wandalen, Franken, Langobarden, Thüringer, Alemannen usw. Entsprechend wird auch nur ganz selten im Bereich der historischen Forschung von „gemeingermanischen" Entwicklungen, Phänomenen usw. gesprochen, werden germanische Gemeinsamkeiten konstatiert oder gar beschworen. Dennoch ist der Begriff Germanen mitunter notwendig: „Unter ‚Germanen' versteht die moderne Wissenschaft eine Gruppe von Völkern, die sich durch bestimmte sprachliche Gemeinsamkeiten (german. Lautverschiebung, Akzentverschiebung nach dem Vernerschen Gesetz) von den ebenfalls indogermanische Sprachen sprechenden Nachbarn unterschieden. Dieser an philologischen Kriterien orientierte moderne Germanenbegriff deckt sich nicht mit dem Sprachgebrauch des Altertums" [314: R. Wenskus].

Bereits hiermit wird deutlich, daß das „Germanentum" keine einheitliche Größe darstellte, sondern verschiedenartige Elemente aufwies und unterschiedliche Einwirkungen auf das Mittelalter zeitigte. Wollte man die Franken in die drei Großgruppen der Ost-, West- und Nordgermanen einordnen, so würden sie neben Alemannen, Bayern, Sachsen, Thüringern, Chamaven, Friesen, Langobarden und Angelsachsen zu den Westgermanen gehören.

Einordnung der Überlieferungstrümmer

Die nur trümmerhaften schriftlichen Zeugnisse der fränkischen Frühzeit bieten besondere Schwierigkeiten bezüglich ihrer zeitlichen Einordnung. Wie aber sind sie mit den sonstigen Zeugnissen in Übereinstimmung zu bringen, beispielsweise mit Überresten, zu denen zahlreiche Schatzfunde in Gallien, Brandschichten und archäologische Siedlungsreste zählen? Für derartige Überreste ist die Frage der zeitlichen Bestimmung jedoch gleichfalls das zentrale Problem. Daher ist es leicht verständlich, daß je nach Art der Zeugnisse, die einer Untersuchung zugrundegelegt werden, unterschiedliche Zeitansätze gewonnen werden und insgesamt eine recht unbefriedigende Forschungslage besteht.

Diese Situation dürfte mittlerweile durch H. W. Böhmes [75] archäologische Großuntersuchung der zwischen unterer Elbe und Loire ermittelbaren germanischen Grabfunde des 4. bis 5. Jahrhunderts entscheidend verbessert worden sein, insofern ein starkes fränkisch-barbarisches Einsickern in den galloömischen Raum bereits seit der Mitte des 4. Jahrhunderts erkennbar wird, das sich in einem langfristigen Prozeß ergab und zu einer frühen gallisch-germanischen Mischzivilisation bereits des 4. Jahrhunderts führte, längst ehe die durch Schriftquellen gesicherte fränkische Reichsbildung unter Childerich und insbesondere seinem Sohne Chlodwig am Ausgang des 5. Jahrhunderts erfolgte. Für die oft und heiß diskutierte fränkische Landnahme eröffneten sich damit überraschende Perspektiven, und der These von einer eigentlichen, weil gewaltsamen Landnahme gar in Form einer Wanderlawine ist der Boden entzogen. Man muß vielmehr ausgehen von einem langgestreckten Prozeß allmählichen Einsickerns fränkischer Stammesangehöriger in das gallorömische Gebiet.

Frühe gallisch-germanische Mischzivilisation

Trotz dieses beachtlichen Forschungsfortschritts sind jedoch über den Anfängen der fränkischen Geschichte viel Dunkelheit und Rätsel geblieben. Dies gilt auch für den in römischen Quellen bald nach der Mitte des 3. Jahrhunderts begegnenden Namen des Stammes wie für diesen selbst. Deutungsversuche, die Namen und Volkscharakter gern in Beziehung setzten, sprachen von den Franken als mutigen, kühnen, ungestümen Recken. Für diese bereits frühmittelalterliche Deutung spricht manches.

Deutungen des Frankennamens

Eine ähnliche Erklärung geht von den Franken als den „Freien“ aus, sie dürfte jedoch später anzusetzen sein und zwar in eine Zeit, in der die Franken innerhalb ihres Herrschaftsbereiches bereits das eigentliche Staatsvolk geworden waren und Franke und Freier als miteinander identisch galten. In ihrer Frühzeit ist hingegen die *gens Francorum*, die zu den Großstämmen des Frühmittelalters gehört, noch keineswegs als ein institutionell gefestigter Stammesverband anzusprechen. Daher vermeidet man diesen Begriff besser.

E. Zöllner [74] bevorzugt den Terminus Stammesbund, denn „von einem solchen ist unbedingt zu sprechen, nicht von einem politisch oder ethnisch von Anfang an einheitlich organisierten Stammesverband“.

Wohl zu Recht hat R. Wenskus [314] dagegen noch stärker den flechtenartigen Charakter verschiedenförmiger Bindungen betont, die die Franken zusammenhielten. Sie träten als eine jener „nach außen offene(n) Stämmegruppen“ entgegen, für die Wenskus treffend die Bezeichnung Stammesschwarm gewählt hat.

Fränkischer Stammesschwarm

Die angedeutete Stammesstruktur entspricht nicht nur den Formen der „Landnahme“ im linksrheinischen Gebiet, sondern vor allem wohl auch dem frühmittelalterlichen Siedlungsbild, insbesondere dem des nordalpinen Raumes und Galliens. Deren Altlandschaften wiesen nur wenige offene Gefilde und Siedlungskammern inmitten großer Wald- und Sumpfzonen auf, waren also insgesamt nur in einer Art Streulage aufgesiedelt. Entsprechend waren die alltäglichen Verkehrsprobleme im Regelfall enorm groß und eine weiträumige Kommunikation schwierig. So zwangen allenthalben schon die naturräumlichen Bedingungen zu umgrenzten Formen der Lebens- und Wirtschaftsführung, waren auch die Herrschaftsbildungen kleinräumig angelegt und jeder Versuch, diese Beschränkungen zu überwinden, riskant. Sowohl die Zusammenfassung des fränkischen Stammesschwarms zum Gallien beherrschenden Staatsvolk als auch die fränkische Großreichsbildung unter Chlodwig können daher erst auf dem nur knapp skizzierten Hintergrund in ihrer Bedeutung adäquater beurteilt werden.

Größe des Frankenstammes

Auch die zahlenmäßige Größe der gens Francorum ist bei solcher Beurteilung zu berücksichtigen. Die nur mit größten methodischen Schwierigkeiten und Bedenken zu schätzenden Gesamtzahlen gehen für das 5. und 6. Jahrhundert von etwa 150 000–200 000 Köpfen aus, einer für moderne Verhältnisse also fast unbegreifbar kleinen Zahl, die auch im Vergleich zur Gesamtzahl der galloromischen Bevölkerung sehr gering war. Schon demographisch läßt sich somit erkennen, daß die Franken immer nur kleine Minderheiten gegenüber den sonstigen Bewohnern ihres Reiches bildeten; dies gilt zeitlich bereits für die Frühphase des 5./6. Jahrhunderts und räumlich auch für den von Franken immer relativ dicht besiedelten Großraum zwischen Rhein und Loire, erst recht aber für die späteren fränkischen Reichsteile südlich der Loire bis hinunter zum Mittelmeer und den Pyrenäen.

Allgemeine Situation am Ende des 5. Jh.

Ferner muß im Zusammenhang mit der fränkischen Frühgeschichte stärker auf die allgemeine Situation am Ende des 5. Jahrhunderts geachtet werden. Damals waren die großen Wanderbewegungen noch keineswegs zum Abschluß gekommen, und mindestens Auswirkungen der großen Völkerwanderungszeit spielten noch immer eine wesentliche Rolle. Für den gallischen Raum war hierbei bedeutsam, daß das Weströmische Reich nicht mehr existierte und die für den Westen wichtige Grenzsicherung an Rhein und Donau entfallen war. Während die Ostgoten in Italien und Dalmatien herrschten, die Westgoten schon vorher in Südfrankreich bis zur Loire und Rhône sowie in der Provincia und dem größten Teil Spaniens ihr Reich aufgebaut hatten, vermochten die vom Rhein nach der Sapaudia verpflanzten Burgunder ein selbständiges Reich in der Lugdunensis und der Maxima Sequanorum zu bilden.

In den Raum des heutigen Nordfrankreich schoben sich nun seit dem 4. Jahrhundert in einem zähen, im Grunde fast nur archäologisch erkennbaren Prozeß diejenigen Franken, die dann unter Chlodwig im Jahre 486 über Syagrius siegten, die Herrschaft über das Gebiet zwischen Somme und Loire errangen und die Basis für das fränkische Großreich legten.

Die Verhältnisse im ostrheinischen Raum sind dagegen nur undeutlich erkennbar. Hier bestanden am Ende des 5. Jahrhunderts zwei größere Reiche, das der Alemannen und das der Thüringer. Das Alemannenreich umfaßte auch linksrheinisches Gebiet, nämlich das Elsaß und mindestens zeitweise Räume westlich des Rheins bis nach Langres und Besançon. Auch die wichtige, am linken Rheinufer verlaufende Straße von Worms nach Augst (bei Basel) gehörte zum alemannischen Herrschaftsbereich. Gegenüber den Franken wird die Nordgrenze etwa zwischen Worms und Mainz anzusetzen sein. Auch Aschaffenburg und Würzburg waren bis zum Ende des 5. Jahrhunderts noch alemannisch, während die Ostgrenze dieses Stammesbereichs vermutlich durch den Lech gebildet wurde.

Das Thüringerreich erstreckte sich über einen Raum zwischen Passau und Zülpich am Niederrhein, im Norden gehörte der Nordthüringgau westlich Magdeburgs noch zum Herrschaftsbereich der Thüringer, der also im Westen bis zum Frankenreich hinüberreichte. Wo sich allerdings die fränkische Ostgrenze präzis befand, ist ein sehr schwieriges und strittiges Forschungsproblem, das kaum zu lösen sein dürfte [294: W. Schlesinger].

Konsequenz der desolaten Quellensituation für jegliches Interesse an der Herkunft und Identität der Franken ist gewiß die Frage, was die Franken selbst von ihrer Herkunft wußten. Eine solche Thematik trifft sich mit dem heute allgemeineren Interesse für Probleme des historischen Selbstverständnisses, mythischer Überlieferung und Verklärung.

Herkunftsfragen: Pannonien

Der im ausgehenden 6. Jahrhundert schreibende gallorömische Bischof Gregor von Tours berichtet, die Franken seien aus Pannonien gekommen und hätten sich zuerst am rechten Rheinufer niedergelassen. Diese Angabe hat der Forschung seit jeher viele Schwierigkeiten gemacht, weshalb mancher mit Verschreibung von *Batavia* in *Pannonia* rechnete. Noch nicht bei Gregor, sondern erst später in Fredegars Chronik aus der Mitte des 7. Jahrhunderts finden sich dann Fabeln von der Herkunft der Franken aus Troja. Dies ist keine Überraschung, man hat es vielmehr mit einer sehr beliebten Ableitung der eigenen Herkunft aus Troja und speziell von dem berühmten Helden Äneas zu tun, wie es bei Normannen, bei den Briten und selbst bei manch einem europäischen Herrschergeschlecht auch späterhin bezeugt ist und gehobenem Selbstbewußtsein förderlich war.

Schwieriger ist die Frage nach dem Wert solcher fabelhaften Überlieferung zu beurteilen. Teils hat die Forschung mit heftiger Ablehnung gegenüber solchen Sagen reagiert, teils nach dem jeweiligen „historischen Kern" gesucht. Neuerdings werden sie auch interessiert betrachtet als „geeignetes lohnendes Objekt für die Untersuchung der Aufgabe und Funktion von Überlieferungen, weil (solche Fabeln) nicht mehr politisch und emotional so belastet sind wie beispielsweise der neuzeitliche Fortschrittsglaube oder das demokratische Ideal, die zwar ebenfalls bereits aus der Vergangenheit übernommen und daher traditionalistisch bestimmt, dennoch politische Schlagworte der Gegenwart geblieben" seien [78: F. Graus]. In dieser Sicht werden Fabeln, Mythen und Sagen als Zeugnisse gewertet für das Bild, das eine Zeit sich selbst von ihrer Herkunft machte. Bei den Franken dienen sie folglich sowohl als Zeugnisse der eigenen dunklen Stammesgeschichte als auch für die Sehweise der Späteren, speziell der frühmittelalterlichen Nachwelt. Deshalb lohnt auch die Beschäftigung mit ihnen.

Troja-Fabel

Die teilweise recht wirre Troja-Fabel ist seit Fredegar (um 660) sogar bis weit in das 13. Jahrhundert immer wieder abgeschrieben und verbreitet worden. Moderne Forschung wertet sie kaum noch als Zeichen von „Einfalt", sondern spricht sie als wichtig an für die „Herausbildung eines mittelalterlichen französischen Geschichtsbewußtseins" [78: F. Graus], obwohl sich diese Fabel nicht zu den entscheidenden Traditionen gerade Frankreichs herausgebildet hat.

Gregors Ansatz

Weil Gregor von Tours keine Antwort wußte auf seine Frage, woher die Franken kämen, versuchte er, sich Klarheit in der historischen Literatur zu verschaffen und notierte, was er gefunden hatte. Dies war spärlich genug. Immerhin konnte Gregor den sonst mit seinen Werken nicht bekannten Sulpicius Alexander zitieren, ferner aus der ebenfalls verlorenen Historia des Renatus Profuturus Frigeridus und schließlich auch aus Orosius. Trotz solcher Gewährsmänner blieb Gregor unbefriedigt. Spürbar irritiert aber wurde er, weil seine Literatur nie von fränkischen Königen sprach: „Es bewegt uns die Frage, warum er (Frigeridus), der hier Könige der anderen Völker nennt, bei den Franken keinen König erwähnt..." Gregors Unruhe war verständlich, da bei allen politisch starken und relativ selbständigen Völkern des Frühmittelalters ein Königtum unabdingbar und daher auch vorhanden war. Die Existenz eines Königtums war gleichbedeutend mit eigenem Selbstbewußtsein und Selbstverständnis, war eine Frage des gentilen Geltungsanspruchs, so auch des fränkischen. Solche Zusammenhänge spiegeln sich sogar in der Irritation des gallorömischen Bischofs, der damit auf seine Art ein eindrucksvolles Zeugnis für sein Gefühl der Zugehörigkeit zum fränkischen Reichsverband liefert. Die skizzierte Haltung gentilen Geltungsanspruchs gipfelte in der Theorie Pseudo-Fredegars, die jener im 7. Jahrhundert aufstellte, wonach nur politisch starke Völker befähigt seien, aus sich selbst heraus die Einherrschaft eines Königs hervorzubringen [107: W. H. Fritze]. Hierher gehört aber auch die Angabe des Paulus Diaconus aus dem Ende des 8. Jahrhunderts, wonach die Langobarden einst in Konsequenz der königsgleichen Stellung ihrer Herzöge, zugleich aber in Konsequenz ihrer eigenen Stärke und ihres gentilen Geltungsanspruches sich einen König gesetzt hätten wie andere gentes auch (*regem sibi ad ceterarum instar gentium statuerunt*). Am Ende seines intensiven Forschens resümierte schließlich Gregor (II,9), daß die Franken einst über den Rhein nach Westen gezogen seien, dort gelockte Könige über sich gesetzt hätten aus ihrem ersten und sozusagen vornehmsten Geschlecht, daß sie zahlreiche Kleinkönigreiche gebildet hätten, danach also eine Vielzahl von langgelockten Königen nebeneinander geherrscht habe. Die Begründung solchen Königtums durch Wahl ist offenkundig, offenkundig auch die Gebundenheit der Wahl durch die Herkunft der Kandidaten, die mindestens aus einem herausragenden Geschlecht stammten, offenkundig auch, daß die Könige der Franken untereinander verwandt waren.

Gentiler Geltungsanspruch

Als einen der ersten ihm bekannten Frankenkönige nennt Gregor von Tours einen Chlogio (auch Chlodio – gest. um 455), aus dessen Geschlecht ein König Merowech entsprossen sei, welcher der Dynastie später als Heros eponymus gelten sollte. Vermutlich ein Sohn dieses Merowech war Childerich (460–482), und mit diesem Frankenkönig wird erstmals historisch gesicherter Boden betreten. Denn Childerich ist der erste Merowinger mit einem objektiven Zeugnis seines Königtums. Dieses wird durch einen Siegelring bewahrt, der bei der Öffnung des Childerich-Grabes in Tournai 1653 gefunden wurde und bis zum Jahre 1831 noch konkret vorlag. Er trug die Inschrift: *CHILDIRICI REGIS*.

Childerich I.

Die moderne Forschung [316: H. WOLFRAM] wertet frühmittelalterliche Herrschertitel als (bedingte) Selbstaussagen. Wenn also Childerichs Intitulatio (Name + Funktionstitel) noch keine ethnische Bereichsbezeichnung aufweist, so läßt sich auch daran erkennen, daß sein Königtum noch als Vorstufe gegenüber dem eines künftigen *N. rex Francorum* zu werten ist. Das Ausweisen der Franken als Staatsvolk setzt nämlich die erst von Chlodwig erzwungene Einigung des Gesamtstammes voraus, wobei natürlich nicht übersehen werden darf, daß die Franken selbst nie das einzige Volk in ihrem Reiche waren, das letztlich sogar ein ausgeprägtes Vielvölkergebilde blieb. Hier soll aber zunächst die Frühphase der so stark aufgesplitterten *gens Francorum* angesprochen werden.

Die gens Francorum als Personenverband

Es kann als gesichert gelten, daß seit dem 3. Jahrhundert ältere Stammesgruppen wie die Chamaven, Brukterer, Chattuarier und Amsivarier unter dem Namen „Franken" zusammengefaßt wurden. Sie hatten sich in der Germania II (Köln, Xanten, Nymwegen, Maastricht) niedergelassen und gelten als sogenannte rheinische Franken. Da von einer einheitlichen gens überhaupt keine Rede sein kann, bleibt zu fragen, was sie zur gens machte. Die Antwort muß ausgehen von grundsätzlichen Unterschieden zwischen der germanischen Welt und der des Imperium Romanum, welches ein munizipal geordnetes Reich bildete, dessen freie Bevölkerung das römische Bürgerrecht besaß. Die Germanen ihrerseits saßen mehrheitlich jenseits der römischen Reichsgrenzen, zusammengefaßt in Völkerschaften und Stämmen. Diese *gentes* besaßen ein eigentümliches politisches Bewußtsein und „empfanden sich (natürlich oft genug im Widerspruch zur historischen Wirklichkeit) als eine Abstammungsgemeinschaft (*natio*), die unter der Führung eines Königs (*rex*) als politischer und militärischer Verband (*populus*) ein bestimmtes Gebiet (*patria, land*) beherrschte. „Auf dieses *gentile* Denken ist es zurückzuführen, daß sich der König des Frühmittelalters *rex Francorum, Langobardorum* usw. nannte und nicht *rex Franciae oder Langobardiae*" [46: R. WENSKUS 103].

Die *gentes* werden gemeinhin als Personenverbände angesprochen, an deren Spitze zumeist wie bei den Franken der König als Repräsentant stand. Während das römische Staatsdenken mit Königsherrschaft keine Freiheitsvorstellungen verband, war den germanischen *gentes* der eigene König „Garant der Freiheit des Stammes, war das Vorhandensein eines solchen Königs Kennzeichen der eigenen Freiheit". Der Weg zur einheitlichen *gens* setzte demnach auch bei den Franken ein starkes Königtum voraus, das in der Lage war, königliche Konkurrenten im eigenen Stamme zu verdrängen und das stolze Selbstverständnis wie den politischen Herrschaftsanspruch des Stammes wirksam zu vertreten.

3. Das Frankenreich unter der ersten Dynastie

Chlodwig I.

Nachfolger Childerichs I., des mit wechselvollem Glück herrschenden Kleinkönigs von Tournai, wurde 482 sein Sohn Chlodwig. Die herrscherliche Ausgangsposition für diesen „großen und hervorragenden Kämpfer" (Gregor von Tours) war glänzend: einerseits salfränkischer König im Raum von Tournai, andererseits – wie vermutlich schon der Vater – römischer Sprengelkommandant in der Provinz Belgica II, also mit zusätzlicher höherer Befehlsgewalt ausgestattet [46: E. EWIG].

Chlodwigs unaufhaltsamer Aufstieg zur Einigung des fränkischen Stammesschwarms mit gleichzeitiger Begründung seiner Alleinherrschaft verlief in deutlich sichtbaren Etappen, die zudem durch Gregors von Tours Erzählkünste glänzend illustriert sind. 486/7 besiegte Chlodwig den Romanen Syagrius und mit ihm letzte Reste römischer Herrschaft im Raum zwischen Seine und Loire. Es folgten die Ausweitung zur Maas hin (vermutlich Tongern) und die planmäßige Dezimierung fränkischer Königskonkurrenz mit dem Ausgriff auf das Kölner Reich Sigiberts, das um Arras oder Boulogne gelegene Reich Chararichs und schließlich Ragnachars Königreich von Cambrai sowie dessen Bruders Reich von Le Mans. Schon hiermit war Chlodwigs regnum Francorum zum Großreich geworden, das eine den Reichen der Ostgoten, Westgoten und Burgunder ebenbürtige Rolle spielen und im Innern durch Chlodwigs rigoros verwirklichten Monopolanspruch auf die Herrschaft als weitgehend konsolidiert gelten konnte.

Außenpolitik

Außenpolitisch erstrebte Chlodwig mehr als nur ein auf Nordgallien begrenztes Reich. Seine Feldzüge gegen das Westgotenreich kulminierten im Sieg von Vouillé (bei Poitiers) 507, dem Beginn der Eingliederung Aquitaniens in das Frankenreich. Seither wurde auch Paris bevorzugt, wo die Straßen aus dem fränkischen Norden (Belgien) nach Spanien und von Rouen nach Lyon sich kreuzten. Auch das Verhalten gegenüber Burgund weist deutlich auf das politische Ziel der Gewinnung ganz Galliens, für das die neue Königsstadt Paris ein hervorragendes Zentrum gegeben hätte. Folgenschwer war im Osten der bei Zülpich am Schnittpunkt der Römerstraßen Köln–Reims und Köln–Trier errungene Sieg gegen die Alemannen, weil diese in lose Abhängigkeit von den Franken gerieten, vor allem aber wegen Chlodwigs Übertritt zum katholischen Glauben.

Bekehrung zum katholischen Glauben

Auf dem Höhepunkt der Alemannenschlacht soll er die Bekehrung dem Christengott gelobt haben, falls dieser ihm den Sieg schenke. Die schwer datierbaren Ereignisse dürften in die Jahre 496/97 gehören. Chlodwigs gezielter Übertritt zum katholischen Glauben war freilich planmäßig vorbereitet und als Akt von höchster Öffentlichkeit ebenso sorgfältig im Zusammenwirken mit dem Bischof Remigius von Reims arrangiert worden. Am Weihnachtsfest (498?) wurde Chlodwig in Reims getauft, beugte der stolze „Sugambrer" seinen Nacken vor dem Christengott, um künftig zu verehren, was er verfolgt, und zu verfolgen, was er verehrt hatte (Gregor II,31). Gleichzeitig mit Chlodwig sollen sich 3000 aus seinem Heer, das mit dem König die *gens Francorum* repräsentierte, der Massentaufe unterzogen haben.

Im Gegensatz zu den anderen Germanenreichen, die dem arianischen Glauben anhingen, sicherte die „Rechtgläubigkeit" Chlodwigs und seiner Franken schon im gallischen Raum die Unterstützung der Bischöfe und mindestens die

Sympathie der nichtfränkischen (weitaus überwiegenden) Bevölkerungsmehrheit. Eine wesentliche Voraussetzung für längerfristige Herrschaftsbildung bei gleichzeitiger Integration der unterschiedlichen Einwohnerschichten war damit erreicht.

Reichsteilung nach Chlodwigs Tod

Im Alter von 45 Jahren starb Chlodwig im Jahre 511, und in einer für die Folgezeit so charakteristischen Weise wurde sein Reich geteilt. Als Erbengemeinschaft treten vier Söhne entgegen.

Eine samtherrschaftliche Komponente kennzeichnet zunächst ihre Politik, ehe die politischen Realitäten das Übergewicht gewannen und die Erbanteile stärkeres Eigengewicht erhielten. Trotzdem bewahrte das aus mancherlei Quellen gespeiste Teilungsdenken in der Merowinger- und Karolingerzeit die Wirkkraft eines politisch-rechtlichen Regulativs. 511 wurde das Frankenreich gevierteilt, angeblich zu gleichen Teilen (*aequa lantia*), wenngleich diese Angabe nicht nachprüfbar ist und mehr die Teilungsidee anzusprechen scheint: Theuderich I. erhielt ein Teilreich mit der Residenz Reims, Chlodomer das Reich von Orléans, Childeberts Anteil umschloß Paris, und Chlothar I. bekam ein Teilreich mit der Residenzstadt Soissons. Demnach erhielt jeder Bruder seinen Anteil an der Francia, dem Herzstück des Reiches zwischen Rhein und Loire. Zugeschlagen wurden außerdem Teile des südlicher gelegenen Aquitanien.

Chlodwigs Söhne setzten des Vaters expansive Außenpolitik fort. Nach Osten gelang es, das Thüringerreich, eine der überragenden Großreichsbildungen der ausgehenden Völkerwanderungszeit, ab 531 in fränkische Abhängigkeit und allmählich zur Auflösung zu bringen. Der Untergang des großthüringischen Reiches, das sich einst von der norddeutschen Tiefebene bis zu den Mittelgebirgen und an den Main erstreckt hatte, veränderte die mittel- und osteuropäische Szenerie in tiefgreifender und anhaltender Weise. Das Frankenreich erhielt seinerseits jetzt freien Rücken für die Expansion nach Süden, wo bereits 523 das Ringen um Burgund begonnen hatte. 534 glückte den Frankenkönigen die völlige Unterwerfung, und sofort wurde das Burgunderreich geteilt: Der fränkische Teilkönig von Paris, Childebert I., erhielt den Kern des Reiches mit Lyon, Vienne, Grenoble und Mâcon; König Theudebert von Reims bekam den Norden mit Avenches, Sitten/Sion, Besançon, Langres, Autun und Chalon, während Chlothar I. wohl den Süden Burgunds bis zur Durance erhielt. Auffällig gering waren jedoch die fränkischen Grenzgewinne gegenüber den Westgoten. Nur Theudeberts I. Ausgriff weit nach Südosten geriet nahezu sensationell. In Konkurrenz zu seinen Oheimen Childebert I. und Chlothar I. war es ihm nur mit Mühe gelungen, das Erbe seines 533 verstorbenen Vaters Theuderich zu sichern. Jetzt aber bemühte er sich um langobardische Unterstützung und besetzte in schnellen Vorstößen die Alpenvorlande sowie die Paßlandschaften bis hinüber in den Raum von Aquileja. Als Theudebert sogar das kaiserliche Vorrecht der Goldmünzenprägung brach, lernte auch Byzanz ihn fürchten. Angeblich soll der Frankenkönig Pläne geschmiedet haben, selbst bewaffnet nach Byzanz zu ziehen, doch sein Tod im 14. Regierungsjahr (Ende 547) beendete jäh die hochflie-

Ausgriff nach Süden

genden Pläne. Politisch wirksam blieb jedoch der erste fränkische Ausgriff in die Alpenregion und über sie hinaus nach Oberitalien. Eine breite Kontinuität fränkischer Alpen- und Italienpolitik ist von nun an bis zur Auflösung des Karolingerreiches belegbar [230: R. SCHNEIDER].

Childebert I. dehnte die fränkische Herrschaft 536 auf die Provence aus, welche die von Byzanz bedrängten Ostgoten ihm abtraten. Bis auf das westgotisch bleibende Septimanien war Gallien damit fränkisch, fränkische Oberhoheit auch ausgedehnt über den Rhein hinweg nach Osten und über den alemannischen Großstamm bis in den Alpenraum, wo sich mindestens zeitweise die Entwicklung des bayerischen Stammes unter fränkischen Augen vollzog. Damit waren im wesentlichen die Grenzen des Frankenreiches für lange Zeit umrissen, ehe unter den Karolingern eine neue Expansionswelle sich Bahn brach.

Nachfolgestreitigkeiten

In krassem Gegensatz zur glanzvollen Außenpolitik erscheinen die politischen Verwicklungen im Innern. Als von den Chlodwigsöhnen Chlodomer 524 als erster starb, stritten die Brüder um sein Reich und schalteten „die eintrittsberechtigten" (d. h. ihrerseits erbberechtigten) Neffen, Chlodomers Söhne, auf brutalste Weise aus. Theudeberts Nachfolge auf seinen Vater 533 ist bereits erwähnt worden. In der steten Sorge eines söhnelosen Königs um die eigene Nachfolge adoptierte ihn Childebert, doch vor dem Oheim noch verstarb Theudebert (Ende 547), und „als König herrschte statt seiner sein Sohn Theudebald", wie Gregor von Tours lakonisch und allzu dürftig vermerkt. Der (biologische) Zufall wollte es, daß nach Theudebalds (555) und Childeberts ebenfalls söhnelosem Tod (558) der bislang benachteiligte Chlothar I. als jüngster und nunmehr letzter Sohn des Reichsgründers die Alleinherrschaft übernahm. Im Prinzip auch analog wurde nach Chlothars I. Tod (560/61) das Gesamtreich wiederum viergeteilt unter die Söhne. Nachdem sie ihren Vater in Saint-Médard zu Soissons bestattet hatten, wurden die Anteile vergeben: Charibert erhielt Childeberts Reich mit der Hauptstadt Paris, Guntram Chlodomers Reich von Orléans, Chilperich des Vaters Chlothar Reich von Soissons und schließlich Sigibert das Reich Theuderichs mit der *sedes regia* Reims.

Obwohl in den überlieferten Quellen der „rechtmäßige" Charakter dieser Teilung nachdrücklich betont wird, waren die Brüder mit dem Ergebnis unzufrieden. Zumal Chilperich, der der jüngste war und aus einer späteren Ehe stammte, versuchte mit allen Mitteln, sein Erbteil zu vergrößern. Ohne Erfolg blieb jedoch ein Überfall auf Sigiberts Reich von Reims, als dessen König durch Kämpfe mit den Awaren gebunden war. Auch die Einheirat in Chariberts Reich nach dessen Tod 567 glückte nicht, da alle drei Brüder von der Aufteilung profitierten. Sigiberts Tod 575 befreite Chilperich gar aus schwerster Bedrängnis. Die mit der Nachfolgeregelung für Sigibert gefundene Lösung markiert einen wichtigen verfassungsgeschichtlichen Einschnitt. Sigiberts Witwe Brunhilde gelang es nämlich, ihrem fünfjährigen Sohn Childebert II. das väterliche Erbe zu retten. Von den Großen des Reiches wurde er zum König erhoben und damit auch der Anspruch des Brudersohnes gegen die Erbansprüche der Brüder durchgesetzt:

Chilperich I.

Childebert II.

Das Eintrittsrecht des Neffen behauptete sich gegenüber dem sogenannten Anwachsungsrecht, beide konkurrierenden Erbansprüche sollten künftig das Grundmuster fränkischer Reichsteilungen bis zum Ende des 9. Jahrhunderts bilden.

Putschversuche

Putschversuche gerade dieses letzten Viertels des 6. Jahrhunderts illustrieren, daß der grundsätzliche Herrschaftsanspruch der Merowinger nicht unbestritten blieb. Zunächst entspricht Merowechs Empörung zu Lebzeiten seines Vaters Chilperich noch dem bekannten Verhaltensmuster ungeduldiger Söhne. Da Merowech aber vermutlich auch fürchtete, gegenüber den Stiefbrüdern aus Chilperichs späterer Ehe mit Fredegunde zurückgesetzt zu werden, sind größere Schwächen und Veränderungsmöglichkeiten des merowingischen Erbrechts anzunehmen, als eine traditionelle Sehweise oft wahrhaben will. Nur knapp bekannt ist der Staatsstreichversuch eines Sigulf um 575, viel ausführlicher dagegen der des Prätendenten Gundowald, der in zwei Anläufen von 582 und 584/85 sich ein eigenes Reich erkämpfen wollte, was trotz offenbar byzantinischer Unterstützung und bedrohlicher Anfangserfolge schließlich mißlang. Gundowald wie auch Herzog Rauching, ein ebenfalls gescheiterter Prätendent des Jahres 587, suchten ihren Putsch zu legitimieren mit dem Anspruch, Söhne Chlothars I. zu sein – was schon für Zeitgenossen zweifelhaft schien, für schwankende Geister jedoch als opportune Argumentationshilfe aufgegriffen wurde.

Von Chlothars I. legitimen Söhnen und Erben starb Chilperich, der König von Neustrien, als dritter (584). Da seine Söhne bereits früh verstorben oder umgebracht worden waren, hatte Chilperich notgedrungen eine Adoption seines Neffen Childebert II. ins Auge fassen müssen. Zu dessen Erbfolge kam es jedoch nicht, weil die Königinwitwe Fredegunde mit List und Tücke einem kaum erst geborenen Sohne des ermordeten Chilperich das Königreich bewahren konnte, was den politischen Selbständigkeitstendenzen der neustrischen Großen sehr entgegenkam, den Expansionsbestrebungen des austrasischen Königreiches unter Childebert II. und denen des burgundischen Königs Guntram, der als Oheim gegenüber beiden Neffen nur eine theoretische Oberherrschaft geltend zu machen verstand, aber entschieden zuwider lief.

Rivalität zwischen Fredegunde und Brunhilde

Insbesondere die austrasisch-neustrische Rivalität, die sich im Chilperichsohn Chlothar II. und in Childebert II. personalisiert fassen läßt, für die aber beider Mütter Namen – Brunhilde und Fredegunde – erst recht exemplarisch stehen können, sollte den folgenden Jahren ihre düstere Prägung geben. Innerhalb der merowingischen Dynastie war der Haß erst erschöpft, als Chlothar II. an seiner inzwischen uralten Tante Brunhilde und deren Urenkeln grausamste Rache geübt hatte (613).

Edictum Chlotharii von 614

Nach einer Serie von Teilungen und Machtveränderungen war damit auch das Frankenreich wieder unter einem Herrscher vereint. Der ursprünglich neustrische König Chlothar II. mußte die Hilfe der austrasischen und burgundischen Führungsschichten mit den berühmten Zugeständnissen des Pariser Edikts von 614 honorieren: Vor allem Anerkennung des Indigenatsprinzips (d. h. Bevorzugung von Einheimischen) für die königlichen Amtsträger, zu denen auch die Grafen gehörten – mithin eine wesentliche Schwächung des königlichen Amtsauftrages bei gleichzeitiger Stärkung der gräflichen Ausgangspositionen. Obwohl ähnliche Forderungen für die hohen Amtsträger der Bischöfe und *potentes* galten (Artikel 19), ist die Respektierung regionaler Besonderheiten und die Rücksichtnahme auf eine tiefverwurzelte Angst vor Überfremdung weit über das neustrisch-austrisch-burgundische Kerngefüge des Frankenreiches hinaus ein wesentliches Merkmal fränkischer Verfassungswirklichkeit geblieben, das die Chancen zentraler Herrschaftsausübung erheblich minderte. Je größer das Reich eines einzigen Frankenkönigs wurde, desto unumgänglicher wurden auch die Zwänge zu vielfältigsten regionalen Konzessionen der Herrschaftsgewalt.

Alleinherrschaft Chlothars II.

Überhaupt trägt Chlothars II. *monarchia trium regnorum* die typischen Züge einer Personalunion, der Herrscher selbst verklammerte das nach Guntrams söhnelosem Tode auf weitgehende Selbständigkeit bedachte Burgund, das angestammte Neustrien und das künftig die eigene Rolle immer stärker prononcierende Austrien, er akzeptierte auch je einen eigenen Hausmeier für seine drei Reiche. Wie sehr dies eine Addition ohne Chancen zur Integration blieb, zeigte sich 623, als der fränkische „Gesamtherrscher" gezwungen war, austrasischen Sonderinteressen durch die Einsetzung seines Sohnes Dagobert zum König Rechnung zu tragen. Spätestens 626/27, als Dagobert die Schwester seiner Stiefmutter heiratete, wird deutlich, daß sein regnum Austrasiorum kein Unterkönigtum war und von einer Oberherrschaft des Vaters mittlerweile keine Rede sein konnte. Daher war es auch konsequent, daß Dagobert I. nach Chlothars II. Tode 629 nicht mehr zum König erhoben wurde: Er war bereits König und sicherte sich mit schnellem Zugriff zusätzlich Neustrien und Burgund; es gelang ihm auch, das von seinem Stiefbruder Charibert II. zäh behauptete Königreich Aquitanien (Hauptstadt: Toulouse) nach dessen Tode 632 zu übernehmen. Aquitanien freilich sollte in der fränkischen Geschichte neben den drei genannten Kernreichen immer wieder eine wichtige Rolle spielen.

Dagobert I.

Dagobert I. verlegte seine Residenz nach Paris, wo er die Abtei St. Denis und den Kult des hl. Dionysius entscheidend förderte. Im Osten seines Reiches entstanden Dagobert plötzlich große Schwierigkeiten, die ihre Rückwirkungen auf die innerfränkische Szenerie hatten, wo beispielsweise der austrasischen Führungsschicht des Königs Bemühen um straffere Herrschaftsausübung stark mißfiel und gar zu Sabotage reizte. Einem fränkischen Kaufmann namens Samo war es gelungen, ein slavisches Großreich um das Zentrum Mähren zu begründen, was für die fränkische Ostpolitik bedrohlich erschien. Als aber im Jahre 631 die fränkischen Truppen im Egerland bei Wogastisburg gegen die Slaven eine schwere Niederlage erlitten, summierten sich die Rückschläge für das Frankenreich: Die bislang unter fränkischer Oberhoheit befindlichen Sorben im Gebiet der Saale und Elbe schlossen sich dem slavischen Großreich an, und Samo seinerseits entschloß sich zum Angriff auf Thüringen. Als diese Gefahr weitere Kreise zog, mußte Dagobert den südlich des Harzes siedelnden Ostsachsen die alte Tributpflicht erlassen – die fränkische Ostausdehnung hatte auch gegenüber diesen Sachsen ihre erreichten Positionen zurückzunehmen.

Außenpolitische Schwierigkeiten, das in der fränkischen Geschichte durchgängige Erfordernis rechtzeitiger Versorgung eines (Königs-)Sohnes und vor allem die Notwendigkeit, Austrasiens Sonderrolle zu bestätigen, führten 633 zur Errichtung eines Unterkönigreiches, das austrasische Große förmlich ertrotzt haben dürften. In dem zur Hauptstadt bzw. Residenz ausersehenen Metz erhob Dagobert I. seinen Sohn Sigibert (III.) zum König in Auster/Austrasien und willigte ein, daß der Bischof Kunibert von Köln und Herzog Adalgisel für den Dreijährigen die Regentschaft übernahmen. Sigiberts (III.) Weg vom Unterkönig zum König eines selbständigen Austrasien war förmlich vorgezeichnet.

Neue Probleme ergaben sich paradoxerweise, als Dagobert 634 ein zweiter Sohn Chlodwig (II.) geboren wurde. Eine vorsorgliche Erbregelung erfolgte 634/35, die *aequa lance* für Sigibert III. Austrasien und für Chlodwig II. Neustrien vorsah. Kurz vor des Vaters Tod gab es 638/39 eine neue Erbteilung, nach der Chlodwig noch zu Lebzeiten des Vaters König von Neustrien und Burgund wurde, weil er unmündig war aber unter der Regentschaft seiner Mutter und eines Getreuen Aega. Als Dagobert I. dann am 19. Januar 639 starb, wurde wohl kaum mehr eine Reichsteilung vollzogen, manches spricht dafür, daß sie schon vorher wirksam geworden war – nur der Königsschatz wurde jetzt aufgeteilt; er fiel zu gleichen Teilen an den achtjährigen König Sigibert III. von Austrasien, an den noch keine fünf Jahre alten König Chlodwig II. und an ihre Mutter Nanthilde, die als Königinwitwe zumal bei minderjährigen Söhnen nach fränkischem Recht eine ungewöhnliche Machtposition erhielt.

Der in St. Denis – der künftigen berühmten Grablege fränkischer und französischer Herrscher – beigesetzte Dagobert I. war der letzte bedeutende Merowinger. Von der Legende verklärt, lebte er als „guter König" im Andenken der Völker des Frankenreiches fort.

In zweifacher Hinsicht ist die Zeit nach Dagoberts I. Tod düster und finster. Für den Historiker ist am einschneidendsten, daß mit dem Ende der Fredegarchronik zum Jahre 643 die zeitgenössischen Quellen fast gänzlich versiegen, weshalb man die zweite Hälfte des 7. Jahrhunderts „zu den dunkelsten Epochen der mittelalterlichen Geschichte" gerechnet hat [E. Ewig, Staatsstreich Grimoalds, in: 103]. Bis in die Mitte des 8. Jahrhunderts ist diese Phase aber auch identisch mit der Zeit des Niedergangs der ersten Dynastie, deren Vertreter fast ausnahmslos minderjährig Könige wurden und bis auf drei Herrscher nicht älter als 25–26 Jahre. Das sog. Kinderkönigtum der Merowinger leistete dem Herrschaftswillen großer Führungsgruppen des Reiches bzw. der großen Reichsteile Vorschub. Hier gewannen vor allem die Arnulfinger-Pippiniden an Macht, verhielten sich aber gleichzeitig überaus vorsichtig bis ängstlich. Bei aller förmlichen Zurückhaltung ist ihr Herrschaftsanspruch wohl am deutlichsten erkennbar beim sogenannten „Staatsstreich Grimoalds"; zum ersten Male griffen hier die späteren Karolinger nach dem fränkischen Königtum!

Sog. Staatsstreich Grimoalds

Die besonderen Schwierigkeiten im Nachvollzug des Geschehens liegen in diffizilen chronologischen Fragen, die zu großen Lücken und Widersprüchen führen und insgesamt auf einer äußerst dürftigen Quellenlage basieren: Der kinderlose König Sigibert III. (gest. 1. 2. 656) hatte bereitwillig einen Vorschlag seines pippinidischen Hausmeiers Grimoald akzeptiert, dessen Sohn zu adoptieren. Dieser adoptierte Grimoaldsohn erhielt den merowingischen Königsnamen Childebert, womit in einer noch lange Jahrhunderte durchaus üblichen Weise die dem Kinde zugedachte Herrschaftsrolle auch in der Namengebung ihren adäquaten Ausdruck fand. Dieses Konzept der austrasischen Herrschaftsnachfolge geriet jedoch ins Wanken, als Sigibert doch noch ein leiblicher Sohn (Dagobert II.) geboren wurde. Für ihn konnten sicherlich vorrangige, aber wohl kaum ausschließliche Herrschaftsansprüche gegenüber dem Adoptierten geltend gemacht werden. Sigibert soll jedenfalls sein Testament widerrufen, andererseits das Kind Dagobert dem mächtigen Hausmeier Grimoald zur Erziehung anvertraut haben. Der teilweise konfusen Überlieferung läßt sich entnehmen, daß Grimoald nach Sigiberts Tod Dagobert zum Mönch scheren und in ein irisches Kloster nach Übersee bringen ließ, während Childebert (der Adoptierte) zum König erhoben wurde. Die benachbarten neustrischen Großen seien darüber empört gewesen und hätten im Bund mit austrasischen Oppositionellen Grimoald entmachtet und hingerichtet, König Childebert gestürzt. Möglicherweise haben sich Vater und Sohn jedoch bis 661 behaupten können. Dieser sogenannte Staatsstreich könnte als Episode übergangen werden, wenn sich sein Scheitern nicht zum Trauma des pippinidischen Hauses Grimoalds ausgeweitet hätte, was als Hauptursache anzusehen ist für den so überaus späten Sturz der ersten Dynastie mit der Königserhebung Pippins im Jahre 751. Faktisch wäre dieser Dynastiewechsel bereits im ausgehenden 7. Jahrhundert möglich, sogar konsequent gewesen.

Neustroburgund und Königin Balthilde

Bald nach seinem Bruder Sigibert III. war in Neustroburgund König Chlodwig II. 657 (zw. Sept. 11 und Nov. 16) gestorben. Er hinterließ drei unmündige Söhne. Eine Dreiteilung des Reiches unterblieb aber, da Chlodwigs Witwe Balthilde als Regentin für ihren besonders herausgestellten ältesten Sohn Chlothar III. tatkräftig zu herrschen verstand. Diese Königin von außergewöhnlichem politischem Format war einst als Sklavin angelsächsischer Herkunft über ihren späteren Hausmeier Erchinoald an den Königshof gekommen, wo Chlodwig II. sie zur Königin erhob. Nach Chlodwigs Tod und dem bald darauf folgenden Tod Erchinoalds überging Balthilde dessen Sippe und erhob Ebroin zum Hausmeier, der einer der großen Gegenspieler des arnulfingischen Geschlechts werden sollte. Mit der Volljährigkeit ihres Sohnes Chlothar III. wurde die auf der Regentschaft beruhende Machtstellung Balthildes jäh beendet, und die Königinwitwe mußte sich in das von ihr gegründete Kloster Chelles-sur-Marne zurückziehen (um 665). Hier hat sie sich als Förderin insbesondere der klösterlichen Reformbewegung von Luxeuil dauerhaften Ruhm und das Ansehen einer Heiligen erworben (gestorben nicht vor 680 [Jan. 30]).

Balthildes zentralistischer Regentschaftspolitik blieben weitreichende Erfolge nicht versagt. Nach dem Scheitern Grimoalds und Childeberts des Adoptierten gelang ihr in glänzendem Arrangement die Erhebung ihres Sohnes Childerich II. 662 zum König im Ostreich (Austrasien, Auster). Seine Gemahlin war Bilichilde. Sie und ihre Mutter Himnichilde erscheinen zum Jahre 670 in dem ältesten fränkischen gratia-Dei-Beleg urkundlich als *gratia Dei reginae* [Belege in Nr. 298]. Nicht mehr unter Balthildes Verantwortung fielen dann jedoch des Hausmeiers Ebroin verhängnisvolle innenpolitische Auseinandersetzungen. Als Chlothar III., der König des Westreichs, 673 starb, förderte Ebroin die Erhebung des jüngsten Sohnes Balthildes. Doch eine mächtige Adelsopposition stürzte den Hausmeier und seinen König Theuderich III., an dessen Stelle Childerich II. ins Land gerufen wurde. Wie vermutlich schon im Ostreich machte Childerich II. den neustroburgundischen Großen weitreichende programmatische Zugeständnisse, wurde auch hier zum König erhoben, und urplötzlich waren im Jahre 673 (April/Juni) alle drei fränkischen Teilreiche wieder in einer Königshand vereint.

Der Hausmeier Ebroin

Zwei Jahre später folgte die Katastrophe. Im Herbst 675 wurden König Childerich II. und seine Frau Bilichilde als Opfer einer großangelegten neustrisch-burgundischen Adelsverschwörung ermordet. Im Frankenreich brach das politische Chaos aus, so daß ein Zeitgenosse ernsthaft schrieb, die Ankunft des Antichrist stünde unmittelbar bevor.

Wirren des ausgehenden 7. Jh.

In den folgenden Auseinandersetzungen traten drei Anwärter auf Childerichs Erbe hervor. Zunächst Theuderich III., der – kurzfristig auch Kandidat des Hausmeiers Ebroin – als König von Neustrien und Burgund restituiert wurde; ferner der aus dem monastischen Exil in Irland zurückkehrende Dagobert II., den die Großen des Ostreiches zum König erhoben, und schließlich der „falsche“ Chlodwig (III.) – ein von Ebroin aufgegriffener und als Sohn Chlothars III. ausgegebener kleiner Junge. Als Ebroin das unter geschickter Verknüpfung von verlogener Propaganda und rücksichtsloser Machtausübung aufgebaute Königtum Chlodwigs nicht mehr aufrechterhalten konnte, lief er jäh zu Theuderich III. über, der seinerseits nach Dagoberts II. Ermordung im Jahre 679 das fränkische Gesamtreich in seiner Hand vereinigte. Hinter den Kulissen aber tobte der Machtkampf zwischen den Arnulfingern und den Hausmeiern Neustriens erbittert weiter, bis in der für die gesamtfränkische Geschichte und insbesondere für die der späteren Karolinger entscheidenden Schlacht von Tertry an der Somme im Jahre 687 der Austrasier Pippin (der Mittlere) die Konkurrenz entscheidend schlug. Als alleiniger Hausmeier übernahm er die politische Führung des Reiches und nannte sich selbstbewußt *Princeps Francorum* (allerdings nur in erzählenden Quellen erfaßbar). Von nun an blieben die Merowinger bis 751 im wesentlichen nominelle Herrscher des Reiches: Nach Theuderichs III. Tod 690/91 dessen Sohn Chlodwig III., diesem folgte Ende 694 sein Bruder Childebert III. und 711 dessen Sohn Dagobert III. Im Herbst 715 holten die fränkischen Großen einen Mönch Daniel aus seinem Kloster und setzten diesen

Dominanz der austrasischen Hausmeier

vermutlichen Merowinger als Chilperich II. auf den Thron, während Theuderich IV., der zunächst übergangene Sohn Dagoberts III., erst nach dem weiteren Zwischenspiel eines von Karl Martell gehaltenen Chlothar IV. (718–19) im Frühjahr 721 König wurde. Nach dessen Tode 737 verzichtete der Hausmeier Karl Martell zunächst auf einen König, schaltete aber selbst wie ein solcher und teilte gar das Frankenreich unter seine eigenen Söhne Karlmann und Pippin, die 741 königsgleich zu herrschen begannen (*regnare coeperunt*). Warum im Frühjahr 743 noch einmal nach langer Vakanz mit Childerich III. ein Merowinger zum König erhoben wurde, ist leicht rätselhaft. Es hat den Anschein, als ob die übervorsichtigen Arnulfinger Rücksichten auf innenpolitische Schwierigkeiten, vielleicht sogar gegenüber dem noch recht selbständigen bayerischen Stamm, haben nehmen wollen.

Bedrohung durch islamische Araber

Der Blick auf das dynastische Geschehen hat die an sich große Quellenarmut der ersten Hälfte des 8. Jahrhunderts leicht verdeckt. Außenpolitisch war das Reich im Süden von den islamischen Arabern bedroht. In stürmischer Weise hatten arabische Truppen seit Mohammeds Tod (632) weite Küstengebiete am östlichen Mittelmeer erobert. Im Sommer 711 war die Meerenge von Gibraltar überquert und kurz danach schon (23. Juli 711) das einst so stolze Westgotenreich in der Schlacht bei Arcos de la Frontera (Provinz Cadiz) vernichtet worden. Seit sie gar die Pyrenäen überschritten und 720 Narbonne besetzt hatten, wurden die Araber zur unmittelbaren Gefahr für das Frankenreich. Vor Toulouse konnten sie 721 noch gestoppt werden, aber kurz darauf fielen Carcassonne und Nîmes, während Autun gefährdet und Bordeaux geplündert wurden. Erst mit dem Sieg in der berühmten Schlacht von Poitiers 732 schaffte der fränkische Hausmeier Karl Martell die Wende. Ab 738 zogen sich die muslimischen Eroberer auf die Grenzen des ehemaligen Westgotenreichs zurück; fast ganz Septimanien um die alte Römerstadt Narbonne blieb unter arabisch-muslimischer Herrschaft. Ähnlich den byzantinischen Kaisern hatten die Franken einem weiteren Vordringen des Islam auf das europäische Festland Einhalt gebieten können.

Streit um Karl Martells Erbe

Nach Karl Martells Tod (741) wurde der unter den Hausmeiern vollzogene Herrschaftswechsel nicht durchgängig akzeptiert. Pippins und Karlmanns unberücksichtigt gebliebener Halbbruder Grifo empörte sich. Auch Aquitanier, Alemannen, Bayern und Sachsen riskierten den Aufstand gegen die fränkische Oberherrschaft. In zähem Ringen behauptete sich jedoch Karl Martells Teilungskonzept. Die Alemannen wurden mit dem Blutbad von Cannstatt (746) am nachhaltigsten bestraft, aber auch gegenüber Bayern und Sachsen zeichneten sich bereits definitive Entscheidungen ab, die sich allerdings noch bis in die Zeit Karls des Großen hinauszögern lassen sollten. Von einschneidender Bedeutung für die Entwicklung vor allem der rechtsrheinischen Reichsgebiete wurde die Tätigkeit des angelsächsischen Mönches Winfried-Bonifatius. Bereits 719 hatte er sich in Rom einen päpstlichen Missionsauftrag geben lassen und vor allem in Hessen, Thüringen und Mainfranken erfolgreich gewirkt. Jetzt boten ihm Karl Martells

Söhne die Chance einer umfassenden Reform der fränkischen Kirche. Des Angelsachsen romverbundene Tätigkeit und sein auf Rom orientiertes Organisationskonzept stießen jedoch in Teilen des Reiches und insbesondere unter bischöflichen Kollegen auf unüberwindbare Schwierigkeiten, in eigentümlicher Weise ebneten aber gerade diese Bemühungen den Weg zur späteren engen Beziehung zwischen Papst und Frankenkönig, eine Beziehung, die ihre ersten Früchte schon im Zusammenhang mit der Erlangung der Königswürde für Pippin trug. Da sein Bruder Karlmann 747 auf seinen eigenen Herrschaftsanteil Verzicht leistete und ins Kloster ging, war Pippin alleiniger Hausmeier und konnte auch nach der Königswürde greifen, was allerdings nur durch einen Staatsstreich mit dem Sturz der ersten Dynastie erreichbar war.

Der Wechsel von den Merowingern zu den Karolingern

Weil auch im Frühmittelalter „nirgends anders", wie es W. Schlesinger mit Recht festgestellt hat, „die Kräfte, die ein Königreich gründen und die es auch erhalten, zu so deutlicher Anschauung (kommen) wie bei der Berufung zur Herrschaft und bei ihrem Antritt", lohnt angesichts des Dynastiewechsels 751 auch die Frage nach den Ursachen für die so lange währende merowingische Kontinuität. Wenngleich letzte Rätsel bleiben, so wird man zunächst auf den relativen Kinderreichtum der Merowinger hinweisen müssen, der insbesondere im Vergleich zu langobardischen Herrschaftshäusern auffällig war und ohne Scheu vor kirchlichen Normen konsequent und ggf. „illegitim" angestrebt wurde. Bereits bei Gregor von Tours wird aber auch als allgemeine Vorstellung bezeugt, daß mit dem Untergang des Königsgeschlechts der Untergang des fränkischen Volkes gekoppelt sei. Die hier erkennbaren Ansätze einer dynastischen Rechtfertigungsideologie wurden in der Merowingerzeit weiter bewußt gefördert. Da der fränkische Stamm eher durch eine Art konservativer Grundhaltung geprägt war und sich durchaus von Realitäten bestimmen ließ, fand diese Politik eine fruchtbare Resonanz. Auch eine gewisse Beharrungstreue zur angestammten Dynastie, die von dem großen Chlodwig begründet worden war, ist ebenso unverkennbar wie die Reserve gegenüber Fremden oder Neuen, was der angedeuteten politischen Grundhaltung entsprach. Freilich muß ausdrücklich betont werden, daß ein ausschließliches Herrschaftsrecht der Merowinger nicht belegbar ist; die angesprochenen Komponenten wurden insbesondere dann wirksam, wenn dem Königtum eine mächtige Adelskonkurrenz gegenüberstand, was seine Politik gegenüber den Stämmen zu großer bis übergroßer Vorsicht veranlaßte. Da auch die mächtigen Herzöge, beispielsweise von Bayern oder Alemannien, in der ersten Hälfte des 7. Jahrhunderts den Merowingern gegenüber immer loyal gewesen waren, mochte die unausgesprochene Drohung, diese Loyalität bei einem Herrschaftswechsel aufzukündigen, einen Verzögerungseffekt gehabt haben. In der Überlieferung spielt dann eine ganz besondere Rolle das zeremonielle Moment, welches seit Chlodwig das fränkische Königtum in auffälliger Weise erhöhte. Da mit der frühen Übernahme des byzantinischen Kaiserzeremoniells sich diese Formen sehr stark entwickelt hatten, kann man sogar von einer zeremoniellen Schranke sprechen, die einstweilen noch die Merowinger schützte und die Karolinger an dem letzten Schritt zur Machtergreifung hinderte. So erhält die bereits zeitgenössische Vorstellung, daß bis 751 das *nomen regis* bei den Merowingern, die *potestas* aber bei den Karolingern sich befunden habe, ihren vollen Sinn. Insbesondere für die realen Machtverhältnisse ist insofern dem Jahr 751 keine übergroße Bedeutung als einem Wendejahr beizumessen. Andererseits scheinen die Karolinger das Gefühl ihrer „Illegitimität" nie ganz losgeworden zu sein, weshalb sie sich mit einer bis dahin fast unbekannten Intensität und Geschicklichkeit beispielsweise um rechtfertigende Geschichtskonstruktionen bemühten, wie es in den Annales Mettenses priores als einer offiziösen Schrift besonders deutlich heraustritt. Auch die später für die Söhne Karls des Großen und Ludwigs des Frommen übernommene merowingische Namengebung (Chlodowicus – Ludwig; Chlotharius – Lothar) und Einhards höhnische Bemerkungen über die Merowinger und ihre angeblich lächerlichen Auftrittsformen belegen dies.

751: Pippin König

Ereignisgeschichtlich ist die Zäsur von 751 schnell umrissen: Der seit 747 als faktischer Alleinherrscher regierende Hausmeier Pippin hatte sich durch Herstellung des inneren und äußeren Reichsfriedens den Weg zum Staatsstreich geebnet. In offensichtlichem Einvernehmen mit den Großen des Reiches holte Pippin den Rat des Papstes ein, der künftig eine über den Augenblick hinausreichende legitimierende und das Königtum unterstützende Funktion haben sollte. Nach den berühmten Formulierungen der Reichsannalen ließ Pippin bei Papst Zacharias anfragen „wegen der Könige in Francien, die damals keine Macht als Könige hatten, ob das gut sei oder nicht. Und Papst Zacharias gab Pippin den Bescheid, es sei besser, den als König zu bezeichnen, der die Macht habe, statt den, der ohne königliche Macht blieb. Um die Ordnung (bzw. den *ordo*) nicht zu stören, ließ er kraft seiner apostolischen Autorität Pippin zum König machen".

Der oft so strittig interpretierte Text kann nicht verdecken, daß ein weltlicher Formalakt, der Pippins Wahl zum Frankenkönig durch die fränkischen Großen beschloß, konstitutive Bedeutung hatte und den bisherigen Hausmeier nunmehr rechtlich zum König machte. Die 751 hinzutretende Königssalbung, die erstmalig bei den Franken bezeugt ist, hatte rechtsstärkende Funktion und wurde drei Jahre später vom Papst wiederholt und auch den Königssöhnen zuteil. An beiden Salbungsakten, dem von 751 wie dem von 754, hat Bonifaz keinen Anteil gehabt [196: Jäschke].

Anteil des Papstes

Gegenüber Mißdeutungen späterer Zeiten, die seit dem sogenannten Investiturstreit im Responsum des Papstes von 751 das päpstliche Recht auf Einsetzung und Absetzung von Herrschern geradezu exemplarisch belegt sahen, muß die eher moralisch legitimierende Funktion der Auskunft von Papst Zacharias betont werden, ohne die Pippin und die fränkischen Großen offenbar nur ungern gehandelt hätten. Nicht einmal deutlich zu erkennen ist, ob es einer förmlichen Verlassung des letzten Merowingers noch bedurft hatte. So differierte Pippins Königszyklus, der ab November 751 berechnet ist, mit der Absetzung Childerichs III. Deren Zeitpunkt liegt erst zwischen dem 22. Dezember 751 und dem 23. Januar 752. Childerich wurde geschoren und vermutlich in das Kloster Sithiu (St. Bertin) eingewiesen – über ihn und die *gens Meroingorum* sollte nach dem Willen der neuen Dynastie der Mantel des Vergessens fallen!

4. Das Frankenreich unter der zweiten Dynastie

Die bis auf das Hilfeersuchen von 739 und 751 intensiver geknüpften Kontakte führten bald zum förmlichen Bund zwischen Papst und Frankenkönig. Hinzu kam, daß schon unter Papst Zacharias (741–751) sich in Italien die Bedrohung durch das Langobardenreich verschärft hatte. Die Kaiserstadt Ravenna war 751 erobert worden und der Exarchat an den Langobardenkönig Aistulf gefallen. Als der langobardische Druck auf den seit 752 amtierenden Papst Stephan III. (II.) wuchs und Hilfe aus dem kaiserlichen Byzanz, das den Bilderstreit mit der Kirche des Westens intensiviert hatte, nicht mehr zu erhoffen war, blieb nur die politische Umorientierung. So kam Papst Stephan III. hilfesuchend ins Frankenreich und schloß am 7. 1. 754 in Ponthion ein differenziertes Vertragswerk: Durch einseitige Promission (Versprechenseid) des Königs wurde hier eine fränkische Schutzpflicht für die römische Kirche begründet [267: W. H. Fritze], was in Form und Konsequenz ungewöhnlich und seltsam genug war; neben diese „auf die Institution der römischen Kirche bezogene Schutzbeziehung" aber trat zusätzlich „eine auf die Person gerichtete wechselseitige Freundschaftsbeziehung zwischen Papst und König" [267: W. H Fritze]. Daß das Oberhaupt der seit Jahrhunderten einen Universalanspruch erhebenden christlichen Kirche (des Westens) einen Freundschaftsbund (*amicitia*) mit einem partikularen Herrscher geschlossen hatte, mußte bald als anstößig empfunden werden und ist bei den regelmäßigen Bündniserneuerungen von päpstlicher Seite zunehmend verschleiert und uminterpretiert worden. Den Frankenkönig hoben andererseits das eigene Schutzversprechen und der wechselseitige Freundschaftsbund über die bereits errungene Stellung eines Hegemonialherrschers hinaus und wiesen deutlich in die Richtung eigener universaler Ansprüche. Die schicksalsschwere Beziehung zwischen fränkisch-deutschem Imperium und dem Sacerdotium, die über Jahrhunderte zu erregenden Auseinandersetzungen führen sollte, nahm in Ponthion 754 ihren Ausgang.

Papst und Frankenkönig

Die Begegnung zwischen Pippin und Stephan III. hatte weitere Auswirkungen: In der Königsabtei St. Denis salbte der Papst den König und seine Söhne Karlmann und Karl, deren nunmehr dynastischer Erbanspruch kirchlich gestärkt wurde. Kurz darauf begann eine fränkische Offensive gegen König Aistulf, der sich aber erst 756 fränkischer Oberhoheit unterwarf. Als Preis mußte er eroberte Territorien in Mittelitalien zurückgeben, die Pippin dem Sachwalter Petri oder Petrus selbst tradierte, so daß das Jahr 756 zum „Geburtsjahr" des später so berühmten Kirchenstaates um Rom und Ravenna wurde [46: Th. Schieffer].

Anfänge des Kirchenstaates

Bisher hatte der Bischof von Rom mit einzelnen, seit dem 6. Jahrhundert erworbenen Domänen nur eine sehr schmale territoriale Grundlage besessen. Sie wurde nunmehr in Konsequenz des fränkisch-päpstlichen Bündnisses unter Karl d. Gr. und seinen Nachfolgern in entscheidender Weise ausgeweitet. Eine besondere Rolle als (fiktiver) Rechtsgrund für den sich entwickelnden Kirchenstaat, der bis 1870 Bestand hatte, spielte dabei (später) die sogenannte Konstantinische Schenkung (Constitutum Constantini): Ihr zufolge habe Kaiser Konstantin, als er seine Residenz von Rom nach Konstantinopel verlegte, etwa um das Jahr 330 dem Papst Silvester urkundlich die Stadt Rom, Italien und die westlichen Gebiete (*occidentales regiones*) geschenkt oder überlassen. Das zwar vor dem Ende des Mittelalters nur gelegentlich in seiner Echtheit angezweifelte Constitutum Constantini „dürfte in der zweiten Hälfte des 8. Jahrhunderts von römischen Geistlichen verfertigt worden sein" [468 und 464: H. FUHRMANN], seine volle historische Wirkung entfaltete es aber erst im Hochmittelalter, dann freilich in grandioser Weise.

Außenpolitik

Die Politik des Frankenkönigs konzentrierte sich zunächst auf die Unterstützung des Papstes, was ohne militärische Hilfeleistung nicht möglich war. Dabei werden bereits eigene Züge einer fränkischen Italienpolitik erkennbar. Feldzüge gegen den Langobardenkönig Aistulf führten zwar 756 zur Eroberung von Pavia und der Tributverpflichtung Aistulfs, doch seine Nachfolger Ratchis und bald darauf Desiderius entzogen sich wieder fränkischem Einfluß und übten erneut Druck auf das Papsttum aus.

Erfolgreicher war Pippins zähes Bemühen, das Frankenreich im Südwesten abzurunden und zu konsolidieren. Nachdem 759 das noch arabische Narbonne erobert worden war, gelang zunächst die Einbeziehung Septimaniens. Die Eroberung Aquitaniens dauerte länger. Erst als Pippins großer Widersacher Waifar 768 ermordet worden war und mit ihm das Herzogtum erlosch, wurde Aquitanien in den Reichsverband, dem es vorher bereits zugehört hatte und aus dem es auch in der Folgezeit wieder auszubrechen versuchte, eingegliedert.

Innere Konsolidierung des

Der erfolgreichen Außenpolitik entsprach eine weithin geglückte innere Konsolidierung des Reiches. Charakteristisches Instrument dafür war neben der Einrichtung möglichst flächendeckender Grafschaften die Förderung der kirchenorganisatorischen Erschließung der Ostgebiete des Reiches. In Ostfranken beispielsweise wurde mit dem 744 gegründeten und in harter Konkurrenz zum Mainzer Bistum liegenden Fulda erstmals eine Abtei unter königlichen Schutz gestellt (765) und damit zur Reichsabtei erhoben. Andererseits wurde Fuldas Geltungsdrang durch die Gründung Hersfelds 765 (?) entgegengewirkt.

Klostergründungen im alemannischen Raum sowie im Rheingau (insbesondere Gengenbach und Lorsch) zeigen um diese Zeit bereits eine enge Verknüpfung mit der großen Kirchenreform, die in der Nachfolge des Bonifatius ihre motorische Kraft in der Person Erzbischof Chrodegangs von Metz fand, dessen für den Metzer Kathedralklerus verfaßte „Kanonikerregel" mit leichten Modifikationen für das Frankenreich Gültigkeit erhielt.

Nur Bayern bewahrte unter Tassilo III. trotz dessen Treueverpflichtung von 757, die aber noch kein Vasallitätsverhältnis begründet hatte, eine recht selbständige Sonderrolle, und auch der Missionierung und politischen Erschließung Sachsens blieben dauerhafte Erfolge versagt.

Reichsteilung nach Pippins Tod

Pippins insgesamt wohlgeordnetes Reich geriet in Gefahr, als es nach fränkischem Brauch geteilt wurde. Dem am 24. 9. 768 in St. Denis verstorbenen Vater folgten die beiden bereits 754 vom Papst gesalbten Söhne. Der vielleicht erst 747 (nicht 742) geborene Karl wurde am 9. 10. 768 in Noyon auf den Thron erhoben und erhielt den westlichen und nördlichen Teil, während die Königserhebung des jüngeren Karlmann (geboren 751) in Soissons stattfand; er erhielt Gebiete in der Mitte und im Süden des Reiches. Anders als bisher waren wohl nach dem Willen Pippins Austrien, Neustrien, Burgund und die eroberten Gebiete rechts des Rheines geteilt worden, während Aquitanien offenbar beiden Brüdern zu gemeinsamer Herrschaft überlassen blieb – sie blieb jedoch Illusion, denn das Streben beider Söhne Pippins nach der Alleinherrschaft war schließlich der tiefere Grund für ihre Rivalität, die Karlmanns Haus noch nach seinem frühen Tode (4. 12. 771) zu spüren bekam. Karlmanns Witwe Gerberga konnte zwar noch mit ihren zwei Söhnen an den Hof des Langobardenkönigs Desiderius flüchten, doch alsbald verlieren sich ihre Spuren ebenso gründlich wie eindrucksvoll. Karl nahm als der nunmehr einzige überlebende Sohn Pippins 771 sofort seines Bruders Teilreich in Besitz: Das fränkische Gesamtreich war wieder in eines Königs Hand.

Karl Alleinherrscher

Diesem Herrscher, dessen wohl bedeutsamste Leistungen in historischer Rückschau die Begründung des westlichen Kaisertums mit der Bindung an das fränkische Großreich sowie die Christianisierung des Sachsenstammes waren, haben bereits Zeitgenossen das Attribut überragender Größe zuerkannt, und die Nachwelt hat sie bis in legendäre Details hinein vielfältig ausgemalt und übersteigert.

Ereignisgeschichtlich läßt sich Karls d. Gr. Herrschaft relativ knapp umreißen. Einer außenpolitischen Expansionsphase, die mit der siegreichen Klärung der schwierigen aquitanischen Verhältnisse begann und über die Unterwerfung der Sachsen, Langobarden und Awaren zum Kaisertum von 800 als dem Kulminationspunkt führte, folgten nach der Kaiserkrönung überraschend früh Phasen einer allgemeinen Ermattung. Es scheint, als sei das Frankenreich seit 800 saturiert gewesen, sicher war aber auch die fränkische Volkssubstanz zu lange allzustark beansprucht worden. Fast parallel zur äußeren Eroberungspolitik sind großangelegte Versuche der Herrschaftserfassung und der Herrschaftsintensivierung im Innern des fränkisch-karolingischen Großreiches erkennbar, die aber seit 800/806 in zunehmendem Maße auf zentrifugale Tendenzen stießen. So kam es in Karls Spätjahren bereits zu deutlichen Auflösungserscheinungen – F. L. Ganshof sprach von einer décomposition –, und des Sohnes und einzigen Nachfolgers Herrschaft (814–840) war von Anfang an stark belastet.

Nach modernem Verständnis handelt es sich bei der Unterwerfung von Langobarden und Awaren, durch die der Umfang des Reiches am sichtbarsten ausgeweitet wurde, um außenpolitische Erfolge. Aber auch die Bereinigung der bayerischen Frage und die Eingliederung der Sachsen in den Reichsverband sind vorwiegend unter außenpolitischem Aspekt zu betrachten. In gebotener Kürze soll dies geschehen:

Unterwerfung des Langobardenreiches

1. Karls des Großen Politik gegenüber dem Langobardenreich fügte sich insgesamt in den breiten Grundstrom fränkischer Italienpolitik, wie sie seit Theudebert I. erkennbar ist. Anfangs hatte sich Karl jedoch zu einer Art Arrangement mit dem Langobardenkönig bewegen lassen und dessen Tochter geheiratet. Der seit dem Bündnis von Ponthion freiwillig auferlegten Schutzpflicht für den römischen Bischof kam der Frankenkönig gegenüber den Langobarden nur lässig nach, obwohl deren Ausgriff nach Mittel- und Süditalien immer bedrohlicher wurde. Erst als Karlmanns Witwe mit ihren (eigene Herrschaftsansprüche gegenüber ihrem Oheim Karl bewahrenden) Söhnen am langobardischen Königshof Zuflucht fand, änderte Karl seine Haltung abrupt: Er brach mit Desiderius und verstieß seine langobardische Frau.

Zunächst blieb Karl durch seine Sachsenzüge gebunden und zögerte deshalb mit dem fränkischen Entsatz für den von Desiderius erneut heftig bedrängten Papst. Als jedoch diplomatische Bemühungen scheiterten, zogen fränkische Heere im Sommer 773 über die Alpen und erzwangen die militärische Entscheidung. Sie fiel im Frühsommer 774 mit der Eroberung der alten langobardischen Königsstadt Pavia: Nur formal blieb das Langobardenreich noch bestehen, insofern Karl in ungewöhnlicher Weise den Namen des besiegten Volkes in seinen offiziellen Königstitel aufnahm (*rex Francorum et Langobardorum*) – der Theorie nach die Langobarden also als zweites Staatsvolk auswies. Weniger überrascht dagegen die 774 praktizierte Figur der herrscherlichen Personalunion. Sie ermöglichte die rechtliche Verklammerung beider Königreiche, die politische Selbständigkeit des Langobardenreiches war indessen für immer beendet.

Den besiegten König Desiderius führte Karl mit sich in das fränkische Exil und wies ihm das Kloster Corbie als Aufenthaltsort an. Adelchis, dem Sohn und Mitkönig des Langobarden, war dagegen schon vorher, und zwar nach der Eroberung von Verona, die Flucht nach Konstantinopel gelungen. Als kurz nach dem Untergang des Langobardenreiches auch der freie Dukat von Spoleto seine Selbständigkeit verlor, blieb als einzige unabhängige Bastion der Langobarden das Herzogtum Benevent. Dessen Herzog Arechis sah sich fortan als legitimen Erben des Königtums, welches in seinem „langobardischen Staat des Südens" weiterleben sollte. Der Herzog handelte auch konsequent, wenn er von nun an den Titel eines *princeps* und dessen Rechte beanspruchte. Trotz mannigfacher fränkischer Interventionen konnte sich dieses Fürstentum Benevent behaupten, und wenn es bis zum Jahre 1050 Bestand hatte, heißt dies auch, daß bis dahin fränkische und später deutsche Italienherrschaft kaum je über Rom hinaus reichten.

2. *Bayern:* Der unter einheitlicher politischer Führung eines Herzogs stehende

Sturz Tassilos III.

Bayernstamm war seit etwa 200 Jahren christianisiert und genoß schon in merowingischer Zeit eine Sonderstellung innerhalb des Frankenreiches mit einer beachtlichen Selbständigkeit, die allmählich zu engen außenpolitischen (und verwandtschaftlichen) Kontakten zum Langobardenreich geführt hatte. Pippin gegenüber wurde Tassilos III. Selbständigkeit trotz eines Treueides von 757 nicht beeinträchtigt. Als Karl seine Italienpolitik aufnahm, unterminierte er gleichzeitig Tassilos ihm lästige Rolle, indem er konsequent bayerische Adlige an sich band. Dem allmählich entmachteten Herzog selbst wurde schließlich 788 ein makabrer politischer Schauprozeß gemacht. Formaljuristisch wurde nämlich Tassilos Treueeid von 757 als Vasallitätseid uminterpretiert und somit eine 763 erfolgte Verlassung des Pippinschen Heeres, die also 25 Jahre zurücklag und unbeanstandet geblieben war, als Treuepflichtverletzung (*harisliz*) eines zu unbedingter Heerfolge verpflichteten Vasallen gewertet. Darauf stand die Todesstrafe. Karls Vasall war Tassilo III. aber erst 787 im Vorfeld des politischen Prozesses geworden. „In der Pose des großzügigen Königs" [161: P. CLASSEN] begnadigte Karl seinen bayerischen Verwandten, der in zeitüblicher Weise in einem Kloster verschwand. Der Frankenkönig hingegen übernahm in der alten Herzogsstadt Regensburg Bayern, dessen konsequente Eingliederung in den fränkischen Reichsverband durch ordnende Verwaltungsmaßnahmen und solche der Kirchenorganisation gefördert wurde. 798 erhielt Bayern mit der Erhebung Arns von Salzburg zum Erzbischof die Metropolitanverfassung, mit dieser Kongruenz von Kirchenprovinz und Stammesgebiet aber auch eine neue Grundlage für eine künftige, freilich stark modifizierte eigene Rolle innerhalb der ostfränkisch-deutschen Geschichte.

Unterwerfung der Awaren

3. Awaren: Der tiefere Grund für Karls „Awarenaktion" [167: J. DEÉR] lag in der expansiven Westpolitik dieses aus Innerasien stammenden Reiternomadenvolkes, das seit dem letzten Drittel des 6. Jahrhunderts im Donaubecken und seinen Randgebieten siedelte, aber seinerseits von slavischen Völkerschaften bedrängt wurde. Äußeren Anlaß hingegen bot die (temporäre) Unterstützung, welche die Awaren Tassilo III. gewährt hatten, als er die offene Empörung gegen den Frankenkönig probte. Nach wechselvollem Kriegsgeschehen gelang erst 795 dem konzentrischen Zugriff dreier starker Heeressäulen die Niederwerfung des Awarenstaates, der durch Rivalitäten verschiedenster Würdenträger im Innern geschwächt war. Das Machtzentrum, der legendäre Ring, der „jedoch kaum eine richtige Festung" [167: J. DEÉR] war, wurde geplündert, im Jahre darauf 796 zerstört. Die ungeheuren Schätze der Awarenbeute überführten die Sieger nach Aachen, einen nicht unwesentlichen Teil schickte man dem Papst nach Rom. Als schließlich Salzburg 798 zum Erzbistum erhoben wurde, besiegelte diese kirchenorganisatorische Maßnahme nur noch die Unterwerfung der Besiegten, deren spätere Aufstände (799 und 802) mißlangen. Die Awaren verschwinden fortan aus der Geschichte. Entstehung und Schicksale dieses „Steppenvolkes im Mittelalter" hat jüngst W. POHL [220] eindrucksvoll erhellen können und dabei entscheidend von der ethnogenetischen Methode profitiert, die R. WENSKUS

1961 entwickelt und H. Wolfram 1979 in seiner „Geschichte der Goten" aufgegriffen hatte.

Sachsen: Eingliederung und Mission

4. Sachsen: Karl zog erstmals 772 nach Sachsen; nach zahlreichen Mißerfolgen wurden die Auseinandersetzungen 776 intensiviert, scheiterten aber regelmäßig an zähem, zurückweichendem Widerstand, der bei nachlassender fränkischer Truppenpräsenz immer erneut aufloderte. Getragen wurde er vornehmlich von den Ständen der Frilinge und Lazzen, während die Oberschicht der Edelinge sich von Karl gewinnen ließ. In der Führung des sächsischen Stammesverbandes, der verfassungsrechtlich keine personale Spitze hatte, ragte seit 778 der westfälische Adlige Widukind faktisch heraus. Strafexpeditionen und brutale Durchsetzung der eigenen Macht brachen allmählich den sächsischen Widerstand, der nicht nur religiös, sondern auch politisch, sozial und vor allem ethnisch-gentil motiviert war. Mit Massentaufen, die erstmals 776 an den Lippequellen bezeugt sind, der provisorischen Kirchenorganisation von 800 und etwa gleichzeitiger Einführung der Grafschaftsverfassung ist der Eingliederungsprozeß in den fränkischen Reichsverband im wesentlichen durchgesetzt worden.

Missionierung und Christianisierung des Sachsenstammes wie auch seine Eingliederung in das fränkische Großreich sind im historischen Rückblick nicht nur das Ergebnis langer und heftiger Kriege gewesen, sondern auch wesentliche Vorbedingung geworden für die spätere Entwicklung des deutschen Volkes und Reiches. Nach Einhards berühmter Aussage in seiner Vita Karoli war diese Eingliederung ein sehr bewußter politischer Akt: Karl habe nämlich den Krieg unter der Bedingung beendet, daß die Sachsen „dem heidnischen Götzendienst und den heimischen Religionsbräuchen entsagten, die Sakramente des christlichen Glaubens annahmen und mit den Franken vereint zu einem Volk mit ihnen wurden". Diese Nachricht impliziert das Vorhandensein eines politischen und missionspolitischen Konzepts des großen Frankenherrschers, sie ist allerdings mit der historischen Distanz einer Generation formuliert und könnte somit leicht in den Verdacht geraten, vom offenbaren Ergebnis her geprägt worden zu sein.

Zur Herrschaftskonzeption

Anders als die überwiegende Mehrzahl einer vielgestaltigen Literatur es wahrhaben will, zeichnen sich aus den überlieferten zeitgenössischen Quellen nur äußerst schwache Konturen eines politischen Konzepts bei Karl d. Gr. ab. Erkennbar ist aber, daß dieses Herrschers politische Antriebskräfte vielfältiger Natur und von unterschiedlichem Gewicht waren. Eine Dominanz christlichen Gedankengutes etwa im Sinne einer königlichen Verpflichtung zur Ausbreitung des Glaubens oder einer tieferen religiösen Grundhaltung, die direkt auf sein politisches Handeln durchschlug, ist jedoch nicht belegbar. Für Karl folgte auch die Christianisierung der Sachsen nicht nur chronologisch der Unterwerfung durch Waffengewalt, so daß von einer christlichen Missionstätigkeit des Herrschers im engeren Sinne des neutestamentlichen Auftrages (Mt. 28, 18–20) wenig zu spüren ist. Das Werk der Verfestigung des Glaubens und der Verkirchlichung war nur zäh zu meistern und von steten Rückfällen bedroht. Vor allem in Sachsen wirkte sich der Zwangscharakter der zu frühen und wohl meist nur improvisierten Massentaufen als tiefgreifende Belastung aus. Das allgemein als so glänzend empfundene Bild einer nach langen Kriegen erfolgreich durchgesetzten Christianisierung leidet erheblich unter fehlender Freiwilligkeit und allzu dürftiger Elementarinstruktion der bisherigen Heiden. Bei der grundsätzlich erst nachzuholenden inneren Bekehrungsarbeit ergaben sich im Karlsreich überdies personelle wie kirchenherrschaftliche Probleme, zum Beispiel in der Zehntfrage. Historisch entscheidend blieb jedoch die Endgültigkeit der sächsischen Christianisierung, die sicher ohne enge Verflechtung von Waffengewalt und Zwangstaufe, ohne fränkische Herrschaftsgewalt und Durchsetzung kirchlicher Organisationen über lange Zeit nicht oder kaum je möglich gewesen wäre. In diesem Sinne ist Karl für die Sachsen ein bedeutender Wegbereiter gewesen.

Ausgangslage vor Erlangung des Kaisertitels

In der Summe ergab sich am Vorabend des Kaisertums von 800 für die unter Karl d. Gr. betriebene Expansionspolitik eine glänzende Bilanz. Im Süden war der fränkische Herrschaftsbereich bis Spoleto und zum römischen Kirchenstaat, der unter besonderem Schutz der Franken stand, ausgedehnt worden. Bayern war fest eingegliedert, und mit den siegreich bestandenen Awarenkriegen war sogar eine weiträumige Ausdehnung nach Südosten erfolgt, die eine Klientel slowenisch-kroatischer Fürstentümer von Karantanien bis Pannonien zur Adria hinab miterfaßte. Nach Norden war die Grenze gegenüber einer Vielzahl slavischer Kleinstämme unübersichtlich, aber gewiß weiter gefächert und sicherer geworden. Gegenüber den Sorben standen erfolgreiche Ausdehnungsversuche (806) unmittelbar bevor, auch die Westslaven waren im fränkischen Sinne bereits leicht diszipliniert worden. Mit den Abodriten hatte Karl sogar äußerst gute Beziehungen herstellen können, die sich in der Spätphase der Sachsenkriege bewährten. Schwieriger war die (neue) Grenzsicherung im Norden gegenüber den Dänen, die dem Reiche schweren Schaden zufügten, ehe der Tod ihres Königs Gotfrid den Weg für einen förmlichen Friedensschluß (811) ebnete. Weiter nach Westen hatte die Ordnung der friesischen Verhältnisse, noch vor der ausdrücklichen Respektierung ihres Stammesrechts (vermutlich im Zusammenhang mit der Gesetzgebung Karls d. Gr. von 802/03 – [331: H. Siems]), für Ruhe gesorgt, die auch der gallofränkische Kernraum mitsamt seinen Küstenstreifen vorerst noch genoß, ehe die das 9. Jahrhundert so prägenden Invasionen der Normannen einsetzten. Nur gegenüber den störrisch ihre Eigenständigkeit behauptenden Bretonen mußte eine ihren Bereich weitgehend abriegelnde Grenzsicherung aufgebaut werden. Ähnlich schwierig war der Aufbau der sog. spanischen Grenzmark, wobei der Franke dem zähen Druck muselmanischer Herrscher letztlich nur diesseits der Pyrenäen wirksam zu widerstehen vermochte. In diesem Raum hatte Karl seine empfindlichste und peinlichste Niederlage einstecken und auf eine weitere Expansionspolitik verzichten müssen. Die glückliche Maßnahme einer Stärkung der Position des Grafen von Toulouse sicherte allerdings den überkommenen Besitzstand.

Fränkische Herrschaft, die von den Bedingungen einer spätantiken Randkultur ausgehend seit Chlodwig stetig gewachsen war, hatte sich schon längst zu einem frühmittelalterlichen Großreich entwickelt, das weiteste Teile des kontinentalen West- und Mitteleuropa erfaßte. Der Frankenkönig war zum Hegemonialherrscher geworden, auch wenn die persönliche Schwäche der merowingischen Dynasten seit Dagobert diesen faktischen Rang etwas verdeckt hatte. Seit Pippin und seinem großen Sohne Karl trug der fränkische Herrschertitel den realen Verhältnissen nur in bescheidenem Umfange noch Rechnung, drängte alles zu universaler Geltung und Anerkennung. Solche hatte bisher allein der Kaiser in Byzanz beanspruchen dürfen.

Das Kaisertum von 800

Ausgangspunkt für Betrachtungen der Kaiserfrage und des Kaisertums von 800 ist der viel diskutierte Bericht in Einhards Biographie Karls d. Gr. Danach wäre Karl im Jahre 800 nach Rom gekommen, um die Kirche aus ihren riesigen Schwierigkeiten herauszureißen. „Damals war es, daß er das *nomen* des Kaisers und Augustus empfing; das war ihm zuerst so zuwider, daß er versicherte, er würde an jenem Tage, wenngleich es ein hohes Fest war, die Kirche nicht betreten haben, wenn er des Papstes Absicht (*consilium*) hätte vorherwissen können." Weshalb Karl d. Gr. „überrascht" gewesen sein soll, ist unzählige Male erörtert worden. Inzwischen ist sich die Forschung darüber einig, daß dieser Text nicht aus sich verständlich ist und daß Einhard auch keine Hauptquelle darstellt; als solche müssen vielmehr der sog. Liber pontificalis, die Annales regni Francorum und die Annales Laureshamenses (aus Lorsch) gelten. Schließlich müßten die Vorgänge von Weihnachten 800 in einem größeren Zusammenhang gesehen werden.

Karls Großreich sah sich drei Potenzen gegenüber: Dem Kalifat von Bagdad, dem Kaisertum in Konstantinopel und dem Papsttum in Rom. Von allen drei Mächten ist der Kalif politisch und geistig die stärkste gewesen, residierte aber sehr weit ab und führte eine nicht-christliche, islamische Herrschaft. Daraus resultierten insgesamt recht geringe Kontakte mit dem Westen, aber auch kaum Streitigkeiten, zumal die islamische Eroberungspolitik an den Pyrenäen seit der Errichtung der sog. spanischen Mark ihren Schlußpunkt erreicht hatte. Für Karl waren das Kaisertum im Osten und das Papsttum ungleich wichtiger. Beide verstanden sich als christliche, von Gott gesetzte Institutionen, beide „bezogen ihre Kraft aus den Überlieferungen des Imperium Romanum" [163: P. CLASSEN]. Der byzantinische Kaiser (Basileus) hatte seinen Weltherrschaftsanspruch nie aufgegeben, dessen Ausdruck u. a. die politische Idee einer „Familie der Könige" war, welcher der Kaiser als Vater vorstand. Demgemäß titulierte der Byzantiner auch in der politischen Korrespondenz alle anderen Könige als Kinder bzw. Söhne. So war ein Schlüssel gefunden worden, sich mit den harten Realitäten abzufinden, und in entsprechender Weise „tolerierte" der Kaiser auch die Barbarenreiche. Gegensätze zum Frankenreich gab es vor allem in Italien; sie wurden von Byzanz systematisch genährt. Politische Gemeinsamkeiten dagegen resultierten aus ihrer beider Feindschaft etwa gegen Awaren und Langobarden. Der universale Anspruch der römischen Kirche beruhte auf der Petrus-Doktrin, wonach der Herr zum ersten Bischof von Rom gesagt hatte: „Du bist Petrus, und auf diesen Felsen will ich meine Kirche bauen" (Mt. 16, 18ff.). Die politischen Traditionen Roms hatten diesen universalen Anspruch zusätzlich genährt.

Karls d. Gr. Kaisertum orientierte sich an den drei genannten Potenzen, setzte aber zugleich die Politik seines Vaters fort, die ihrerseits in einer langen merowingischen Tradition gestanden hatte, wobei nur an Theudeberts I. Italienpolitik und seine Pläne, sogar nach Byzanz zu ziehen, erinnert zu werden braucht. Die spezielle Rompolitik der Franken dürfte spätestens seit 754 vorgezeichnet gewesen sein. Das Verhältnis Karls d. Gr. zum Kalifat von Bagdad erwies sich in diesen Zusammenhängen als politisch irrelevant, aber in der italienischen und römischen Frage bestand die zwingende Notwendigkeit, sich mit dem byzantinischen Kaisertum und dem römischen Papsttum, ihren politischen Ideen wie mit ihren Herrschaftsansprüchen auseinanderzusetzen.

Vorentscheidungen

Gegenüber den byzantinischen Herrschaftsrechten in Italien kam dem Frankenherrscher zugute, daß sie schon längst geschwächt waren, insbesondere durch den Verlust des Exarchensitzes Ravenna an die Langobarden (751). Pippins Siege über die Langobarden hatten überdies den Druck der Franken auf Italien verstärkt, so daß byzantinische Herrschaft nur noch auf Sizilien und im äußersten Süden der Halbinsel in geschlossener Form existierte. Bereits Spoleto und Benevent waren zu langobardischen Dukaten geworden. Dennoch lastete byzantinischer Druck auf Rom selbst, und obwohl die ewige Stadt auch direkter Bedrohung durch die Langobarden ausgesetzt war, hielt der Papst hier seinen eigenen Anspruch aufrecht. Sein durch diese Machtverhältnisse erzwungenes Lavieren wurde jedoch entscheidend erschwert durch stadtrömische Rivalitäten, die mehrfach zu offenen Auseinandersetzungen führten. Auf dem Hintergrund der nur knapp angedeuteten ideellen und realen Verhältnisse machte Karl d. Gr. einen entscheidenden Schritt mit der Annahme des langobardischen Königtums und dem fast zeitgleich öffentlich verwendeten römischen Patricius-Titel, der im Grunde dem Frankenherrscher schon seit 754 zugestanden hätte. Nunmehr dokumentierte dieser Titel eindeutig, daß Karl als Schutzherr über Rom auch am kaiserlichen Zeremoniell zu partizipieren gedachte und daß er kaiserliche Vorrechte in Anspruch nehmen wollte. Dies hat Karl auch bei seinen mehrfachen Rombesuchen getan, beispielsweise Ostern 781, als sein Sohn Karlmann in Rom durch den Papst getauft wurde und der Papst am gleichen Karsamstag Pate des seinen Namen wechselnden Königssohnes wurde. Karlmann hieß fortan Pippin. Mit seinem Bruder Ludwig wurde er am Ostersonntag durch den Papst auch gesalbt, so wie einst 751 sein Großvater Pippin gesalbt worden war und 754 abermals durch den Papst die Salbung erfahren hatte. 787 weilte Karl wiederum zum Osterfest in Rom, nunmehr zum dritten Male. Italien- und Rompolitik waren also längst vor 800 angelegt und intensiv betrieben worden. Für das Kaisertum des Jahres 800 wurde dann eine Ereigniskette entscheidend, die durch den Überfall auf Papst Leo in der Stadt Rom selbst ausgelöst worden war. Der vom Putsch 799 arg in Mitleidenschaft gezogene Papst Leo flüchtete (angeblich geblendet und verstümmelt) und zog über die Alpen. Karl traf er auf dessen Hof-

Hoftag in Paderborn

tag in Paderborn, worüber das fast zeitgleich [149: H. Beumann], vielleicht aber auch erst nach 800 [225: D. Schaller] verfaßte Epos: Karolus Magnus et Leo Papa berichtet, in dem Karl als Augustus gefeiert wird. Mit fränkischer Heereshilfe wurde anschließend der Papst nach Italien zurückgeleitet, und die Franken nutzten diese Reise zu einer Strafexpedition. Der stadtrömische Putsch von 799 hat mit seinen Konsequenzen eine förmliche „Rotation" des Kaisergedankens im Frankenreich verursacht, die insbesondere in Alkuins Korrespondenz beredten Niederschlag gefunden hat. Für die weitere Entwicklung, die bis hin zu den Weihnachtstagen des Jahres 800 führen sollte, ist besonders wichtig, daß Karls Königtum bereits im Vorfeld des Ereignisses Vergleichbares weit überragte. Vermutlich war bereits in Paderborn die Kaiserfrage mit dem Papst weitgehend vorgeklärt und vorentschieden worden [148, 149: H. Beumann]. Im Jahre 800 reiste Karl abermals nach Rom, um einer Untersuchung der Vorwürfe gegen Papst Leo beizuwohnen. Im Empfangszeremoniell wurden ihm dabei bereits kaiserliche Ehren erwiesen: Der Papst persönlich kam ihm nämlich bis zum zwölften Meilenstein entgegen, während man den Patricius am ersten Meilenstein durch die Scholen eingeholt hatte. Obwohl modernem Verständnis im allgemeinen ein Gefühl für die Bedeutungsschwere solcher zeremoniellen Akte fehlt, dürfen sie doch nicht unterschätzt werden. Auch die weiteren Ereignisse sind recht gut überliefert. Für die in der Peterskirche tagende Untersuchungsversammlung erwies sich als strittig, ob der Papst überhaupt richtbar sei. Seit über 300 Jahren war die Frage traditionell und im Anschluß an die Symmachus-Fälschungen von 501 verneint worden: *papa a nemine iudicatur*. So blieb auch in der aktuellen Situation nur der Ausweg eines Reinigungseides, den der Papst am 23. 12. auf den Altar der Peterskirche leistete. Unmittelbar nach seinem Bekenntnis: „Ich bin unschuldig" brach Jubel aus, wurden Laudes gesungen. Für Karl selbst war nunmehr der Weg frei, zumal aus den Lorscher Annalen hervorgeht, daß in Rom bereits Vorverhandlungen geführt worden waren. Der Lorscher Annalist berichtet nämlich, das gleiche „Konzil" habe beschlossen, „daß man Karl, den König der Franken, Kaiser nennen müsse...". Auch über die Argumente berichtet der gleiche Autor. So sei erstens bei den Griechen das *nomen imperatoris* vakant, hätten die Griechen ein „Weiberkaisertum" der Irene. Das zweite Argument lautete: Rom, in dem die Cäsaren immer residiert hätten, und die übrigen *sedes imperii* in Italien, Gallien und Germanien (nämlich Ravenna, Mailand, Trier, Arles) habe „Gott in Karls Gewalt gegeben". Weiter heißt es, daß Karl sich der Bitte der Versammlung nicht verschlossen habe.

Weihnachten 800

Die Vorgänge zu Weihnachten 800 sind am besten aus dem Liber pontificalis und den Reichsannalen erkennbar. Üblicherweise waren zu Weihnachten drei Stationsgottesdienste durch den Papst zu feiern, der letzte in St. Peter vor den Toren. Leo feierte ihn gemeinsam mit dem Frankenherrscher, dessen Volk den heiligen Petrus seit jeher in besonderer Weise verehrte. Diese Messe sollte für lange Jahrhunderte ihre prägende Ausstrahlungskraft nicht mehr verlieren: „Als Karl sich bei der Messe vom Gebet vor der Confessio St. Petri erhob, setzte der

Papst ihm eine sehr kostbare Krone auf das Haupt. Darauf wurde Karl von allen anwesenden Römern als Kaiser akklamiert, und man sang Laudes mit Anrufung vieler Heiliger. Der Papst erwies dem Gekrönten, wie es bei den alten Kaisern üblich gewesen war, die Proskynese. ‚Und er wurde von allen als Kaiser der Römer eingesetzt' (Liber Pontificalis), ‚und nach Ablegung des Patriziernamens wurde er *imperator* und *augustus* genannt' (Reichsannalen). Danach salbte – und krönte – der Papst Karl, den Sohn des neuen Kaisers, zum König. Kaiser Karl brachte nach der Messe wertvolle Weihgeschenke dar" [163: P. Classen, 580].

Beide Hauptberichte nennen nur die zwei wichtigsten Vorgänge, indem sie das Aufsetzen der Krone durch den Papst und die Akklamation durch die Römer, und zwar in dieser Reihenfolge, vermelden. Nach den erwähnten Hauptberichten ist das Ergebnis des gesamten Vorganges, daß Karl zum Kaiser eingesetzt wurde, daß Karl Kaiser genannt wurde!

Wie aber steht es mit Krönung und Salbung, beruhten beide auf alten Traditionen? Wohl zu Recht ist die Ansicht vertreten worden, daß der Papst mit der Krönung offensichtlich das Signal zur Akklamation habe geben wollen. Sieht man auf die byzantinische Parallele, so zwingt sich die Annahme auf, daß die Akklamation der entscheidende Akt der Kaisererhebung war. In Byzanz erfolgte sie jedoch nicht in der Kirche und nicht nach der Krönung; Ort dieser Handlung war zumeist das Hippodrom, und zeitlich erfolgte sie vor der Krönung. In Byzanz akklamierte man aber dem Kaiser auch sonst, immer dort, wo er sich dem Volke zeigte. So mag auch für Rom am Weihnachtstag des Jahres 800 gelten: „Streng rechtlich betrachtet, war es die Akklamation, die Karl zum Kaiser machte" [163: P. Classen]. Diese Deutung hat indes Widerspruch erfahren. Karls Kaiserkrönung sei nämlich im strengen Rahmen eines Weihegottesdienstes analog der Papstweihe verlaufen, bei der die Papstkrönung konstitutiven Charakter hatte. So sei analog Karl durch die Krönung Kaiser geworden, und die bezeugten Laudesrufe wären lediglich „bestätigende Ovation" gewesen [147: K. J. Benz]. Für diese These spricht, daß sie mit der päpstlichen Intention der Vorgänge in St. Peter weitgehend übereinstimmen dürfte, letztlich bleibt aber doch zu beachten, daß es sich um Akklamationen gehandelt haben dürfte, deren vorrangig politisch-rechtlicher Charakter offenkundig war und die entsprechend als konstitutiv empfunden wurden.

Angesichts der Bedeutung späterer Herrschersalbungen muß schließlich erörtert werden, ob Karl auch zum Kaiser gesalbt wurde, wie es ausdrücklich nur der um 814 schreibende Grieche Theophanes spöttisch berichtet, sei doch der Franke gar „von Kopf bis Fuß" gesalbt worden. Die Frage birgt insofern Schwierigkeiten, als Karl bereits dreimal gesalbt worden war (754 mit seinem Vater in St. Denis; 768 zum König; 771 zum König in seines Bruders Reichsteil). Gerade diese Reihung zeigt aber, daß Salbungsakte grundsätzlich wiederholbar sind, weshalb auch eine Salbung anläßlich der Kaisererhöhung nicht auszuschließen ist.

Nomen imperatoris

Das *nomen imperatoris* errang Karl durch Krönung und Akklamation; vom *nomen imperatoris*, das Karl d. Gr. hier in Rom erlangt hatte, kündete der Sprachgebrauch des Hofes: Kein neues Reich, keine neue Macht, sondern einen Namen hatte Karl erlangt. Auf sein *nomen*, das Titel und Name zugleich war, ließ er zwei Jahre später die Völker des Frankenreiches vereidigen. Der Treueid der Untertanen galt nicht seiner Person, sondern dem Amt und der damit verknüpften Person, wie es der Eid auf das *nomen Caesaris* kundtut. Der gleiche Sachverhalt, daß Karl kein neues Reich und keine neue Macht erlangt hatte, kommt auch im Sprachgebrauch der Kanzlei zum Ausdruck, die den neuen Kaisertitel zum ersten Mal am 29. 5. 801 in Bologna verwendete: *Carolus serenissimus Augustus a deo coronatus magnus pacificus imperator Romanum gubernans imperium, qui et per misericordiam dei rex Francorum et Langobardorum.*

Die eingangs erwähnte Bemerkung des Karlsbiographen Einhard sollte noch einmal aufgegriffen werden, wonach Karl nicht in die Kirche gegangen wäre, wenn er gewußt hätte, was ihm dort passieren würde. Diese Bemerkung ist um so gewichtiger, je mehr man berücksichtigt, daß wohl kaum ein mittelalterlicher Herrscher an einem so hohen Festtag den Kirchgang hätte versäumen dürfen. H. Beumann hat die Erklärung darin gesucht, daß Karl von der Annahme ausgegangen sei, ein bei den Vorverhandlungen von Paderborn und Rom gemeinsam mit dem Papst erarbeitetes Konzept würde hier zur Anwendung kommen, während der Papst seinerseits das damalige Alternativkonzept völlig überraschend dem Frankenherrscher präsentierte. Karls Verärgerung, die in Einhards Bericht so bedeutungsvoll heraustritt, war aber nur ein Resultat, wichtiger war die Konsequenz, daß Karl d. Gr. zu einer dritten Variante zurückkehrte, die anfangs bei den Paderborner Verhandlungen eine Rolle gespielt hatte, dann aber gegenüber den beiden Alternativen völlig zurückgetreten war: Gemeint ist die Rückkehr zum Aachener Kaisergedanken.

Karl, der nach der Erhöhung zum Kaiser bis zum 25. April 801 in Rom geblieben war, suchte in der Folgezeit die Verfassungsstrukturen seines Großreiches zu festigen, freilich nunmehr vorzugsweise von Aachen aus, das seit 794 fast den Charakter einer Residenz erhalten hatte. Rom und Italien hat Karl d. Gr. dagegen seither nicht mehr betreten. Groß angelegt war die im Capitulare missorum speciale von 802 verfügte Verpflichtung aller freien Reichsangehörigen, nunmehr auf das *nomen Caesaris* einen Treueid zu leisten. Der Kaiser ergänzte diese ihm nützlich erscheinende personenrechtliche Bindung an den Herrscher durch weitere gesetzgeberische und den Raum erfassende organisatorische Maßnahmen. So beginnt etwa um 802 die „hohe Zeit“ der Kapitularien, jener rechtlichen Satzungen, deren Text gemeinhin in Artikel (*capitula*) eingeteilt war und deren sich vor allem die fränkischen Herrscher bedient haben, um Maßnahmen der Gesetzgebung oder der Verwaltung bekanntzumachen [271: F. L. Ganshof; 299: R. Schneider].

Kapitularien

Mit Hilfe dieser Kapitularien sollten grundsätzlich im ganzen Reich und in vereinheitlichender Form rechtliche, politische, administrative, wirtschaftliche und kirchliche Angelegenheiten durch den Herrscher geregelt werden, der sich dabei auch auf einen mehr oder weniger breiten förmlichen Konsens der Großen des Reiches stützen konnte. Die Handhabung des Kapitularien-Instrumentariums setzt einen für frühmittelalterliche Verhältnisse so unerhört hohen und einzigartigen Grad allgemeiner Schriftlichkeit und verschriftlichter Verwaltungs- und Regierungsweise voraus, daß seit jeher Zweifel an Geltungsbereich und Effektivität der Kapitularien geäußert wurden. Unzweifelhaft aber ist in jedem Falle, daß der gezielte Einsatz solcher Schriftlichkeit der Regierungsausübung ein hohes Maß an „Festigkeit, Beständigkeit und Regelmäßigkeit" [271: F. L. GANSHOF] zu geben bemüht war. Bekanntlich hat es für die am Ende des 9. Jahrhunderts ausklingende Kapitulariengesetzgebung jahrhundertelang keine Entsprechungen gegeben. Erst seit dem 12. und vor allem dem 13. Jahrhundert begann sich in den entstehenden europäischen Territorialstaaten eine weltliche Gesetzgebung zu entwickeln [334: A. WOLF].

Dieser Ausblick unterstreicht Großartigkeit und Risiko karlischer Kapitularienpraxis, die als adäquates Mittel zur regierenden und verwaltenden Erfassung des Riesenreiches mindestens erkannt und versucht wurde. Dem Charakter des Karlsreiches als eines Vielvölkergebildes entsprach das parallele Bemühen, die Stammesrechte zu ordnen, vor allem aber durch schriftliches Fixieren auch sie überprüfbar zu machen und dabei zugleich mißbräuchliche und willkürliche Handhabung zu mindern. Nachdem die Volksrechte der Alemannen und Bayern ebenso wie die Lex Salica bereits seit längerer Zeit aufgezeichnet bzw. in eine neue Fassung gebracht worden waren, erfolgte jetzt die Kodifizierung der Lex Saxonum, vermutlich gleichzeitig auch die der partikularen Lex Angliorum et Werinorum hoc est Thuringorum, der sogenannten Lex Francorum Chamavorum und ebenfalls „im Zusammenhang der Gesetzgebung des Aachener Reichstages 802/03" wohl auch die Aufzeichnung der Lex Frisionum [331: H. SIEMS]. Die seit Chlodwig erkennbare Politik des Respektierens stämmischer Rechtsordnung und Eigenart wurde also trotz der vereinheitlichenden Tendenzen der Kapitularientätigkeit grundsätzlich beibehalten.

Stammesrechte

Fast ohne Berücksichtigung historischer wie regionaler Besonderheiten erfolgte die vom Herrscher ausgehende Kirchengesetzgebung, zumal die Kirche längst als Staatskirche empfunden und behandelt wurde. Da der hohe Klerus (Bischöfe, Äbte und Äbtissinnen) als Inhaber großer bis sehr großer Grundherrschaften seinerseits durchaus weltliche Herrschaft über Land und Leute ausübte, hatte ihn Karl schon immer zu Dienstleistungen im Kriege wie im Frieden konsequent herangezogen. Weil es dem Frankenherrscher gelang, den Reichs- und Kriegsdienst des durchweg dem Reichsadel entstammenden hohen Klerus voll zu institutionalisieren, war es ihm ein leichtes, die fränkische Kirche für das Reichsinteresse so zu instrumentalisieren, daß von einem „massiven Staatskirchentum" [226: T. SCHIEFFER] gesprochen werden konnte. Karl forcierte diese Instrumentalisierung der Kirche für den Krieg und die Reichsverwaltung so sehr, daß die Kirche in den karolingischen Verwaltungsaufbau „eingestaatet" wurde [288: F. PRINZ]. Als Resultat ergab sich somit eine strukturelle Parallelität von weltlicher

Kirchenpolitik

und geistlicher Reichsaristokratie, die den in der Zeit Ludwigs d. Frommen schreibenden Walahfrid Strabo bewog, eine Art Konkordanz entsprechender weltlicher und geistlicher Positionen und Ämter zu verfassen. Isoliert gelesen, mutet sie heute abstrus an, und doch war sie sinnfälliger Ausdruck verfassungshistorischer Realität.

Divisio regnorum von 806

Fragen der inneren wie äußeren Ordnung zugleich berührten Karls Versuche einer vorzeitigen Regelung seiner eigenen Herrschaftsnachfolge. Gerade die errungene Kaiserwürde erschwerte das bisher übliche Verfahren, das Reich (möglichst) in so viele Teile aufzuteilen, wie erbberechtigte Söhne vorhanden waren bzw. ihre Ansprüche wirksam durchzuhalten wußten. Das Reichsteilungsgesetz von 806, die berühmte Divisio regnorum, ließ der Kaiser von den Großen des Reiches eidlich bekräftigen und in einer Fassung, die wohl den Kaisertitel des Constitutum Constantini im Protokoll enthielt [291: W. Schlesinger], dem Papst zur Unterschrift zuleiten. Insgesamt blieb demnach das Kaisertum nicht unberücksichtigt, wenngleich das Teilungsgesetz von 806 nicht über die Kaiserwürde selbst verfügte. Unter den drei Söhnen bevorzugte Karl d. Gr. seinen ältesten Sohn Karl (den Jüngeren) in ungewöhnlicher Weise und sah für ihn das ungeteilte Kernreich der Franken vor. Eine förmliche Oberherrschaft über die jüngeren Brüder Pippin und Ludwig gehört jedoch nicht dazu. Karls d. Gr. Grundkonzeption bei der vorsorglichen Teilung des Imperiums scheint gewesen zu sein, das eigentliche Frankenreich ungeteilt zu erhalten und ein großes aquitanisch-burgundisches (Ludwig) wie ein ähnlich bedeutendes italisch-bayerisches Reich (Pippin) auszugliedern [164: P. Classen].

Die Divisio regnorum von 806 brauchte 814 nach Karls Tod jedoch nicht realisiert zu werden, weil zwei Söhne vor dem Kaiser verstarben und Ludwig als einziger legitimer Erbe zurückgeblieben war.

Karls Spätjahre

Die im Jahre 800 errungene Kaiserwürde war in zähen Verhandlungen mit dem byzantinischen Hof, der den Vorschlag eines legalisierten Doppelkaisertums 806 noch verworfen hatte, von diesem 812 anerkannt worden: Der 815 auch vertraglich gesicherte Kompromiß ging von einem verselbständigten westlichen Kaisertum aus, welchem der Byzantiner, der sich fortan in durchaus abgrenzendem Sinne „Kaiser der Römer“ titulierte – was Karl immer vermieden hatte –, die Anerkennung nicht versagte.

Obwohl das Reichsteilungsgesetz von 806 durch den Tod zweier Söhne unnötig geworden war, bemühte sich der greise Kaiser intensiv um einen möglichst nahtlosen Übergang seiner Herrschaft auf seinen Sohn Ludwig. Karls Fürsorge wird in einigen Quellen recht stark betont. Außenpolitisch war das Reich ersten schweren Belastungen durch Normannen ausgesetzt, hatten Venezianer und Bretonen, auch Wilzen und Mauren ihm arg zugesetzt. Im Innern reduzierten die von den Inhabern großer Grundherrschaften ausgehenden Oppressionen die Schichten freier Franken und förderten mit beträchtlicher Machtkumulation in den Händen zahlenmäßig immer geringer werdender Oberschichtengruppen einen Feudalisierungsprozeß, der auch mit seinen zentrifugalen Tendenzen noch schädlich für das Großreich war. Karls breit angekurbelte Schutzpolitik für die wirtschaftlich Schwächeren (*pauperes*), die aus den Kapitularien so eindrucksvoll ablesbar ist, kam zu spät und griff nicht mehr. Der um sein Gesamtwerk besorgte Kaiser versuchte in dieser Situation zwei weitere Schritte. Zunächst rief er seinen Sohn und einzig überlebenden Erben vor einer feierlichen Reichsversammlung förmlich als seinen Nachfolger und Mitträger der Kaiserwürde aus und setzte ihm selber am 11. 9. 813 in der Aachener Pfalzkapelle die Kaiserkrone auf. Ungewöhnlich war beides: Die Franken kannten bisher lediglich die Erhebung zum Unterkönig, die aber selbstverständlich auch die Herrschaftsnachfolge lenken und präjudizieren sollte; Ludwigs Krönung mochte sich an byzantinische Formen der Mitkaiserkrönung angelehnt haben oder nicht, sie sollte aber dokumentieren, daß der Frankenkönig das nomen imperatoris ohne bischöfliche, speziell päpstlich-römische Unterstützung übernehme!

Wegweisend für die Politik seines Nachfolgers wurde auch der zweite Schritt, den Karl d. Gr. zur Rettung seines Lebenswerkes unternahm. Auf fünf großen Synoden, die in Mainz, Chalon-sur-Saône, Reims, Arles und Tours im Jahre 813 stattfanden, wurde eine länger vorbereitete Kirchenreform gesetzgeberisch fundiert, um weit über den kirchlichen Rahmen hinaus das auseinanderberstende Reichsgefüge zu kitten. Ludwigs des Frommen oft gescholtene Kirchenreformpolitik ist also die intensivierte Fortsetzung karlischer Bestrebungen gewesen.

Ludwig der Fromme

Die Maßnahmen des Jahres 813 trugen ihre Früchte, als Ludwig der Fromme nach seines Vaters Tod (28.1.814) alleiniger Nachfolger in der Herrschaft wurde. Karls d. Gr. Leichnam bestattete man in der Kirche seiner Lieblingspfalz Aachen. Sein historisches Vorbild blieb ungemein lebendig, beispielsweise auch für Otto III., der im Jahre 1000 frevelnd das Grab zu öffnen wagte, und für Friedrich Barbarossa, der 1165 die Gebeine heben ließ und – allerdings nur vom Gegenpapst – die Heiligsprechung des großen Franken erreichte.

Auf dem von seinem Vater Karl vorgezeichneten Wege einer das Reich umfassenden Kirchenreform, die zu sittlicher Läuterung in christlicher Gesinnung führen sollte, schritt Ludwig d. Fr. voran. Seine Herrschaftszeit von 814–840 sollte zur „Kulmination und Wende der Karolingerzeit“ (E. Ewig) werden. Ob Ludwig der Fromme bei seinem Versuch einer durchgängigen ethischen Fundierung seiner Politik übersehen haben sollte, daß man das karolingische Riesenreich allenfalls mit Gewalt und furchtgebietender Strenge noch hätte zusammenhalten können (wie es Nithard rühmend von Karl d. Gr. zu berichten weiß)? Oder hatte sich dieses einst bewährte Instrumentarium bereits verbraucht, so daß der anachronistisch anmutende Versuch gewagt werden mußte, auf der Basis eines religiös-kirchlich geprägten Herrscherethos letztlich zu einer Staatsidee zu finden, die das Reich über religiös-kulturelle Gemeinsamkeiten hinaus zu einer bewußten politischen Einheit zu formen imstande wäre [226: T. Schieffer]?

Obwohl dieser „Ansatz zu einer über die Person des Herrschers hinausweisenden Staatsidee, das Postulat einer Bändigung der Macht durch den Geist, durch ein christliches Staatsethos, Recht und Pflicht des Priestertums, ratione peccati in weltliche Dinge einzugreifen“ [226: T. Schieffer], schon theoretisch stark überfrachtet und seine kirchlichen Propagandisten zumeist idealistisch-illusionär bis politisch ignorant waren, gelangen Ludwig dem Frommen jahrelang eindrucksvolle Erfolge [230a: J. Semmler]. Zügig verlief die Konzentration der Kräfte am Königshof. Im Zuge des Revirements erschienen neue Köpfe: Allen voran der gotische Abt Benedikt von Aniane, aus Aquitanien der Kanzler Helisachar, Erzbischof Ebbo von Reims und Matfrid, der Graf von Orléans.

Reformgesetze

816 beginnt die Reformgesetzgebung für geistliche und weltliche Bereiche, fast gleichzeitig die Reform der Kanonikerregel, die an Chrodegangs Metzer Vorbild anknüpfte. Boden gegenüber dem Papsttum wurde aber schon 817 (Pactum Ludovicianum) preisgegeben, den erst Ludwigs ältester Sohn Lothar, ab 817 zum Mitkaiser erhöht und 823 zum Regent Italiens bestimmt, mit der Constitutio Romana von 824 zurückgewann, weil der Kirchenstaat jetzt kaiserlicher Kontrolle unterworfen wurde.

Zum Höhepunkt wurde der Aachener Reichstag von 817 mit der Ordinatio Imperii, in der für Ludwigs Ablebensfall eine Erbfolgeregelung fixiert wurde, nach welcher der älteste Sohn Kaisertum und fränkisches Kernreich nebst Oberherrschaft über die jüngeren Brüder erhalten sollte. Die Grundvorstellung der sogenannten Reichseinheitspartei mit der seit 813 so häufig variierten Argumentationskette: ein Gott – eine Kirche – ein Glaube – ein Reich und entsprechend nur ein Reichsoberhaupt hatte gesiegt. Noch in Aachen wurde Lothar (I.) zum Mitkaiser erhoben und seine Brüder Ludwig (der Deutsche) als Unterkönig für Bayern und Pippin für Aquitanien benannt.

Der Text der Ordinatio Imperii vom Juli 817 enthält aber bereits Hinweise darauf, daß Ludwigs des Frommen Nachfolgeordnung auf große Widerstände stieß, denn den Kaiser stützten nur *hi qui sanum sapiunt*. Hinter den „Unvernünftigen“ wird man dagegen wohl schon Teile derjenigen Großen des Reiches zu vermuten haben, die später Lothars Partei ergriffen und vor allem die ehrgeizige Welfin Judith stützten, die der verwitwete Kaiser 819 geheiratet hatte und die ihrem 823 (nach-)geborenen Sohn Karl (dem Kahlen) ein angemessenes Erbe beizeiten zu sichern bemüht war.

Angriffe auf das Programm von 817

Ludwig der Fromme, der 818 erfolgreich einen Empörungsversuch Bernhards von Italien bezwungen, etwa gleichzeitig seine unehelichen Stiefbrüder als präsumtive Konkurrenten zu Geistlichen hatte scheren lassen und sich von zu gefährlich erscheinenden Ratgebern (Theodulf von Orléans, Adalhard, Wala) zu trennen wußte, gab allmählich unter dem Einfluß seiner Ehefrau die Grundprinzipien von 817 auf und kehrte zu Anschauungen seines Vaters zurück, wie das an die Divisio von 806 eng angelehnte Reichsteilungsprojekt von 831 eindrucksvoll dokumentiert. Anlaß dafür dürfte vor allem der Aufstand im Vorjahr gewesen sein, den der Kaiser nur mühsam überstanden hatte. Die innenpolitischen Schwierigkeiten, die vom Ausgang der 20er Jahre bis zu Ludwigs des Frommen Tod 840 und noch darüber hinaus führen sollten, hatten vielfältige Ursachen. Zunächst tobte zwischen mindestens zwei Parteien ein erbitterter Kampf um die

Macht am Hofe: Die eine formierte sich um das Programm von 817, die Idee der religiös überhöhten Reichseinheit, während die Gegenseite eher „altfränkisch" orientiert war. Für sie sprachen neben ohnehin starken zentrifugalen Tendenzen die größer werdende Unfähigkeit des Riesenreiches, sich der Invasionen von außerhalb der Reichsgrenzen zu erwehren (Normannen/dänische Wikinger und Sarazenen vor allem); zugute kamen diesen auch die längst offenbare Überdehnung der Staatsstruktur und die besonders an der Peripherie des Reiches neu belebten Ausgliederungsbemühungen (insbesondere Bretonen, auch Abodriten), vor allem aber die Rivalität der mittlerweile vier Kaisersöhne. Deren Erbansprüche und dynastisch motivierter Machthunger waren durch Staatstheorie und Einheitsprogrammatik nicht zu dämmen.

Beginn der Auflösung

Die hin und her gehenden Auseinandersetzungen innerhalb des Herrscherhauses und seiner wechselnden Anhängerscharen kulminierten 833 in der berüchtigten Begegnung zwischen Vater und aufständischen Söhnen auf dem „Lügenfeld" bei Colmar: Ludwig der Fromme verlor sein Heer schon vor der Schlacht – damit auch sein Kaisertum, tat als Gefangener seiner Söhne öffentlich in Soissons Kirchenbuße, wurde aber 834 wieder als Kaiser restituiert, als vor allem die ostrheinischen Stämme sich gegen Lothars Machtansprüche stemmten. Bedeutsamer als dieser Akt, der die Erschütterung kaiserlicher Autorität nicht entfernt wettmachen konnte, war für die Folgezeit, daß Ludwigs des Deutschen Position sich gestärkt hatte: Seit 833 rechnete er selbstbewußt seine Königsjahre *in orientali Francia* – der relativ enge Rahmen eines bayerischen Unterkönigtums war zweifach gesprengt. Schwerer zu erkennen sind analoge Selbständigkeitstendenzen der (gallischen) Westhälfte des Reiches, die hinter dem Erbanspruch Karls des Kahlen standen, zu dessen Sachwalter sich Ludwig der Fromme bis zu seinem Tode charakteristischerweise berufen fühlte. Als Pippin I. 838 starb und sein gleichnamiger Sohn Pippin II. nur unter größten Schwierigkeiten und mit räumlich eingeschränktem Herrschaftsbereich nachrückte, ergab sich als innenpolitische Dominante eine zukunftsträchtige Allianz der jüngeren Brüder Ludwig d. D. und Karl d. K. gegen ihren älteren Bruder, den Mitkaiser Lothar I. Somit war die Grundstruktur des wechselvollen Bürgerkrieges von 840–843 und des diesen beschließenden Reichsteilungsvertrages von Verdun (August 843) längst zu Ludwigs des Frommen Lebzeiten vorgezeichnet. Die Bürde eines Riesenreiches, die Karl d. Gr. nach 802/806 kaum mehr hatte tragen können, war seinem gewiß nicht unbedeutenden Sohn trotz anfangs beachtlicher Erfolge endgültig zu schwer geworden; das Frankenreich war ihm längst entglitten, als Kaiser Ludwig der Fromme am 20. 6. 840 bei Ingelheim verstarb. Im Herzen der karolingischen Kernlande, dem Hauskloster St. Arnulf vor Metz, fand er seine letzte Ruhe.

5. Verfassung

Das Eingehen auf Verfassung und Verfassungsstruktur des Frankenreiches erfordert knappe Vorbemerkungen. Verfassung kann nämlich hier nicht verstanden werden als geschriebene Verfassung, die auf normierenden Texten, Vorstellungen und Absichten basiert. Vielmehr ist der frühmittelalterliche Verfassungsbegriff entschieden weiter zu fassen. Überhaupt fragt die moderne Verfassungsgeschichte eher danach, wie etwas verfaßt ist, als welche Verfassung es hat. H. Mitteis hat dementsprechend formuliert, es käme darauf an zu erkennen, in welcher Konstitution ein Volk sei, nicht welche Konstitution es habe. Mit O. Brunner ließe sich dieser weitgefaßte historische Verfassungsbegriff auch als „konkrete politische Bauform einer Zeit" verstehen. Man muß hinzufügen, daß diese Bauformen ohne gebührende Berücksichtigung wirtschaftlicher und sozialer Grundgegebenheiten kaum je erkennbar sind. Freilich ist eine diese Elemente verknüpfende Darstellungsform außerordentlich schwierig. Ohne Unterbewertung religiöser, ideeller, theoretischer wie anderer Impulse und Aspekte liegt für die Verfassungsgeschichte das Schwergewicht ihres Interesses auf den Bereichen des Staates (als der relevantesten politischen Großgruppe bzw. der politischen Bauform schlechthin), der Wirtschaft und der Gesellschaft. Dabei wird die integrierende Aufgabe der Verfassungsgeschichte hinreichend deutlich.

Verfassungsbegriff

Grundlagen des Staates

Die fränkische Staatsbildung ruhte auf verschiedenen Voraussetzungen. Bei ihrer Betrachtung sollte man zwischen spät- bzw. gallorömischen und gentilen Kontinuitäten unterscheiden. Diese Forderung kann mit Hinweisen auf die Politik Chlodwigs verdeutlicht werden. Wie sein Vater Childerich I. war Chlodwig *rex Francorum*. Sein *regnum Francorum*, das von dem gewaltsam geeinten fränkischen Stammesschwarm getragen wurde, umschloß aber auch eine Vielzahl anderer Völker, Stammessplitter und kleinere Einheiten unterschiedlicher Verfassung und auch politischer Stellung, die sogar die überwiegende Mehrheit der Reichsbevölkerung bildeten: Romanen, Burgunder, Goten, Bretonen, Basken und auch Slaven. Fast ausnahmslos behielten sie ihre gentile Eigenart, denn das Frankenreich war kein großer „Schmelztiegel". Dies entsprach fränkischem Herrschaftswillen (und politischer Klugheit), da Chlodwig bei seiner Politik der Unterwerfung fremder Stämme und der Monopolisierung der Herrschaft seines eigenen Stammes und Hauses grundsätzlich die sogenannten Volksrechte (Leges) mindestens der unterworfenen Großstämme anerkannt hatte. Das Phänomen der Rechtspersonalität im Frankenreich, wonach jeder nach seines Stammes Recht lebte, hat darin seine Ursache. Der Verzicht auf ein Regionalitätsprinzip war für Chlodwigs Reich konstitutiv, und einheitlich war nur das Königsrecht.

„Vielvölkerreich"

Unterschiedlich war freilich das politische Gewicht der einzelnen Glieder des Vielvölkerreiches. Seit dem 6. Jahrhundert sind gentile Gegensätze ausdrücklich bezeugt. Im Regelfall profitierte eine geschickte Königspolitik von ihnen, doch hat Chlothar II. nach einem bedrohlichen burgundischen Aufstand in seinem berühmten Edikt von 614 mit der vollen Anerkennung des Indigenatsprinzips gentilen Sonderentwicklungen auch politisch Rechnung tragen müssen: Der Frankenkönig verpflichtete sich, bei der Besetzung höherer Ämter wie beispielsweise des Grafenamtes Ortsansässigkeit als Bedingung anzuerkennen. Diese Regelung hat ihre Parallele in der Indigenatsforderung für das Bischofsamt – ein beachtenswertes Bemühen Eingesessener um Sicherung vor Übergriffen von Amtsträgern.

Im übrigen ist das politische Gewicht der einzelnen gentes innerhalb des fränkischen Reichsverbandes fast allein aufgrund spärlicher Nachrichten über die Heranziehung zum Heeresdienst abschätzbar. Nicht nur bei Grenzkriegen treten die nächstwohnenden gentes unter Waffen, auch sonst sind vor allem Romanen, Burgunder, Sachsen und Thüringer im fränkischen Heer bezeugt. Allmählich vollzog sich jedoch eine Umschichtung, und als König Dagobert 636/37 mit dem Heer des burgundischen Teilreichs im Baskenland einrückte, besaßen die Franken sogar im burgundischen Adel „bereits ein entschiedenes Übergewicht" [318: E. Zöllner 213].

Kontinuitätsproblem

Geläufiger ist im allgemeinen die Diskussion über die spätrömische Kontinuität. Gleich anderen germanischen Völkerschaften hatten die Franken bei ihren selbständigen Herrschaftsbildungen auf römischem Reichsboden weite Bereiche privaten wie öffentlichen Lebens unangetastet gelassen und wie selbstverständlich eine Vielzahl römischer Einrichtungen übernommen. Die moderne Forschung hat jedenfalls gegen alle Lehren von einem globalen Bruch zwischen spätantiker und frühmittelalterlicher Welt eine differenzierende Betrachtung der einzelnen Bereiche materieller und ideeller Kultur gesetzt und kann heute für den westlichen Teil des Römischen Reiches sogar davon ausgehen, daß „Gerichtsbarkeit und Steuerwesen, städtische Selbstverwaltung und staatliche Domänenwirtschaft . . . teils einfach bestehen gelassen, teils nach dem römischen Vorbild mit römischen Beamten, die den Germanen dienten und langsam mit ihren Oberschichten verschmolzen, neu aufgebaut" wurden [254: P. Classen 105].

Rechnet man hinzu, daß fränkische Könige sich auch äußerlich in ihrem Erscheinungsbild und Verhalten gegenüber den nichtfränkischen Untertanen an römisch-kaiserlichem Vorbild orientierten, gar am kaiserlichen Herrschaftszeremoniell partizipierten, so werden bedeutsame Kontinuitätsstränge sichtbar, und die angesprochene Kontroverse könnte am Ende lauten, welche Elemente im fränkischen Reich denn genuin fränkisch-germanisch sind. Wichtigste Vorbedingung dauerhafter fränkischer Herrschaftsbildung dürfte die Übernahme der Schriftlichkeit und eines allgemeinen Schriftwesens überhaupt gewesen sein, obwohl die Intensitätsunterschiede gegenüber früheren Verhältnissen gravierend waren und zu einem erheblichen Rückgang längst überquellender Bürokratie führten – was einzelne römische Bürger im Gallien noch des 5. Jahrhunderts als eine wohltuende Befreiung empfanden, wie Schilderungen Salvians von Marseille bezeugen.

Die Übernahme spätrömischer Einrichtungen schloß aber Umformungen und Weiterentwicklungen nicht aus. Eine der wesentlichsten war die Ausbildung eines Urkundenwesens, das nicht mehr auf der Aktenführung staatlicher Beamter und öffentlicher Hinterlegung basierte. Die Königsurkunde war keine Verwaltungsverfügung an bestimmte Beamte mehr, sondern sie enthielt ein allgemeingültiges, „an alle derzeitigen und zukünftigen Amtsträger gerichtete(s) Königsgebot, das dem Begünstigten ausgehändigt wurde und in seiner Hand als ein unanfechtbares Zeugnis für seine Gerechtsame diente" [254: P. Classen 208].

Sieht man von dem Sonderfall karolingischer Kapitularien ab, so herrschten die Frankenkönige seit frühester Zeit nur ausnahmsweise mit dem Instrument des Gesetzes und kaum häufiger mit dem des Vertrages. Ihnen diente zur Durchsetzung rechtlicher Vorstellungen das Privileg, und seit die karolingische Königsurkunde als Produkt intensiver Auseinandersetzungen merowingischer Diplome mit der Hausmeierurkunde sich voll entwickelt hatte, begann für Jahrhunderte in Europa die Blütezeit der Herrschaftsausübung mit dem Rechtsinstrument des Privilegs. Erst im Verlauf der Territorialstaatsbildung seit dem 12./13. Jahrhundert wurde allenthalben in Europa die Gesetzgebung als Herrschaftsmittel par excellence (wieder) entdeckt und weiterentwickelt.

Kontinuitätszonen

Wenn man die bisher angesprochenen Kontinuitätsformen zusammenfaßt und vor allem die personellen Einrichtungen für Belange der Verwaltung und Herrschaftsausübung berücksichtigt, so lassen sich zeitlich und räumlich verschränkt drei „Kontinuitätszonen" innerhalb des Frankenreiches erkennen [E. Ewig, Das Fortleben, in: 103]. Als vierte Zone muß man das außerhalb des alten Limes liegende germanische Siedlungsgebiet hinzudenken (fränkisches Gebiet südlich der Lippe, dazu vor allem Hessen und Thüringen).

1. Eine erste Zone umfaßt seit spätantiker Zeit etwa Rätien und Noricum, sie wird während der Völkerwanderung um vorwiegend germanische Siedlungsgebiete westlich des Rheins und südlich der Donau erweitert und besteht in fränkischer Zeit etwa aus den alemannisch-rätisch-bayerischen Nebenländern.

2. Stärker romanisiert war seit römischer Zeit Nordgallien, obwohl bereits während der Völkerwanderung die Gebiete nördlich der alten Römerstraße Köln–Bavai (Boulogne) intensiv von germanischen Stämmen besiedelt worden waren. Das Kerngebiet dieser Zone liegt zwischen Rhein und Loire, wobei die Lande zwischen Seine und Loire bereits Übergangsgebiet zum Süden sind.

3. Schon in spätantiker Zeit war Südgallien ungemein stärker romanisiert. Dieser von großer Kontinuität geprägte Charakter blieb in den Gebieten südlich einer gedachten Linie Nantes–Orléans–Genf auch in fränkischer Zeit bestimmend.

Angesichts so bedeutsamer räumlich-geographischer und insbesondere historischer wie ethnischer und kultureller Differenziertheit ist es nahezu unmöglich, unter fränkisch-merowingischer Herrschaft eine einheitliche Herrschaftsstruktur, geschweige denn eine einheitliche Verfassungsstruktur erkennen zu können. Ohnehin bleibt äußerst fraglich, ob solche einheitlichen Strukturen überhaupt erreichbar gewesen sind. Möglicherweise waren sie nicht einmal intendierbar, lassen doch die skizzierten Voraussetzungen schon die Idee einer Vereinheitlichung als nahezu utopisch erscheinen.

Die angeführten Kontinuitätszonen bilden nur den Hintergrund für eine verfassungsgeschichtliche Grobgliederung des Frankenreiches. Als bestimmende Komponente zeigt sie für den gallischen Raum eine Nord-Südausrichtung, obwohl mit der Römerstraße Lyon–Köln eine mindestens für die christliche Mission bedeutungsvolle Ost-Westgliederung nicht ganz gefehlt hat. In der Nord-Südgliederung ist selbstverständlich mit großen Überschneidungen zu rechnen, da römische Vergangenheit auch das fränkische Verfassungsgefüge mitgeprägt hat, daneben freilich auch das Erbe anderer germanischer Völker zum Tragen kam und schließlich der fränkische Herrschaftswille auf das ganze Reich gerichtet war. Trotz dieser Einschränkungen sind für verfassungsgeschichtliche Betrachtungen zwei große Zonen innerhalb des Frankenreiches zugrundezulegen: eine nordöstliche Paguszone und eine süd- und westgallische Civitaszone. Die Grenze zwischen beiden „verlief ungefähr auf einer Linie von Avranches-Lisieux nach Genf und schloß die Provinz Sens und die Civitas Langres in den nördlichen Bereich ein" [46: E. Ewig 420]. Nord-Süd-Ausrichtung

Charakteristisch für Nordgallien ist eine weitgehende Auflösung der *civitates* in *pagi*, deren Mittelpunkt zumeist *vici* oder *castra* auf dem Lande waren. Ausgenommen von dieser Entwicklung blieben nur jene *civitates*, in denen Bischöfe residierten, obwohl starke Schrumpfungen in den Provinzen Köln, Trier, Reims, Rouen, Mainz und Besançon nicht ausblieben. Am stärksten waren die Beharrungskräfte in den Provinzen Tours und Sens (E. Ewig). Das spätrömische Städtewesen Nordgalliens blieb nur innerhalb kirchlicher Ordnung erhalten und wich im allgemeinen der neueren pagus-Struktur (H. K. Schulze [303] spricht von einer „nordgallischen Gauverfassung").

Die süd- und westgallische Civitaszone (auch Zone der südgallischen Civitasverfassung) wird charakterisiert durch ein von Gregor von Tours (6,46) kolportiertes Dictum Chilperichs I. aus dem Jahre 584. Der König habe über Bischöfe gelästert und oft gesagt: „Siehe, unser Schatz (*fiscus*) ist arm, und unser Reichtum ist an die Kirche gefallen; keiner herrscht jetzt überhaupt als allein die Bischöfe, unsere Macht ist dahin und an die Bischöfe der Städte gekommen" (*periet honor noster et translatus est ad episcopos civitatum*).

Chilperichs lästerhafte Rede verzerrt zwar die Verhältnisse, läßt aber einen richtigen Kern erkennen: Die Stellung der Bischöfe in den civitates hatte sich in einem längeren Prozeß entwickelt. Nach dem ursprünglichen Auszug aus den civitates waren die Senatoren über das Bischofsamt sozusagen in ihre alten Stadtbereiche zurückgekehrt. Wie schon einmal beim Zerfall der staatlichen Ordnung in der Spätantike und in der Völkerwanderungszeit, häuften sich nun erneut Funktionen und Macht bei diesen Bischöfen, denn zu ihren kirchlichen und karitativen Aufgaben traten öffentliche Funktionen und Rechte hinzu: Sorge für die Stadtbefestigung und sonstige militärische Anlagen, für die Mauern der *civitates*, für Brücken, Bäder, Wasserversorgung, insbesondere die Aquädukte. Diese Civitates

Entwicklung führte im Ergebnis zu einer Art aristokratischer Republik mit bischöflicher Spitze. Auch stadttopographisch erfolgten insofern Umpolungen, als die neuen Schwerpunkte sich hin zur Bischofsburg, zur Kirche verlagerten. Selbst eine „wirtschaftspolitische" Verantwortung einzelner Bischöfe ist in der Überlieferung zu erkennen.

Während die spätantike civitas in Nordgallien nur als bischöfliche civitas überlebte, gab es im Süden auch civitates ohne bischöfliche Spitze. Sie sind im Merowingerreich gleichfalls Grundlage der Königsherrschaft gewesen. An ihrer Spitze stand zumeist ein Statthalter mit einer Art „Universalkompetenz" für Belange des Gerichtswesens, des Heerwesens und der Verwaltung; nur die königlichen Domänen waren von dieser Kompetenz ausgenommen. Diese Civitasstatthalter trugen den Titel *comes* bzw. *comes civitatis*. Dem comes untergeordnet waren *tribuni*, denen die Gaue unterstanden, in welche eine civitas gegliedert war, die ja Stadt und städtisches Territorium zugleich umfaßte. Innerhalb der südgallischen Städte blieb die städtische *curia* (gelegentlich ist nur von *cives* die Rede) erhalten. Zuständig war sie für Fragen der freiwilligen Gerichtsbarkeit, eventuell bildete sie auch den „Umstand", also eine Art Gerichtsgemeinde für den comes, wenn dieser über Galloromanen zu Gericht saß. Von diesen Gerichtsfragen abgesehen, war der Vorsitzende der *curia* üblicherweise der *defensor*, der als Muntwalt für Unmündige und Freigelassene fungierte. Ebenfalls zuständig war er für Fragen der Niedergerichtsbarkeit und der Marktpolizei, vielleicht diente er auch als Vertreter des Civitasstatthalters (*vicarius comitis*).

Falls in der civitas Franken oder Barbaren ansässig waren, wurden ihre Prozesse vor einem eigenen Gerichtshof (*mallus* o. ä.) ausgetragen. Der mallus tagte unter dem Vorsitz des comes. Seit dem späten 7. Jahrhundert wurden vermutlich curia und mallus zu einem einheitlichen Gericht verschmolzen, etwa gleichzeitig verfiel häufig der Comitat. Immer seltener wurde der comes dem Bischof unterstellt, zumeist verschwand er, und der Bischof trat immer stärker als Haupt der Civitasrepublik hervor. Dieser verfassungsgeschichtliche Wandel innerhalb der civitas/Stadt wurde durch den Fortbestand munizipaler Organe erleichtert: Behörden, Urkundenwesen, Registratur, Steuer, Polizei usw. Sogar die Gesta municipalia, eine Art städtisches Behördenarchiv, sind noch bezeugt.

Dukate

In manchen Gebieten der Civitaszone wurden aus militärischen Gründen mehrere civitates als Dukat zusammengefaßt. Er diente primär einem militärischen Zweck, war allerdings infolge der militärischen Kommandogewalt und der damit gegebenen Machtkumulation immer mehr als eine militärische Institution. Ein solcher *dux* hatte den Oberbefehl über mehrere *comites* (der jeweiligen *civitates*). Wenn in der Überlieferung mancher dux auch als comes entgegentritt, ist er in solchen Fällen zugleich comes der wichtigsten civitas seines Amtsbezirks. Eine analoge Entwicklung liegt auch im Bereich der Kirchenverfassung vor, wenn der Erzbischof der Bischof einer eigenen civitas war, anderen Bischöfen aus verschiedenen civitates/Diözesen aber organisatorisch vorgeordnet blieb.

In der Frühzeit wurden Dukate vielleicht nach Bedarf eingerichtet, stetiger sind sie in bedrohten Grenzgebieten bezeugt, wo meist Marken mit einem dux an der Spitze gebildet wurden. Gegenüber Basken und Westgoten sind die Dukate von Bordeaux und Toulouse seit etwa 660/680 bezeugt. Gleichzeitig entstand das große Herzogtum Aquitanien, das freilich kein üblicher Dukat war, sondern eher den großen rechtsrheinischen Stammesherzogtümern vergleichbar war und über eine ähnlich große Selbständigkeit verfügte.

Die im einzelnen nur schwer zu überschauende Frage der Dukatverfassung läßt an den Beispielen von Bordeaux und Toulouse immerhin erkennen, daß unter dem Druck militärischer Zwangslagen das Merowingerreich gegebenenfalls umfassende Umstrukturierungen auch in kontinuitätsstarken Gebieten durchführen konnte, seine Politik die Dominanz des Landesschutzes beachtete.

Grafio und Comes

Große Unterschiede gegenüber der Civitaszone weist die nördliche Paguszone auf. In ihr sind in der Merowingerzeit grafiones und centenarii belegt. In der umfangreichen Forschungsliteratur war lange Zeit strittig, ob der *comes* des 6. und 7. Jahrhunderts vom *grafio* zu unterscheiden sei oder nicht. Wichtig ist zunächst, daß die Lex Salica nur den grafio kennt, nicht aber den comes. Dieser grafio ist königlicher Amtsträger, nimmt im Gericht als solcher die Exekutive wahr, hebt Truppen aus und führt sie ins Feld, womit hinreichend deutlich wird, daß sein Amt militärischen Ursprungs war. Da im Frühmittelalter zwischen Polizei und Militär üblicherweise nicht geschieden wurde, hatte der grafio/Graf auch die Polizeigewalt inne, war er Gerichtsherr. Sein Amtsbereich war der *pagus*.

Gerichtsvorsitzender war in älterer Zeit der Thunginus, in dem man eine Art Thingfürst älterer germanischer Prägung hat sehen können. Er war aber nur Gerichtsvorsitzender, während die Rachimburgii (Urteiler, Richter im eigentlichen Sinne) urteilten und der grafio für die Vollstreckung sorgte. Im Verlauf des 6. Jahrhunderts verschwindet dieser Thunginus, und statt seiner übernimmt der grafio den Vorsitz im Gericht. Damit ist auch eine gewisse Annäherung der Stellung des comes (der Civitaszone) und jener des grafio (der Paguszone) erfolgt. Allmählich erlangte der grafio im durchweg kleineren pagus gleiche Zuständigkeit wie der comes im größeren Bereich der civitas, besonders dann, wenn ein grafio einen städtischen pagus als Amtsbereich hatte und wenn dieser pagus selbst keinem dux unterstellt war.

Centenarius

In späterer Zeit war der *pagus* in *centenae* gegliedert, an deren Spitze ein *centenarius* stand. Mit diesen centenae verbinden sich strittige Forschungsprobleme. Offenbar handelte es sich nicht um Gerichtsbezirke, vielmehr könnten es ursprünglich militärische Einheiten der auf Staatsland angesiedelten Königsleute gewesen sein [262: E. Ewig]. An diese Annahme schließt sich eine weitere an, daß nämlich die Centenen Ergebnis einer Frankisierungspolitik waren.

Eine Art Schlüsselstelle zum Verständnis der Problematik liefert der Pactus pro tenore pacis. Im Kapitel 16 dieses Friedensvertrages zwischen Childebert I. und Chlothar I., der nur vage in die Zeit zwischen 511–558 datiert werden kann, werden centenarii beauftragt, jeweils mit der eigenen Truppe (centena?) *inter communes provincias* die Verfolgung von *latrones* aufzunehmen. Es handelt sich dabei um den sogenannten Polizeiauftrag der Spurfolge. Ob er jeweils mit hundert Mann auszuführen war oder mit Teilen der „Hundertschaft" des Zentenars oder mit einer irgendwie gearteten Truppe seines Polizeibereichs, läßt sich nicht zwingend entscheiden. Deutlich wird aber, daß der Zentenar polizeiliche Funktionen erhielt und daß die centena als Polizeibezirk älteren Gerichtsbezirken angeglichen wurde. Der centenarius war dem Grafen unterstellt, hielt regelmäßig auch Gericht ab, und zwar das sog. „gebotene", also das in unregelmäßiger Folge anberaumte Gericht seines Unterbezirks. Dem „echten" Thing, das in regelmäßigen Folgen, etwa bei Neumond oder zum dritten Vollmond oder in ähnlicher Weise terminiert tagte, saß der Graf/comes vor, und der centenarius war Beisitzer.

Mit der erwähnten Bestimmung des Pactus pro tenore pacis ist eine sehr wichtige Phase der Herrschaftsintensivierung im Merowingerreich berührt worden. Die Gliederung des Reiches wird auf Zwecke der Verwaltung, Erfassung und Beherrschung ausgerichtet, königliche Gerichtsbarkeit ist im Vordringen gegen das ältere Selbsthilfeprinzip, und zweifelsohne wird eine Annäherung an galloromische Verhältnisse erreicht.

Gingen diese Bemühungen bisher von den Reichen von Paris und Soissons aus, so erfaßten sie nunmehr auch das Ostreich, wenn der Zentenar als Vorsitzender im Gericht und mit polizeilichen Funktionen ausgestattet erscheint. Trotz noch lange anhaltender Schwierigkeiten versuchte das Königtum, Schutz, Frieden und Gerechtigkeit zu gewährleisten. Das Ziel war die Erhaltung und ggf. Wiederherstellung des Landfriedens, dessen Charakter als unabdingbare Voraussetzung für jedwede Form mittelalterlicher Herrschaft bereits hier ersichtlich ist.

Auch in der Paguszone bzw. dem Bereich der „nordgallischen Gauverfassung" mit ihren pagi und centenae sind Dukate als übergreifende größere Einheiten belegt. Aber sie sind anderer Art als die Dukate des Südens und Westens: Keineswegs durchgängig bezeugt, bleibt vor allem fraglich, ob sie überhaupt allenthalben existierten. Immerhin sind sie „zahlreicher, kleiner und fester gegründet" als die Dukate der Civitaszone und tragen Landschaftsnamen (Champagne, Transjuranien, Elsaß, Mosellanien, Ribuarien, Hasbanien, Masuarien), hinter denen sogar Reliktformen uralter Ethnika vermutbar sind. Diese Dukate treten als relativ geschlossene Personenverbände auf (vgl. Campanenses) und übergreifen mehrere pagi, deren Selbständigkeit dadurch in der Regel gemindert wurde. In solche Dukate konnten auch civitates eingegliedert werden, gelegentlich scheint ein Dukat mit nur einer civitas (Ribuarien, Hasbanien) identisch gewesen zu sein. Nur selten werden in den nördlichen Dukaten comites genannt, die dann identisch sind mit den grafiones des Nordens und Ostens.

Hilfreich für das Verständnis dieser insgesamt kompliziert erscheinenden Organisationsstrukturen mag die Sicht des Königtums sein, in der die Dukate landschaftlichen Selbständigkeitstendenzen entsprachen, die duldbar erschienen, wenn sie aufgefangen werden konnten. Zumal wenn ein Exponent solcher Selbständigkeitstendenzen mit einem Amtscharakter an das Königtum bindbar war, boten Dukate dem König Vorteile. Gefahren konnten sich andererseits ergeben durch größere Machtkumulation und allenthalben erkennbare Erblichkeitstendenzen für das Amt des Dukats. In Einzelfällen favorisierte das Königtum die Einrichtung von Dukaten, wenn sich dadurch die Chance bot, völkisch/stämmische Gliederungen in ihrer Wirksamkeit zu beeinträchtigen. Dies dürfte der Grund für die Errichtung des Elsaß-Dukats und des Transjuranien-Dukats gewesen sein, durch die der alemannische Stamm eingeengt wurde.

Probleme der räumlichen Erfassung des Reiches

Das durch *civitates* und *pagi* räumlich gegliederte und durch *comites/grafiones* bzw. Grafen und *duces* verwaltete Merowingerreich hat dennoch nicht einmal annähernd vollständig das gesamte Reichsgebiet erfassen können. Dafür gibt es mehrere Indizien und Gründe:

1. Offen ist zunächst die Frage, in welchen Ausmaßen die großen Grundherrschaften von den organisatorischen Gliederungen des Reichsganzen erfaßt wurden. Blieben diese sog. Adelsherrschaftsbereiche mit autogenen (ursprünglichen) Herrschaftsrechten von dem königlichen Rechtsprechungsanspruch und der königlichen Verwaltung völlig ausgespart? Indizien liefern hierfür sowohl die Lex Alamannorum als auch die Lex Baiuariorum, die den „Widerstand mächtiger Großer gegen das Grafengericht" einkalkulierten und für solche Fälle vorsahen, daß deren Streitigkeiten vor das Herzogsgericht gezogen werden sollten. Im Bereich großer Grundherrschaften übten deren Inhaber über das Niedergericht hinaus wohl auch Hochgerichtsbarkeit über Kriminalfälle aus, wenn sie Unfreie und Sklaven betrafen.

2. Nur faktisch vergleichbar, formal aber ganz anders geartet ist die sog. Immunität (*immunitas/emunitas*). Bei ihr handelte es sich zunächst um eine aus spätrömischer Zeit bereits bekannte besondere Befreiung kaiserlicher Domänen von öffentlichen Abgaben, Diensten und der Steuerleistung. Solche Befreiung wurde durch das Privileg der immunitas gewährt. Die Merowingerkönige entwickelten das überkommene Institut insofern fort, als das Fiskalgut für immun erklärt wurde, aber auch Einzelpersonen und schließlich insbesondere den Kirchen Immunität durch Privileg (Urkunde) zugestanden wurde. Kirchliche Immunität wurde immer durch Privileg und zwar „auf ewige Zeiten" zugesprochen. Das Recht der ausschließlichen Immunitätsverleihung nahm der König für sich in Anspruch. Die offenkundigen Vorteile merowingischer wie karolingischer Immunität umfaßten Steuerfreiheit, Lastenfreiheit, das Verbot an königliche Amtsträger, den „gefreiten" Besitz zu betreten (sog. Introitusverbot). Der Immunitätsinhaber hielt demnach sein eigenes Gericht für seine *familia* (den Gesamtverband der zu seiner Grundherrschaft Gehörenden), er zog Friedensgelder, Bußen und ähnliche Abgaben ein und übte somit auch öffentliche Herrschaft aus. Die merowingischen Immunitätsbereiche waren von allgemeinen Zöllen und vom allgemeinen Kriegsdienst nicht befreit, ansonsten aber rechtlich

durchaus besser gestellt als die Träger autogener Herrschaftsrechte, was aber nicht für die faktischen Verhältnisse gelten mußte. Grundherrschaft und Immunität bargen für Königtum und Staat sehr gefährliche Tendenzen, wurden doch sozusagen „Inseln" innerhalb des Reichsverbandes sanktioniert und sogar neue geschaffen, die zu völliger rechtlicher Abschließung tendierten. Da aber nur relativ wenige merowingische Immunitätsprivilegien überliefert sind und „fast ausschließlich Kathedralen und Königsabteien zwischen Rhein und Loire" bedacht wurden, erscheint der Schluß gerechtfertigt, daß die „Merowinger mit der Immunität keineswegs verschwenderisch umgingen" [46: E. Ewig 427]. Die Zone zwischen Rhein und Loire und insbesondere das Pariser Becken, in dem auch die für den karolingischen Reichsbau fundamentalen Einrichtungen wie Grafschaft, Centena und Immunität entwickelt worden sind, erwies sich abermals als der engere fränkische Herrschaftsbereich.

In unserer Skizze sollten die systematischen, differenzierenden und teils wohl auch politisch klugen Bemühungen sichtbar werden, das fränkische Großreich gliedernd zu erfassen, zu verwalten und auch zu beherrschen. Dieses Ziel entsprach fränkischem Selbstbewußtsein ebenso wie dem Herrschaftswillen des Staatsvolkes, insbesondere aber dem des Königtums. Dessen Herrschaftsgrundlagen lassen sich kaum systematisch umreißen, da für uns beispielsweise schwer abschätzbar ist, welchen Bedeutungsgrad Herrschaftszeichen, Staatssymbolik, Fragen zeremonieller Erhöhung oder gar magische und sakrale Komponenten hatten: Bedeutungsvoll dürften sie aber fast immer gewesen sein, so daß sie grundsätzlich zum Komplex der Herrschaftsgrundlagen gehören, zumal sie immer mehr oder weniger starke Tendenzen zur Wesenserhöhung des Königtums bargen. Als Chlodwig zum Christentum übertrat, demontierte dieser Akt förmlich die heidnischen Komponenten seines Königtums; sie wurden aber mehr als nur ausgeglichen durch Formen geistlich-liturgischer Erhöhung. Aus der Bekehrung zum christlichen Glauben resultierten jedoch auch Anspruch und Pflicht zu königlicher Schutzherrschaft über Kirche, Klerus und andere Schutzbefohlene, zu denen man später vornehmlich Witwen, Waisen und Arme rechnete. Konkretisiert wurde dieser Anspruch etwa durch straffe Organisation der Kirche des Reiches: Bereits im Jahre 511 tagte ein erstes sog. Reichskonzil in Orléans.

Herrschaftsgrundlagen des Königtums

Politisch basierte das Königtum auf dem klaren Willen des fränkischen Staatsvolkes, als Königreich organisiert zu sein. So war jeder einzelne Merowinger- wie auch Karolingerherrscher durch seine Wahl und Erhebung zum König legitimiert. An den Königswahlen im Sinne politischer Willensentscheidungen mit rechtlich relevanten Konsequenzen beteiligten sich durchgängig die Großen des Stammes, d. h. die zumeist „politisch, wirtschaftlich und sozial klar abgehobene Führungsschicht" [416: F. Irsigler 253]. Ihr politischer Willensbildungsprozeß ging über in formale Konstitutivakte, bei denen Thronsetzung (in improvisierter Form: Schilderhebungen) und Einkleidung besonders heraustraten – seit 751 war es zusätzlich die Salbung, seit 781 auch die Krönung.

Zahlreiche Usurpationsversuche vor allem des ausgehenden 6. Jahrhunderts illustrieren, daß grundsätzlich nicht nur Mitglieder der Dynastie wählbar waren, obwohl faktisch sich erbrechtliche Ansprüche mit dem Wahlprinzip verschränkten. Die Zugehörigkeit zum Königsgeschlecht (*stirps regia*) qualifizierte bereits für die Herrschaftsnachfolge, sie ist aber nicht als ausschlaggebendes Kriterium belegbar. Ebenfalls nicht aus zeitgenössischen Quellen belegbar ist ein spezifisches Königsheil, das häufig auch mit einem angeblichen „Geblütsrecht" identifiziert wird. Wohl aber waren Ansehen und Prestige eines bewährten Herrschergeschlechts ihrerseits wirksame Faktoren; einzelnen Königen, zumal dem Reichsgründer Chlodwig, dürften auch charismatische Züge nicht gefehlt haben: Die Dürftigkeit der Überlieferung einerseits und phantasievolle Kombinationen der literarisch gestaltenden Nachwelt andererseits, die auch dem Adel besonderes Heil zuerkennen und selbst von „Adelsheiligen" sprechen will, sollten in den angedeuteten Zusammenhängen jedoch zu nüchterner Zurückhaltung mahnen.

Immer miteinander verknüpft waren Königsherrschaft über den fränkischen Stamm und Durchsetzung des Herrschaftsanspruches dieses Staatsvolkes gegenüber den anderen gentes und Bevölkerungsgruppen des gesamten Reichsverbandes. Die sozusagen innerfränkische Position des Königs erfuhr dabei durch die Erfordernisse einer Großreichspolitik entscheidende qualitative Veränderungen: Ebenso wie beispielsweise auch die traditionellen gallorömischen Staats- und Herrschervorstellungen hoben sie den *rex Francorum* weit über eine nur graduelle Verschiedenheit gegenüber der Führungsschicht des eigenen Stammes hinaus und waren geeignet, eine Wesensverschiedenheit zu begründen.

Reale Machtgrundlagen

Auch die realen Machtgrundlagen waren durch die Möglichkeiten einer supragentilen Herrschaft gesteigert worden. Der Frankenkönig beanspruchte und nutzte wie selbstverständlich wichtige Rechte des spätantiken Staates: Er übernahm Staatsdomänen, nutzte die Hoheitsrechte über Wege, Straßen und schiffbare Gewässer, kassierte dabei anfallende Zölle und Gebühren, beanspruchte die Münzhoheit, die Banngewalt und oberste Gerichtsbarkeit; vor allem aber erhob der Frankenkönig den alleinigen Herrschaftsanpruch über das Gesamtreich. Sichtbarster und wirksamster Machtfaktor war dabei das Heer. Bereits die Regelungen fränkischer Herrschaftsnachfolge zeigen dies in exemplarischer Deutlichkeit: Wer über ausreichende Truppen verfügte, seien es eigene Gefolgschaftsverbände oder unterstellte militärische Kontingente, beeinflußte zumeist in entscheidender Weise den Wahlkörper, die Haltung der Großen. Die bereits im Bereich der Königswahl bezeugte Dominanz der Macht blieb in der Folge bestimmend, fränkische Reichsherrschaft ist nach innen wie außen ohne Heer unvorstellbar. Ein Heer konnte aber nur unterhalten, wer über einen Schatz oder Hort verfügte. Denn ein ansehnlicher Schatz, aus dem Anhänger und Truppen entlohnt sowie die Gunst der Großen reguliert werden konnte, verschaffte einen wesentlichen Zugang zur Macht, ermöglichte auch ihre Aufrechterhaltung. Hinzu kam, daß man sich im Frühmittelalter einen König ohne *thesaurus* (Hort) offenbar nur schlecht hat vorstellen können [298: R. Schneider 240ff.].

Im Hort selbst waren reiche Schätze im heutigen Wortsinne enthalten: Gold, Silber, Edelsteine, Gewänder, Geschirr usw.; dazu gemünztes Geld in meist sehr nennenswertem Umfang, zum Teil auch Steuerrollen, die regel- und rechtmäßige Abgabeneinziehungen erst ermöglichten und als materielle (wie wohl auch legitimierende) Grundlage königlicher Herrschaftsausübung im gallischen Bereich nicht leicht überschätzt werden können. Es handelte sich beim Königshort keineswegs um reines Privatgut des Herrschers, sondern um Königsgut und zum Teil auch um Staatsgut. Wiederauffüllung und Zuwachs erfuhr der Königsschatz grundsätzlich durch Einnahmen der Verwaltung. In dem Maße aber, wie letztere zunehmend versagte, blieb nur der Ausweg einer Eroberungspolitik, die teils auf Raub, teils auf regelmäßige Tributleistungen durch Nachbarn zielte – ein innerer Zwang zur offensiven Außenpolitik fränkischer Herrscher blieb auch hier bis weit in die Karolingerzeit hinein angelegt.

Im Zusammenhang mit den verfügbaren Mitteln und Instrumenten darf die Frage nach den Personen, die dem König beim Erreichen der erklärten Herrschaftsziele halfen, nicht auf ein personalisiertes Verständnis reduziert werden, sondern ist auszuweiten auf die Herrschaftszentrale bzw. den Personenkreis des Hofes. Hierbei muß aber vorab das Kernproblem der Bezahlung angeschnitten werden. Da das Frühmittelalter keine Löhne- und Gehälterzahlung kannte, kamen nur „Belohnungen" nach verdienstvoller Tätigkeit in Frage, zumeist in Form sog. Abschichtungen. Soweit möglich wurden nämlich verdienten Einzelpersonen Ämter im Reich zugewiesen: Teils Leitungsfunktionen oder solche untergeordneter Verwaltung in den Königsgutbezirken, Ernennungen zu *comites* und *centenarii* oder im Bereich der Kirche Erhebungen auf Bischofs- oder Abtsstühle usw. Neben solche Ämterausstattung gehörte immer als wichtigstes Mittel die Vergabung freien Landes, sei es aus dem Reservoir des Königtums selbst, sei es aus dem Bereich eingezogener Güter oder irgendwie sonst verfügbaren Landes.

Personale Herrschaftsgrundlage

Die eigentliche Frage nach dem Personenkreis weist nun zunächst auf die königliche Gefolgschaft, deren Angehörige (Antrustionen) eine bevorzugte Stellung innehatten: Sie standen unter dem Schutz des Königs und erhielten das dreifache Wergeld ihrer Geburt (d. h. wenn der Freie 200, der Römer und Halbfreie 100 Schillinge Wergeld zu beanspruchen hatten, so war die Tötung eines Angehörigen der königlichen Trustis mit 600 bzw. 300 Schillingen Wergeld zu büßen). Für ihre bevorzugte und durch verschärfte Strafandrohung besonders geschützte Stellung waren die Antrustionen durch Schwur zur Treue gegenüber dem König verpflichtet, für ihn also verfügbar. In die königliche Gefolgschaft konnten auch Romanen (Gallo-Romanen) und Halbfreie (Liten) aufgenommen werden, wie es die Lex Salica beispielsweise bezeugt, obwohl es sich dabei um Ausnahmen gehandelt haben wird. Üblicherweise saßen aber die am Hof befindlichen Romanen ähnlich wie die Antrustionen am Tisch des Königs und galten entsprechend als *convivae regis*. – Zum verfügbaren Personenkreis gehörten ferner Referendarii, die der Kanzlei vorstanden, Urkunden und Gesetze gegenzuzeichnen hatten und mit der Kontrolle der Steuereinnahmen betraut waren. – Nach ihnen sind Hofämter (*ministeria*) zu nennen, an deren Spitze der Maiordomus oder Hausmeier stand. Dieses Amt trat seit dem letzten Drittel des 6. Jahrhunderts besonders hervor, es entsprach dem eines Großknechts auf dem größeren Bauernhof, der das Modell für die Hofverwaltung des Königs abgab. Ferner gehörten dazu der Seneschall, der *thesaurarius* oder *cubicularius*, der Stallgraf (*comes stabuli*), der Schenk und schließlich der Pfalzgraf als Vorsitzender des Königsgerichts. Alle genannten Hofämter waren hohe und sehr hohe Ämter, ihre Amtsträger also de facto eine Art „Minister".

Hofämter

Referendare und Hofamtsinhaber konnten grundsätzlich für Sonderaufgaben des Königs verpflichtet werden. In solchen Tätigkeiten (insbesondere im Ausland) galten sie als *missi*. Sie wurden aber auch als Heerführer eingesetzt. Sonderämter für königliche Güter – zumeist handelte es sich um ehemaligen römischen Fiskalbesitz – waren solche der *domestici*, später waren es *villici*, während in der Karolingerzeit im Bereich der königlichen Grundherrschaft zumeist von *iudices* und *maiores* (Meier) die Rede ist.

Hofstaat

Die Gesamtheit der genannten Personen, zu denen selbstverständlich weitere Bedienstete, Knechte und Inhaber von Unterämtern usw. zu rechnen sind, machte den Hofstaat aus. Seine Vielfalt ist in einem Zeugnis Gregors von Tours erkennbar: Childebert II. schickte seinen Sohn Theudebert II. als Unterkönig nach Soissons und Meaux, „und er gab ihm Grafen, Haushofmeister, Verwalter und Edelknaben und alle Personen mit, die zu einer königlichen Hofhaltung notwendig sind ..." Diese Nachricht enthält deutliche Hinweise auf eine prachtvolle Hofhaltung, sie entspricht dem Selbstverständnis des Merowingerkönigtums, das seit Chlodwig am kaiserlichen Zeremoniell partizipierte, dessen Herrschaftszeichen (Speer, Thron, Schild usw.) seinen Glanz erhöhten und auswiesen und das sich mit Gästen, Freunden, Dichtern und Sängern umgab und überhaupt großartigen Glanz entfaltete.

Für den politischen Bereich ist auf einen Kreis von Ratgebern (*consiliarii*) hinzuweisen, der den Herrscher umgab, auch wenn seine Verdichtung zur Institution nicht einmal in der Karolingerzeit deutlich erkennbar wird. Von den Ratgebern führt der Weg zu einer Verbreiterung des königlichen Umkreises auf den Hoftagen, vor allem aber zu den in regelmäßigen Jahresabständen stattfindenden Reichsversammlungen.

Die fast immer interessanteste Frage nach der Umsetzung des herrscherlichen Willens läßt sich hier nur streifen. Der äußere Rahmen der Fragestellung ist bereits bei der Erörterung der königlichen Machtgrundlagen, unter denen Heer und Hort herausragten, angedeutet worden. Neben Mitteln der persönlichen Beeinflussung durch Ansprachen, Reden und den üblichen Formen individueller Maßnahmen ist vor allem an militärischen Einsatz zu denken, der immer zugleich vollziehende Polizeigewalt sein konnte. Mindestens ebenso wirksam war die durchaus öffentliche Vergabe von Geschenken, daneben trat selbstverständlich auch das geheime Präsent (Bestechung), traten die zwar anrüchigen, aber doch immer wirksamen Mittel wie Mord, nackte Gewalt und Terror. Gerade diese Züge, für die nicht nur Gregor von Tours Kronzeuge ist, treten bei der merowingischen Herrschaftsausübung kraß hervor. Unübersehbar bleiben freilich auch manch kluge und weitsichtige politische Schachzüge, die sich vor allem in der Anerkennung faktischer Machtverhältnisse niederschlugen: So wurde insbesondere die Bischofsgewalt, mindestens im Bereich der sog. Civitaszone, anerkannt, wurde die Civitasstruktur im großen und ganzen belassen, erfolgte eine Umsetzung des Herrscherwillens auch durch kluges Beeinflussen und maßvolles Eingreifen, wurde die grundsätzliche Anerkennung stämmischer Rechte innerhalb des Vielvölkerstaates durch eine Frankisierungspolitik ergänzt und sicher auch im fränkischen Sinne entschärft.

Wanderkönigtum

Die verfassungsgeschichtliche Entwicklung des Karolingerreiches ist bestimmend durch die Tatsache geprägt, daß das karolingische Königtum in ungleich höherem Maße als das merowingische ein wanderndes Königtum war. Die Merowinger hatten relativ stark „residenzgebunden" gelebt und geherrscht, hatten über Hauptstädte verfügt, und ihre Teilreiche waren – mindestens zunächst – sogar nach diesen Hauptstädten benannt worden (das Reimser Reich, das Reich von Soissons usw.). Dies mußte sich grundlegend ändern, wenn der Karolingerkönig von Pfalz zu Pfalz zog; nur unter Karl d. Gr. hat die Pfalz Aachen zeitweilig und mindestens für die zweite Jahreshälfte den Charakter einer Residenz annehmen können. An dem jeweiligen Aufenthaltsort des Königs, zumeist also einer Pfalz, befand sich der „Hof". Den Pfalzen gilt seit langem ein besonderes Forschungsinteresse, das vor allem von W. Berges, W. Schlesinger und P. Classen neu belebt worden ist. „In vorläufiger vergröberter Beschreibung vom Zwecke her" [353: H. Heimpel] ist eine Pfalz in vorstaufischer Zeit eine „mit einem Wirtschaftshof und meist mit einer Befestigung verbundene, mehr oder weniger dauerhafte Zurüstung zur mehr oder weniger langen Aufnahme des gewisse ‚Kernräume' des Reiches oder das Reich durchziehenden Herrschers und seines Gefolges. Der König soll im Raum ‚regieren' können: schlafen, beten, essen, trinken, spielen, jagen, richten, urkunden, den Armen wohltuen und, im Stil einer fast ausschließlich mündlichen Regierungsweise Hoftage und Synoden abhalten können." Ein Zeitgenosse Ludwigs des Frommen, Wandelbert von Prüm, hat die Pfalzen nach ihren Aufgaben knapp und bündig charakterisiert als „Einrichtungen für den Aufenthalt des Königs und Ausrüstung für seine Reise".

Der grundsätzlich zu beachtenden Scheidung zwischen Königshof und Königspfalz als personeller und räumlicher Umgebung des Königs und seiner Getreuen entspricht die Unterscheidung von *palatium* und *villa* bzw. *curtis*. Die sozusagen normale Besetzung einer Pfalz mit einem *iudex* als königlichem Beauftragten, weiteren Amtsträgern (*ministeriales*) sowie dem Gesinde wurde erweitert, wenn der König seinen Hof in den Pfalzort brachte. Zweifellos hat palatium aber auch eine räumliche, baulich-architektonisch faßbare Komponente, nur ist seine personelle von besonderer politisch-verfassungsgeschichtlicher Relevanz. In diesem Sinne bedeutet *palatium* „Umgebung des Herrschers", ist der König mit seinen Hofleuten, seiner Hofhaltung, dem „Hof" und dem Hofgericht zu verstehen:

Consiliarii

1. Der als Institution weiterhin fast unbekannte „Rat" (*consilium*) war von wesentlicher Bedeutung insofern, als in ihm offenbar alle Entscheidungen von politischer Bedeutung sowie solche aus den Bereichen der Verwaltung und Gesetzgebung vorbereitet wurden. Der Rat ist durch seine Mitglieder (*consiliarii*) erkennbar, von denen nunmehr viele namentlich bekannt sind. Offenbar gehörten zu den Ratgebern die Inhaber bestimmter Hofämter, die aufgrund ihrer Stellung am Hofe zum consilium regis hinzugezogen werden mußten, sowie Amtsträger und Adlige, die als Ratgeber eigens an den Königshof gerufen wurden (soz. *consiliarii regis ad hoc*) und Ratgeber, die als solche beim König weilten. Der karolingische Herrscher verfügte also über drei wichtige Beratungsgremien: Das consilium regis, die Hoftage mit einem engeren Kreis der Großen (meist einmal jährlich im Herbst) und über die Reichsversammlung, die immer zugleich auch Heeresversammlung war und ebenfalls einmal jährlich im Frühjahr (sog. März-, dann Maifeld) tagte.

Missi dominici

2. Als Herrschaftsinstrument im Reich sind vorrangig die Königsboten zu nennen (*missi dominici*), seit Ende 802 ist auch eine Einteilung des Reiches in Inspektionsbereiche (*missatica*) erkennbar. Nach vorübergehenden Versuchen, weniger mächtige Vasallen heranzuziehen, wurden ab 802 höhere Amtsträger als Königsboten bestellt (Erzbischöfe, Bischöfe, Äbte und Grafen). Tragendes Motiv für diese Maßnahme war die Hoffnung, daß derjenige, der im jeweiligen Königsbotensprengel über eigene fundierte Macht verfüge, wirksamer im Königsdienst tätig werden könnte. Dies dürfte sich als Illusion erwiesen haben. Denn die Maßnahmen von 802 legen auch nahe, von einem Verzicht auf Durchsetzung der ursprünglichen Missatsidee auszugehen. Es scheint fast, als habe die Zentralgewalt nur noch ihr Gesicht wahren wollen.

Comites

3. Fast noch wichtiger war die Abstützung auf Grafen (*comites*) und die organisatorische Gliederung des Gesamtreiches in Grafschaften, die als Herrschaftsinstrument mit strikter Verantwortlichkeit des Grafen gegenüber dem König und einer strengen Handhabung des Prinzips der Bannleihe (d. h. eine Tätigkeit im Auftrag und in Stellvertretung des Königs) konzipiert war. Insofern ist es berechtigt, von einer Grafschaftsverfassung zu sprechen. Modellartig wäre davon auszugehen, daß das gesamte Reich in regionale Bereiche gegliedert war, wobei diese Untergliederungen teils in Anlehnung oder in voller Deckung mit naturräumlichen Gliederungen erfolgten, teils in Anknüpfung an ältere historische Vorformen (Gaue/*pagi*). Damit ist bereits angedeutet, daß ein nahtloses und einheitliches System der Grafschaftsverfassung von vornherein nicht realisierbar war. Weil sehr häufig *pagus* und *comitatus* zusammenfielen, wurden sie später leicht verwechselt oder als identisch angesehen. Andererseits konnten mehrere pagi in einer Grafschaft zusammengefaßt werden, gelegentlich ist auch ein pagus in zwei oder mehrere Grafschaften aufgegliedert worden.

Sehr schwer ist die Frage zu beantworten, wie weit die Konzeption realisiert werden konnte. Irrig war die (besonders kraß von G. WAGNER) vertretene Ansicht, das ganze Reich sei lückenlos mit einem Kranz von Marken und einem Maschennetz von Komitaten (bestehend aus je drei Centenen) überzogen gewesen [310: WAGNER]. Da die Durchsetzung wohl vorrangig eine Machtfrage war, bleibt immer noch unklar, mit welchen Mitteln und gegen wen die Grafschaftsverfassung durchgesetzt werden mußte. Waren lokale Gewalten oder zwar königsferne, aber doch mächtige Oberschichtengruppen die Gegner, könnte sich das Königtum auf Vasallen gestützt haben, die als sog. homines novi oder „hungrige Leute" zusätzlich zum Lehngut mit einem solchen Amtsauftrag ausgestattet wurden, um ihn gegen die lokalen Gewalten durchzusetzen. Es spricht aber manches dafür, daß das Königtum in der Regel mit den lokalen Gewalten zusammen die Grafschaft einführte. Dabei ergab sich für den König allerdings auch die unerwünschte Konsequenz, lokale Selbständigkeiten und sogar die Erweiterung ihrer Macht hinnehmen zu müssen, wobei lokalherrlicher Ehrgeiz unter Umständen erst durch die Ernennung zum Grafen stimuliert wurde. Andererseits bot Zusammenarbeit mit lokalen Herren die Chance, schneller und reibungsloser das angestrebte System realisieren zu können. Auch bot der Amtsauftrag immerhin die Möglichkeit, nunmehrige Grafen disziplinieren zu können, weil sie für ihre Amtsführung zur Verantwortung gezogen werden durften. Eine zusätzliche Verpflichtung brachte die Ausstattung mit Lehngut, weil der Graf nun auch nach Lehnrecht belangbar wurde. Zuvor war der kaum weniger mächtige Inhaber allodialer Herrschaftsrechte dem königlichen Zugriff jedenfalls weniger ausgesetzt als nun im Grafenamt. Insgesamt wird man allerdings mit vielen Kompromissen rechnen müssen, wie es dem Wesen repressiv-okkasioneller Staatstätigkeit entspricht. Die Grundkonzeption wurde aber erst ad absurdum geführt, wenn es einzelnen Großen gelang, mehrere Grafschaften in ihrer Hand zu vereinen. Tendenzen zu solcher Kumulation waren zwar immer vorhanden, doch kamen sie insgesamt gesehen erst ab ca. 830 zu gefährlichem Durchbruch.

Comitatus

An der Spitze einer Grafschaft stand der *comes*: Seine Tätigkeit wird gelegentlich ebenfalls als *comitatus* bezeichnet, wie sein lokaler Amtsbereich. Zu den gräflichen Aufgaben gehörte die Aushebung und Führung von militärischen Kontingenten, und teilweise war der Graf zuständig für Befreiungen von der Militärpflicht (darin lag eine besondere Quelle des Mißbrauchs und die Chance zur eigenen Machterweiterung – drastisch belegt in den sog. Capitula de rebus exercitalibus in placito tractanda, 811). Hinzu traten Aufsichtsfunktionen auf Straßen, Märkten, Brücken, der Einzug von Einnahmen des Königs, insbesondere der Zölle (Straßen-, Brücken-, Fluß-, Marktzölle u. a.); ferner in Stellvertretung des Königs der Vorsitz im Königsgericht (Blutgericht). Dabei erhielt der Graf Anteile an den Gerichtsbußen (Gerichtsgefälle). Theoretisch waren alle Grafen als Inhaber von Ämtern absetzbar, in der karolingischen Praxis glückte diese Absetzung auch häufig, mißglückte freilich ebenso oft.

Der Herrscherhof

Herrschaftsorgane am Hofe selber blieben auch in karolingischer Zeit die

Hofämter, deren Einsatz immer noch der Grundvorstellung entsprach, daß das Reich wie ein Großbauernhof verwaltet werden könne. Der Charakter der Ämter hatte sich gegenüber der Merowingerzeit nur wenig verändert:

1. Seneschall (*senescalcus*) oder Truchseß: ursprünglicher Oberaufseher des Gesindes am Hofe, dann auch mit der Sorge für den Unterhalt und die Verpflegung des königlichen Hofes betraut. Hierbei muß freilich beachtet werden, daß nicht alle am Hofe befindlichen Personen durch den Hof ernährt wurden, dies gilt in Teilbereichen selbst für sog. Dauergäste.

2. Der Stallgraf (*comes stabuli*): Verantwortung für den königlichen Pferdestall und das Transportwesen (ursprünglicher Untergebener des Stallgrafen war der *marescalcus*/Marschall).

3. Schenk oder Mundschenk (*princeps* bzw. *magister pincernarum* oder *buticularius*): Sorge für die Getränke am Hofe, ihm unterstellt waren Unterschenken (*pincernae*).

Danach sind drei getrennte Aufgabenbereiche erkennbar, die aber zur Zusammenarbeit verpflichtet waren. Aus Adalhards Schrift über die karolingische Hofordnung, die offenbar wohl doch in Hinkmars De ordine palatii als geschlossene Textvorlage übernommen worden ist [9], geht hervor, daß „es den drei Amtsträgern, nämlich dem Seneschall, dem Mundschenk und dem Stallgrafen nach Art und Umfang ihres Amts zukam, in gemeinsamer Absprache und nach ihrer jeweiligen Zuständigkeit tatkräftig Weisungen zu erteilen, damit alle Amtleute des Königs so früh wie möglich im voraus wußten, an welchem Ort der König zu dieser und jener Zeit für so und so lange zu verweilen hatte und alles herbeischaffen und vorbereiten konnten; falls sie es nämlich zu spät erfahren hätten, wären durch die unzeitige und übereilte Anforderung die königlichen Hörigen aus Nachlässigkeit ohne Not in Bedrängnis geraten. Obwohl diese Sorge auch den Mundschenk und den Stallgrafen betraf, lag doch die größte Verantwortung beim Seneschall deshalb, weil für alles übrige außer den Getränken und dem Unterhalt der Pferde eben der Seneschall zuständig war."

4. Kämmerer (*camerarius*): Aufsicht über den Schatz und die Schatzkammer; das Amt ist in bemerkenswerter Weise der Königin unterstellt. Auch darüber verrät die karolingische Hofordnung Einzelheiten: „Für die innere Verwaltung des Hofes oder der Pfalz und speziell die königliche Ausstattung und die Jahresgaben der Vasallen – abgesehen von der Versorgung mit Speise und Trank und dem Unterhalt der Pferde – waren vornehmlich die Königin und unter ihr der Kämmerer zuständig; und nach der Eigenart einer jeden Sache waren sie bestrebt, immer rechtzeitig den künftigen Bedarf vorauszusehen, damit nichts im gegebenen Augenblick, wenn es benötigt wurde, irgendwo fehlte. Auch die Geschenke der vielfältigen Gesandtschaften verwaltete der Kämmerer, falls es nicht nach Weisung des Königs um Dinge ging, die angemessener von der Königin mit ihm zusammen behandelt werden sollten. Alle diese und ähnliche Regelungen zielten aber darauf ab, daß der Herr König, frei von jeder Sorge um Haus und Hof (soweit dies sachgemäß und passend zu erreichen war), seine Hoffnung

beständig auf den allmächtigen Gott richten und seinen Sinn bereithalten konnte zur Lenkung und Bewahrung des gesamten Reiches."

Die angeführten Ämter sind die klassischen Hofämter, die auch im Zeremoniell der deutschen Königserhebung noch lange eine ganz eigenartige Bedeutung erhalten sollten. Einen Hausmeier haben die Karolinger nach 751 nicht mehr geduldet, aus eigener Erfahrung wußten sie um die überragenden Möglichkeiten gerade dieses Amtes. Neben den Hauptämtern gab es eine Fülle kleinerer Ämter, die sich teils auf die jeweiligen Pfalzen bezogen, teils zum wandernden Hofe gehörten.

Hofkapelle

Eine besondere Bedeutung für den König hatte die Geistlichkeit am Hofe oder Hofkapelle. Ihrer Herkunft nach ist diese Hofkapelle eine karolingische Institution. Ihre Bedeutung als Herrschaftsmittel wird dadurch unterstrichen, daß nicht nur alle karolingischen Nachfolgestaaten sie übernommen haben, sondern daß sie jahrhundertelang unentbehrlich für das mittelalterliche Königtum in wohl ganz Europa gewesen ist, ja auch für zahlreiche geistliche und weltliche Fürsten. Belege für *capella* und *capellanus* liegen seit der Zeit Karl Martells vor, „Hofkapelle" ist hingegen ein gelehrter Ordnungsbegriff. Seit H. W. KLEWITZ scheidet man eine dingliche (gottesdienstliches Gerät – in Anlehnung an die herausragende Reliquie, den Mantel/Cappa des heiligen Martin von Tours), räumliche (Ort des herrscherlichen Gottesdienstes) und persönliche Komponente (Gesamtheit der zum Hofdienst verpflichteten Geistlichen). Dieser im allgemeinen durch vasallitische Bindungen verpflichtete Personalverband der Hofgeistlichkeit [265: J. FLECKENSTEIN] hatte eine einheitliche Spitze im obersten Kapellan (Erzkapellan), fungierte als engerer Verwaltungsstab des Königs und war von der bischöflichen Jurisdiktionsgewalt eximiert. Mitglieder der Hofkapelle waren demnach recht frei verfügbar für königliche Aufträge am Hofe selbst sowie innerhalb und auch außerhalb des Reiches.

Kanzlei

Ein besonderes, dem Beurkundungswesen vorbehaltenes Aufgabengebiet (jedoch keine eigentliche Behörde) innerhalb der Hofkapelle war die Kanzlei, mit deren Leitung unter Ludwig dem Frommen schon ein *summus cancellarius* beauftragt ist, der in Nachfolgekanzleien dann Erzkanzler heißt. Selbst beim Ausscheiden aus dem direkten Hofdienst waren Hofkapelläne nützliche Königsdiener, insofern sie auf Bischofsstühlen oder in anderen herausgehobenen geistlichen Positionen im Reiche als besonders qualifizierte und erprobte Mittler königlicher Interessen und Anschauungen sich weiterhin bewähren konnten.

6. WIRTSCHAFT

Dominanz der Agrarwirtschaft

Frühmittelalterliche Wirtschaft ist vorwiegend Agrarwirtschaft. Strittig ist in der Forschung allenfalls, in welchem Ausmaß (bis hin zur Ausschließlichkeit) das agrarische Element in der frühmittelalterlichen Wirtschaft dominierte. In merowingischer Zeit war die Wirtschaft des Frankenreichs aber zunächst durch ein

„Nebeneinander verschiedenartig entwickelter Wirtschaftsformen“ geprägt, die erst allmählich miteinander verschmolzen [74: E. ZÖLLNER 219]. Dabei handelte es sich zum einen um die verkehrsintensive Geldwirtschaft der gallorömischen Zeit, der noch ein funktionierendes Gewerbe und Märkte zur Verfügung standen, wenngleich die fiskalischen Belastungen bereits in der Spätantike außerordentlich groß geworden waren. Kennzeichnend für die Agrarwirtschaft dieses römischen Galliens war ein Gegenüber großer Grundherrschaftsformen und von ihnen abhängiger Bevölkerungsschichten bäuerlichen Charakters. Andererseits war die fränkische Wirtschaft im wesentlichen Naturalwirtschaft mit noch recht bescheidenen lokalen Ansätzen zu handwerklicher Differenzierung. Im Gegensatz zur gallorömischen geldwirtschaftlich geprägten Wirtschaftsstruktur fehlten der fränkischen alle wesentlichen Organisationsformen. Im Zuge der fränkischen Reichsbildung verschmolzen allerdings beide Wirtschaftsstrukturen sehr stark miteinander, wenngleich dieser Prozeß unterschiedlich verlief und starke Differenzierungen demnach stets beachtet werden müssen.

Quellenlage

Zur allgemeinen Quellenlage hat W. ZORN [45] mit Recht betonen können, daß das deutsche Früh- und Hochmittelalter in seiner Geschichtsschreibung noch keine wirtschaftliche Perspektive kenne, diese sich vielmehr erst gegen Ende des 12. Jahrhunderts inmitten einer allgemeinen Gestaltveränderung bemerkbar gemacht habe. Daher ist es geradezu selbstverständlich, daß man auch für die fränkische Zeit von den erzählenden Quellen keine gezielten Aussagen über ökonomische Verhältnisse erwarten kann. Aber auch die Königsurkunden gewähren allenfalls Einblick in gewisse Rahmenbedingungen, und die lokal teilweise sehr reichlich vorhandenen Privaturkunden können nur begrenzte Aussagen zur Wirtschaftsverfassung machen, da sie einseitig auf bestimmte Rechtsgeschäfte fixiert sind. Erheblich ergiebiger, meist aber erst seit dem ausgehenden 8. Jahrhundert überliefert, sind die Urbare oder Polyptychen, also grundherrschaftliche Besitzstands- und Einkünfteregister. Hiermit sind bereits fast sämtliche einschlägigen Quellengattungen angeführt worden, da Rechnungsbücher kaum existiert zu haben scheinen – ein vor kurzem in Paris entdecktes Fragment könnte allerdings eine bemerkenswerte Ausnahme sein – und die normativen Quellen, zumal die Konzilsakten, in gewissem Umfange auch die Kapitularien, nur minimale Aussagen zur Wirtschaftsverfassung der fränkischen Zeit geben. Das Fazit dieses Überblicks ist insgesamt äußerst dürftig, zumal auch Zolltarife, Preis- und Lohntaxen, selbst die später so wichtigen Hofrechte oder Hofrechtssammlungen fehlen. Neben die Schriftquellen mit ihrem kargen Fluß treten aber in zunehmendem Maße die Ergebnisse der frühmittelalterlichen Spatenforschung und der Siedlungskunde. In bemerkenswerter Weise scheinen diese historischen „Hilfsdisziplinen“ wiederum die eingehendere Interpretation der Stammesrechte, also klassischer Schriftquellen, angeregt und ungemein befruchtet zu haben.

Siedlung

Da entsprechende Aussagen aus schriftlichen Quellen der Frühzeit fast gänzlich fehlen, ist für die Siedlung im fränkischen Reich, insbesondere der in den nichtgallischen Gebieten, die Quellenlage im allgemeinen desolat. Der Historiker ist deshalb weithin auf die archäologische Forschung angewiesen, die freilich für Mittel- und Nordeuropa nur sehr unterschiedliche Ergebnisse liefern kann. Da vor allem in den Marschenzonen der Nordsee und in den Moorgebieten die Möglichkeiten zur Erhaltung organischer Substanzen günstiger als sonst waren, boten sich der archäologischen Forschung gerade hier besondere Erkenntnismöglichkeiten. Entsprechend liegen auch die Schwerpunkte der Siedlungsforschung in den Marschengürteln der niederländisch-norddeutsch-dänischen Küstengebiete und in den sich anschließenden Geestzonen. Hier gibt es beachtliche Forschungsfortschritte; sie werden jedoch vermutlich noch auf Jahrzehnte hinaus keine Ergebnisse liefern können, die eine Verallgemeinerung zulassen.

Im Vordergrund unseres Interesses steht zunächst die Frage nach der Siedlungslandschaft. Grundsätzlich von den heutigen unterschieden sich die Siedlungsräume der sogenannten Altlandschaft (W. Schlesinger). Die beste Anschauung vermittelt trotz mancherlei Problematik noch immer die von O. Schlüter vorgelegte Waldkarte. Sie läßt ein Siedlungsbild erkennen, in dem zahlreiche Siedlungskammern in große Wald- und Sumpflandschaften eingebettet lagen, während Offenlandschaften oder „Gefilde" seltener waren. Nach H. Jankuhn [in 343,322] ergibt sich für die frühmittelalterliche Zeit bis etwa zum Jahre 1000 ein lockeres Nebeneinander verstreuter Ansiedlungen, teils in kleineren „Siedlungskammern", teils in der größeren Form von „Siedlungsarealen". Auch die Areale konnten durchaus von großen Waldbeständen durchsetzt sein, in die kleine Siedlungskammern jeweils eingestreut waren. Das dominante Erscheinungsbild war das breiter Urwaldgebiete. In einer angesichts der Überlieferungslage fast paradoxen Weise werden diese naturräumlichen Vorgaben mit ihren schwierigen Verkehrs- und Kommunikationsbedingungen zwischen den Siedlungskammern, in denen die Bevölkerung vornehmlich lebte und in denen sie zugleich relativ geschützt war, in einem Schriftzeugnis gut belegt. Es handelt sich um den Bericht über einen römischen Rachezug gegen die Franken rechts des Rheins, den Gregor von Tours aus dem sonst verlorenen Geschichtswerk des Sulpicius Alexander exzerpiert hat (Fränkische Geschichten II,9): Danach sei Arbogast „gerade im härtesten Winter auf Köln (gegen die Franken losgegangen), da er wußte, daß man sicher in alle Schlupfwinkel des Frankenlandes eindringen und sie mit Feuer verwüsten könnte, wenn die Wälder, ihres Laubes entkleidet und dürr, den auf der Lauer liegenden Feinden kein Versteck gewährten."

Die Konzentration der Siedlungen auf regelrechte Siedlungsinseln hat weitreichende politische und verfassungsgeschichtliche Konsequenzen gehabt. Denn die diversen Siedlungskleinformen bzw. Siedlungskammern wurden im Regelfall zur geographischen Grundlage von zumeist ebenso begrenzten Herrschaftsbildungen. Nur unter Inanspruchnahme verbindender Verkehrswege waren dagegen größere Herrschaftsformen herstellbar, „die somit schon von den Naturbedingungen her auf die Bildung von Schwerpunkten und Stützpunkten angewiesen (waren), ohne den Gesamtraum gleichmäßig erfassen zu können" [294: W. SCHLESINGER]. Auf dem Hintergrund solcher Vorbedingungen und naturräumlicher Grundgegebenheiten erscheint die fränkische Großreichsbildung um so eindrucksvoller, auch wenn die Grundgegebenheiten nicht durchgängig überwunden werden konnten und somit für das Frankenreich systemimmanente Schwächen immer erhalten blieben.

Siedlungsformen

Für die Erfassung der Siedlungsformen sind Einzelhof und Dorf die üblichsten Begriffe. Die in den älteren Quellen verwendeten Bezeichnungen (*curia, curtis, mansus* usw.) sowie ihre seit langem gebräuchlichen Übersetzungsformen (Hof, regionale Abweichungen wie Hufe/Hube, Lehen, Gut usw.) sind zum Teil mehrdeutig. Die moderne, insbesondere geographische Forschung spricht deshalb gern von Betrieben, wobei sie zwischen kleinen, normalen und Großbetrieben differenziert. Zum Betrieb gehört das Land, ohne Land ist meist vom Hof die Rede, gemeint ist also der Einzelbetrieb mit oft mehreren Gebäuden. Aus größeren Hofkomplexen entstehen oft Dörfer, deren Übergangsstadien zum Teil große Bestimmungsprobleme bieten.

Die in der älteren Literatur verwendeten Begriffe „Weiler" und „Drubbel" erscheinen heute als entbehrlich. Als Dorf ist zunächst anzusprechen „eine durch gemeinsame Einrichtungen verbundene Gruppe benachbarter Höfe", und in präziser Form läßt sich das Dorf definieren als „eine in seinem Gefüge veränderliche Dauersiedlung auf der Grundlage des primären Wirtschaftssektors. Es besteht aus einer Gruppe benachbarter Höfe (= Betriebe), die agrarische Nutzflächen und ergänzende Wirtschaftsareale (z. B. Wald) benutzen und über Nebensiedlungen (z. B. Almen) verfügen können. Die Höfe sind durch gemeinsame (kommunale) Einrichtungen, die Ort und Gemarkung betreffen, miteinander verbunden" [343: H. JÄGER 78]. Diese bereits historische Definition für das traditionelle Dorf, das noch bis ins 20. Jahrhundert hinein existierte, mittlerweile aber durch Verkehr, neue Siedlungsformen und vornehmlich die Industrialisierung zerstört wurde, mag in seinem Kernbestand bereits für das Frühmittelalter als gültig angesehen werden.

Unterschiedliche Dorfformen sind teils historisch bedingt aufgrund ihrer Entwicklung vom Einhof zur Hofgruppe, zum Dorf und schließlich Großdorf mit unregelmäßigen Wachstumsphasen, teils auch durch Geländeformen. Auch unterschiedliche Dorfgrößen sind angesichts unterschiedlicher Hofgrößen (4–6 Personen, z. T. erheblich mehr) vorauszusetzen. Die in der Vergangenheit häufig strittige Bestimmung solcher Dorfgrößen ist durch eine gründliche Untersuchung von F. SCHWIND [343] auf eine neue Basis gestellt worden. Aus karolingischem Material der Klöster Fulda, Lorsch, Weißenburg, St. Gallen und Freising sowie ergänzenden Urkunden königlicher Provenienz wie auch von sonstigen Privaturkunden ließen sich „Beobachtungen der inneren Struktur des Dorfes in karolingischer Zeit" anstellen. Die zwar sehr uneinheitliche und auch qualitativ sehr unterschiedliche Materialsammlung erreicht mit ca. 10 000 Einzelstücken eine für frühmittelalterliche Verhältnisse ganz ungewöhnliche Größenordnung.

Da diese Einzelstücke vornehmlich Zeugnisse aus dem täglichen Rechts- und Wirtschaftsleben sind, ist ihr Realitätsgehalt ungemein groß; daher gewinnt die Summe aus Schwinds Untersuchungen besonderes Gewicht. Für die Siedlung ergibt sich, daß trotz landschaftsbedingter Unterschiede von der Lahn bis zum Bodensee „fast überall Orte mit 20, 30, 40 und mehr Bauernstellen“ zu erkennen sind, wobei die heutige Forschung in der Regel nur Mindestgrößen ermitteln kann, während Angaben darüber, wie groß ein Ort war, ganz großen Seltenheitswert besitzen. Da innerhalb der zwei Jahrhunderte, über die das Material Auskunft gibt, kein grundlegender Wandel zu erkennen ist, sind die gesammelten Beobachtungen mit gebührender Vorsicht auf die vorangehende, aber auch auf die folgende Zeit mindestens in Teilbereichen übertragbar.

Organisationsformen

Soweit frühmittelalterliche Wirtschaft vorwiegend Agrarwirtschaft war, ist mit der Grundherrschaft ihre wichtigste Organisationsform angesprochen. Sie ist freilich in vorkarolingischer Zeit nicht eindeutig belegbar, und die Interpretation der vorliegenden Indizien bleibt in wesentlichen Teilbereichen immer noch strittig. Übereinstimmung besteht aber darin, daß eine Wurzel der karolingischen Grundherrschaft in den gallorömischen agrarischen Großbetriebswirtschaften gesehen wird. Ein Teil der Forschung spricht von gallorömischer Grundherrschaft, obwohl eher Formen der spätantiken gallorömischen Latifundienwirtschaft gemeint sind. Der Hinweis auf diese wichtigste Organisationsform soll hervorheben, daß nicht nur agrarische Kleinbetriebe (Mansen) vorhanden waren.

Strittig sind auch die Auffassungen über die Organisationsform der sogenannten Markgenossenschaft. Die in der Lex Salica beispielsweise belegten *vicini*, die bei Zuzug eines neuen Bewohners Einspruchsmöglichkeit hatten, bildeten nach der älteren Lehre sogar eine engere Organisationsform, eben eine Markgenossenschaft. Diese noch von A. I. Njeussychin vertretene Lehre ist auf entschiedene Kritik (besonders K. S. Bader) gestoßen. Zweifelsfrei ist indes, daß bei allen erkennbaren Regelungen der vicini ein deutliches genossenschaftliches Prinzip entgegentritt, mit anderen Worten: Es kann nur die Relevanz der genossenschaftlichen Komponente und die Frage einer über die erkennbaren Indizien hinausreichenden spezifischen genossenschaftlichen Organisation strittig sein.

Viehzucht

Die Viehzucht im Frankenreich betraf in erster Linie Schweine, daneben Rinder, Pferde, Ziegen, Schafe, Geflügel – vielleicht müßte auch hier schon auf die Bienenzucht ausdrücklich hingewiesen werden. Größe, Gewicht und Leistungskraft des Viehs sind kaum präzis schätzbar, in jedem Fall erheblich geringer als heute anzusetzen (Knochenfunde belegen eine Widerristhöhe von 1,10 m – das bedeutet, daß die Anglo-Kuh als kleinste deutsche Rinderrasse unserer Zeit mindestens 20 cm größer ist als Rinder des Frühmittelalters).

Ackerbau

Im Ackerbau wurde nach Ausweis der Lex Salica Korn angebaut, wozu gewiß Roggen gehörte, sicher aber auch Weizen, Gerste, Hafer (der eine zunehmende Bedeutung für die Pferdezucht erlangte), Hirse und Hülsenfrüchte wie Bohnen, Erbsen und Linsen. Hinzu kam der Weinbau, der seit der römischen Zeit weit verbreitet war, der

Anbau verschiedener Gemüsearten (u. a. auch von Kürbis und Melonen). Im Obstbau sind durch Schriftquellen wie auch durch Bodenfunde Apfel und Birne sicher bezeugt. Eine Ernährungslehre des beginnenden 6. Jahrhunderts erwähnt für das Frankenreich außer den genannten Obstsorten Kirschen, Pflaumen, Pfirsiche, Quitten, Feigen, Kastanien, Nüsse, Mandeln, Pistazien und sogar Datteln. Dabei wird ihr Verfasser vermutlich an Südgallien gedacht haben. Die Klimaverschlechterungen, die seit dem Frühmittelalter zweifellos stattgefunden haben, könnten kaum einen so tiefgreifenden Wandel verursacht haben, daß für frühere Zeiten mit Datteln im ganzen gallischen, geschweige rechtsrheinischen Gebiet zu rechnen wäre. Bezeugt ist ferner der Anbau von Flachs (für Leinen) auf größeren Feldern.

Mühlen

Vom Ackerbau sei der Blick auf Mühlen gerichtet. Schon den Römern waren Wassermühlen bekannt, gewöhnlich wird man an Getreidemühlen denken müssen; denn die Nutzung der Wasserkraft für Sägen, Schmiedehammer usw. erlangt in Mitteleuropa erst seit der Wende vom 10. zum 11. Jahrhundert eine größere Ausbreitung (LYNN WHITE JUNIOR). Eine Ausnahme bietet ein berühmter Beleg aus der Mitte des 4. Jahrhunderts, wenn Ausonius in seinem Lobpreis der Mosella von „dem kreischenden Geräusch wassergetriebener Marmorsägen an den Ufern der Ruwer" spricht. Aus der Lex Salica geht hervor, daß bereits größere Wassermühlen betrieben wurden, für die man eigens Schleusen anlegte. Die Belege lassen aber erkennen, daß nicht an kommunale oder Genossenschafts-, sondern an Herrenmühlen zu denken ist. Die Bedeutung des Mühlwesens ist auch aus der industriell betriebenen Mühlsteinproduktion ersichtlich: Im Mayener Becken, nördlich der Moselmündung, wurden Mühlsteine aus Basalt gefertigt und seit der Römerzeit auf alten (Wasser-)Straßen bis Friesland, England und in den skandinavischen Norden gehandelt.

Mit dem Hinweis auf die Mühlsteinproduktion ist bereits das Handwerk angesprochen. Neben dem erwähnten Mahlmüller weist die Lex Salica Eisenschmiede, Goldschmiede, Zimmerleute, Handwerker und artifices nach. Gregor von Tours berichtet auch von einem *artifex lanariae* (Weber). Freie bzw. herumziehende Handwerker sind in der Regel Goldschmiede gewesen. Größere Werkstätten, die meist traditionsreichere spätrömische Werkstätten fortführten, waren Glasbläsereien, Töpfereien, Salzpfannen und Sudhäuser.

Handwerk

Handwerker hat es auch im Bereich der Grundherrschaft, mindestens des 8. und 9. Jahrhunderts gegeben, ebenso in Siedlungen außerhalb einer grundherrschaftlichen Zugehörigkeit. Freie und herumziehende (Schmuck-)Handwerker waren bereits erwähnt worden. Auch größere Werkstätten und Produktionsstätten, die größtenteils in spätantiker Kontinuität standen, lassen sich nachweisen, so daß hier kein Bruch im Übergang von der Völkerwanderungszeit zur fränkischen Zeit vorliegt. Die Tuchherstellung ist allem Anschein nach Sache aller Frauen bzw. von Frauen aller Stände gewesen. Vorzugsweise Leinen- und Schafwollstoffe sind bezeugt, daneben der Schafspelz, während anderes Pelzwerk meist Luxus gewesen sein dürfte. Das Gesamtbild wird noch differenzierter, wenn man Ergebnisse der Spatenforschung einbezieht. So lassen sich aus Grabfunden und insbesondere aus Grabbeigaben, die germanischem Brauchtum entsprachen, weitere Handwerksprodukte und damit Handwerker erschließen: Schmuck, Waffen, Gürtelgarnituren und Fibeln weisen auf Waffenschmiede, Gold- und Schmuckschmiede; Holzgefäße wie Eimer usw. auf Küfer; Metallwerkzeuge und Metallgeräte wie Messer, Scheren, Feuerstähle, Bohrer, Meißel, Eisensägen, Pinzetten, Schlüssel, Ketten usw. bis hin zum Pferdegeschirr auf ein relativ spezialisiertes Metallhandwerk. Die in Grabbeigaben ebenfalls zu findenden Münzen wurden im Frankenreich der Frühzeit zumeist von Goldschmieden geschlagen, die gleichzeitig als Monetare tätig waren. Aus weiteren Funden sind Gläser und Glaswaren (vor allem Becher, aber auch Trinkgläser und Perlen) bezeugt, nach Ausweis von Schriftquellen der Merowingerzeit soll es sogar Glasfenster in Kirchen gegeben haben. Die zahlreichen Keramikfunde weisen eine große Kontinuität des Töpfergewerbes aus, insbesondere in den Töpfereien der Argonnen und im Mayener Raum bzw. der Eifel. Diese hier bezeugte Spezialindustrie hat einen großen Absatz an Waren gehabt, die ähnlich wie die angesprochenen Mühlsteine zumeist rheinabwärts verfrachtet wurden. Weitere Grabfunde wie Beinkämme und Textilien müssen hier ebenfalls angeführt werden.

Aus diesem Überblick ergibt sich, daß eine Spezialisierung teils in Dörfern, teils in großen Produktionsstätten erfolgte. Aber auch im agrarischen Bereich wurde nicht nur für den eigenen Bedarf produziert (Stoffe), sondern bei Voll- oder Teilspezialisierung von Handwerkern auch für den Markt und erwiesenermaßen sogar für den Fernhandel.

Frühmittelalterliche Bauweisen

Über die frühmittelalterliche Bauweise unterrichten vor allem die Archäologen, deren Befunde aus methodischen Gründen stets mit den Angaben der Schriftquellen konfrontiert und verglichen werden müssen. Zunächst lassen sich Holzbauten nachweisen. Sie sind zwar nur selten zu erkennen, in den Fundamenten jedoch durchweg gut zu ermitteln. Oft kann man auch erschließen, welchen Charakter die aufragenden Teile besaßen. Präzis sind diese freilich und insbesondere auch die Dächer bei archäologischen Forschungen kaum ermittelbar. Immerhin bestätigt die Spatenforschung eine z. T. sehr ausgeprägte Holzornamentik, die von Schriftquellen her bekannt ist. Damit ist auch auf die Existenz von Holzhandwerkern und Bauleuten zu schließen. Letztere wurden vor allem im Kirchenbau eingesetzt. Zwei Grundtypen sind hier unterscheidbar: Ein Kirchenbau aus Holzpfosten, die mit Lehmflechtwerk verbunden wurden (*ecclesia lignea*) und eine Kirchenform in Stabbauweise, d. h. aufrecht stehende Bohlen wurden mit Nuten so geschickt verbunden, daß man den Eindruck glatter Wände vermitteln konnte (daher auch die Bezeichnung: *ecclesia ligneis tabulis fabricata*). Als Kirchenbaumeister und Bauhandwerker werden vermutlich vorzugsweise Galloromer tätig gewesen sein, archäologisch faßbare Kirchen aus dem 6. Jahrhundert sind beispielsweise die Abteikirchen von Saint Denis und Saint Etienne in Paris.

Kleidung

Die Tracht des fränkischen Mannes läßt sich zu einem leidlichen Gesamtbild rekonstruieren [74: E. Zöllner] und dürfte vom 5.–9. Jahrhundert kaum größere Veränderungen erfahren haben, wie es karolingische Miniaturen des 9. Jahrhunderts nahelegen [80: Menghin 236]. Nur die archäologisch gut erkennbaren sog. Accessoires (Leibriemenschnallen, Gürtelbeschläge usw.) unterlagen modischen Wandlungen. So ergibt sich als männliche Bekleidung: Leinenhemden, wohl recht eng anliegender Woll- oder Leinenrock mit kurzen Ärmeln, gelegentlich farbig und von schmalem Gürtel eingefaßt. Vermutlich zog man diesen Rock über den Kopf. Schon klimabedingt ist mit langen Hosen zu rechnen, die bereits spätantiken römischen Historikern als Charakteristikum auffielen und auf karolingerzeitlichen Abbildungen bezeugt sind. Reiche bzw. vornehme Männer waren kostbarer gekleidet. Sidonius Apollinaris wird die Schilderung verdankt, wie Prinz Sigimer sich (festlich) kleidete: Bunt gestreiftes Kleid bis an die Knie reichend, Knie, Schenkel und Waden unbedeckt – es fehlen hier auch die später typischen langen Beinbinden und Schuhriemen. Über dem Rock trug Sigimer eine vermutlich mit Knöpfen verschlossene Pelzjacke und einen Mantel, der mit Purpurstreifen eingefaßt war und seinen Träger als Mitglied des Königsgeschlechts auswies.

Undeutlicher erkennbar ist die Bekleidung fränkischer Frauen: Mantelartiger Umhang, leinenes Unterhemd und Hemdrock nach Art einer Tunika sind anzunehmen. Bezeugt ist das Kopftuch, das auch Ziertuch sein konnte. Gregor von Tours wird der Hinweis verdankt, daß gelegentlich getragene schwarze Kleidung zum Zeichen der Trauer diente. Über Unterwäsche redete man auch damals nicht, Strümpfe und Schuhe sind beispielsweise im Grab der Arnegunde gefunden worden. Noch größere Bedeutung als der Kleidung kam der Haartracht für die soziale Differenzierung zu. Die rotblonden, langgelockten Haare der reges criniti sind berühmt, kaum weniger wichtig die Haartracht anderer. Nach salischem Recht durfte lediglich mit Einwilligung der Eltern an „langgelockten" freien und jungen Männern das rechtlich bedeutsame erste Scheren des Haupthaares vollzogen werden. Ob das Haareschneiden mit der Wehrbarmachung zu tun hatte, hinderte zu langes Haar beim Waffendienst? Kürzer als der Freie mußte der Unfreie seine Haare tragen, Frauen dagegen trugen sie wohl allgemein länger als die Männer.

Ernährung

Auf die Ernährungsweise einer so ausgeprägt agrarisch lebenden Gesellschaft detaillierter einzugehen, erscheint insofern überflüssig, als grundsätzlich alle Produkte aus Ackerbau und Viehzucht sowie aus der Sammeltätigkeit in Wald und Flur der Ernährung dienten. Dabei fehlt es einer Wohlstandsgesellschaft gewiß an der nötigen Phantasie, sich auszumalen, was alles zu Ernährungszwekken genutzt werden konnte oder genutzt werden mußte. Aus archäologischen Quellen ergeben sich nur vereinzelte Spuren, die in der Regel das Bild, das die Schriftquellen ermöglichen, nur ergänzen können. Nachrichten liefern Gregor von Tours, die Lex Salica und eine ganz außergewöhnliche Quelle, eine Diätetik, die der griechische Arzt Anthimus verfaßt hat. Anthimus war aus Byzanz verbannt worden, zu den Goten geflohen und von Theoderich etwa um 511 an

Theuderich gesandt worden, dem er seine Ernährungslehre übergab. Eine relativ große Handschriftenverbreitung spricht für eine gewisse Breitenwirkung dieser Schrift [74: E. ZÖLLNER]. Der Verfasser hat sich bemüht, fränkische Verhältnisse zu berücksichtigen; bewußt hat er Ernährungsfragen am Königshof und solche der allgemeinen Bevölkerung einbezogen. Dabei bleibt freilich offen, ob sich ihm die fränkischen Verhältnisse voll erschlossen hatten.

Gegessen wurden Fleisch, Agrarerzeugnisse, Gartenfrüchte, Sammelfrüchte usw. Im allgemeinen wurde Fleisch gekocht, nur selten gebraten. Insbesondere wurde Schweinefleisch als fettreiche und leichter eßbare Kost geschätzt. Es bot zudem den Vorzug, besser als andere Fleischarten geräuchert und gepökelt, damit also gut aufbewahrt werden zu können. Der Konservierung kam eine ungemein große Bedeutung zu, weil durchweg bei Winterbeginn geschlachtet werden mußte, denn die Winterfutternot war groß. Der Wildverbrauch scheint nur sehr gering gewesen zu sein (Rotwild, Rehwild, Auerochsen, Hasen, Wildschweine usw.). Bei archäologischen Grabungen ergibt sich bis ca. 500 n. Chr. fast immer ein Wildknochenanteil von unter 3% (z. T. 0,8–2,1%). Dies entspricht dem sonstigen Eindruck, wobei trotz problematischer Vergleichsrechnung beachtet werden sollte, daß der heutige bundesdeutsche Wildfleischanteil am Gesamtfleischverbrauch ca. 1% beträgt. Schätzungen des Gesamtfleischverbrauchs sind schwierig, zumal die Haustiere des Frühmittelalters erheblich kleiner als die heutigen Haustiere waren und echte Vergleichskriterien fehlen. Nur auf diesem Hintergrund ist eine Schätzung zu werten, die W. ABEL für den Normalhof von 5–6 Vollpersonen auf rund 100 kg pro Kopf und Jahr ansetzte. Wenn man an die umfangreichen Bestimmungen der Lex Salica zur Schweinezucht denkt, mag es kaum verwundern, daß der Arzt Anthimus sich besonders gründlich mit dem Fleisch, insbesondere mit Schweinefleisch und Speck, literarisch beschäftigt hat. Ihm zufolge ist der Speck (*lardum*) geradezu eine Leibspeise der Franken gewesen, die offenbar auch gekocht gegessen, in roher Form jedoch als Heilmittel vielen anderen vorgezogen wurde.

Als tierische Produkte erwähnt Anthimus selbstverständlich Milch, Butter und Käse; er bevorzugte seltsamerweise gekochte Milch oder eine Mischung mit Honig, Met, Wein oder Salz. Ebenso verwunderlich ist seine Ansicht, daß alter Käse schädlich sei und daß Butter und Käse ungesalzen genossen werden sollten. Ziegenmilch galt ihm als medizinisch besonders wertvoll. In diesen wenigen Andeutungen spiegelt sich das frühmittelalterliche Problem der Fettversorgung, die für die Gesamternährung eine zentrale Bedeutung hatte: Butter, tierische Fette, an pflanzlichen Fetten lediglich Leinöl, Olivenöl oder Bucheckernöl. Geflügel wurde selbstverständlich viel verzehrt, insbesondere Hühner; Gregor von Tours scheint geradezu von einem festlichen Hühnermahl zu schwärmen. Der Arzt Anthimus empfahl im übrigen, von Gänsen, Hühnern und Enten, aber auch von Rebhuhn und Fasan nur weißes Fleisch zu essen. Ganz entschieden wandte er sich gegen den Genuß harter Eier. Wildgeflügel aller Art war willkommene Ergänzung der Normalkost und spezielle Delikatesse.

Der Fischfang hat seit jeher eine wichtige Rolle gespielt. Gefischt wurde auch mit Netzen und Reusen, wie es die Lex Salica bezeugt. An Getreideprodukten spielten die Hauptrolle Brot aus Gerste oder besonders Weizen sowie Gersten- und Hirsebrei. In der Pflanzenkost verzeichnet Anthimus eine ganze Palette verschiedenster Gemüse, geht ebenso ausführlich auf Obst ein. Hier bereits gibt es auffällige Parallelen zu den berühmten Angaben des Capitulare de villis aus der Zeit Karls d. Gr., das geradezu Musterkataloge liefert. Das Einkochen von Obst und Beeren mit Honig, Zucker und Gewürzen, das Dörren von Trauben und der umfangreiche Gebrauch von Gewürzen einheimischer und importierter Provenienz waren ebenso geläufig wie mindestens in begüterten Kreisen der Genuß von Südfrüchten.

Als Getränke galten neben Wasser, Milch und verdünntem Wein gegorene alkoholische Getränke wie Met, Bier und Wein jeweils in den verschiedensten Misch- und Würzformen. Besonders wichtig war der Rebenwein, den die Rechtsbücher mehrfach erwähnen. Im Frankenreich ist sogar eine Förderung des Weinbaues zu erkennen; Chilperich soll in der Mitte des 6. Jahrhunderts selbst eine Weinsteuer erhoben haben, was einen ertragreichen Weinbau vorauszusetzen scheint. Das Maßhalten bei dem Genuß alkoholischer Getränke bedeutete wie schon für Römer und Gallorömer auch für die Franken ein besonderes Problem. Allerdings gab es einen sozusagen „technisch" bedingten Zwang beim Biergenuß, da Bier nur in großen Mengen produzierbar war und kaum haltbar blieb.

Diese Aufzählung darf nicht zu der Vorstellung verleiten, es habe Überfluß an Nahrungsmitteln gegeben. Denn auch aus karger Überlieferung wird sehr deutlich, von wieviel Mangel, Mißernten und Hungersnöten das Frankenreich geplagt wurde: Hochwasser, Dürren, Heuschreckenplagen, Krieg und Plünderungen wirkten sich besonders schlimm aus, weil es im allgemeinen nicht einmal Ansätze zu geregelter Vorratswirtschaft gab. Sogar rasche Zufuhr aus Überschußgebieten war aufgrund gravierender Verkehrsprobleme meist nicht zu bewältigen. Mit den Schwierigkeiten der Verkehrswege und Transportmittel ist zugleich ein auch für die militärische Versorgung gravierendes Problem angesprochen, das beispielsweise für die Schlappen fränkischer Heere in Italien in der Mitte des 6. Jahrhunderts Ursache war. Erst unter Karl d. Gr. sind Versuche erkennbar, von seiten der Reichsgewalt solche Versorgungs- und Verkehrsprobleme in Notzeiten zu regulieren.

Zusammenfassend sollen allgemeine Ergebnisse des wirtschaftlichen Überblicks festgehalten werden: Die bäuerliche Betriebseinheit als agrarische organisatorische Grundform war keine autarke Wirtschaftseinheit. Auch der einzelne Betriebsstätteninhaber war mindestens in Teilbereichen zu genossenschaftlicher Kooperation gezwungen, etwa im Feldbau, bei der Weide und Hut, beim Bakken und der Pflege des Sauerteigs, bei gewissen handwerklichen Spezialisierungen. Selbst die Grundherrschaft als wichtigste organisatorische Einheit bildete keine autarke Wirtschaftsform. Trotz größerer und zum Teil beträchtlicher Differenzierung war sie auf den Besuch von Märkten angewiesen. Die Ursache liegt vielleicht auch in den größeren Bedürfnissen, die reichere Wirtschaftsformen weckten: Gerät, Waffen, Gewürze und sogenannte Luxusgüter konnten im allgemeinen nicht selbst produziert werden. Sie wurden im Tausch- und Warenverkehr bezogen, in der Frühzeit des 5. und 6. Jahrhunderts und offensichtlich auch seit dem Ende des 8. Jahrhunderts in erheblichem Maße mit Geld bezahlt. Die Bedeutung der Verkehrswege ist ganz offensichtlich, sowohl die der Nah- als auch die der Fernverkehrswege. Wasserstraßen waren dabei besonders nützlich, zumal häufig auch flußaufwärts getreidelt werden konnte. Für den Bezug von „Heilmitteln", Gewürzen, Wein, Stoffen, Waffen, Eisengeräten, aber auch Keramik, Glaswaren und kunstgewerblichen Produkten bis hin zu Mühlsteinen war die fränkische Einzelwirtschaft auf den Fernhandel und Fernverkehr angewiesen. In der Frühzeit wird der Fernhandel vornehmlich von „Römern", Syrern und Juden betrieben, später liegt er vor allem in der Hand von Friesen, die im Seehandel besonders tüchtig waren, und von Juden. Die überragendste Bedeutung als Handelsgut hatte das Salz, das für jedermann notwendig war, aber fast für jeden nur auf dem Kauf- oder Tauschwege beschafft werden konnte. Mit beträchtlichem Abstand folgte der Pfeffer.

Handel

Wenn somit auch die große Bedeutung einzelner Handwerkszweige und größerer Produktionsstätten offenkundig ist, bleibt dennoch offen, welches Ausmaß der Geldwirtschaft im Frankenreich zukam. Zu diesem Komplex gehört auch die Frage, welchen Anteil staatliche Maßnahmen hatten. Ganz allgemein ist die Merowingerzeit als eine „Zeit des Übergangs der Goldwährung der Römer zur Silberwährung der Karolinger" [374: A. Suhle] zu kennzeichnen. So bedienten sich die Franken von Tournai nach Ausweis der Funde im Grab Childerichs I. (gest. 482) der vorgefundenen Münzen in ihrem neuen Herrschaftsbereich und nahmen eine eigene fränkische Münzprägung wohl erst um 500 auf. Zunächst häufen sich Anzeichen für ein gröberes Schlagen römischer Münzen unter Beibehaltung des römischen Kaiserbildes, aber im Auftrag des Frankenkönigs. Solche fränkischen Nachahmungen mit deutlich erkennbaren Kaisernamen reichen bis in die Mitte des 7. Jahrhunderts; die Prägeschwerpunkte liegen in Marseille und in der Provence. Von Theuderich I. ist eine erste Kupfermünze mit seinem Namen erhalten, von Childebert I. ein Drittelstück, eine Silbermünze und eine Kupfermünze und schließlich von Chlothar I. eine nach ostgotischem Vorbild geschlagene Silbermünze. Vermutlich hat Theudebert I., der 547 verstorbene Sohn Theuderichs I., als erster seinen Namen bewußt auf Goldmünzen setzen lassen. Dieser Vorgang war unerhört und spiegelt sich in der Empörung Prokops. Zu verstehen ist er wohl nur im Zusammenhang mit Theudeberts Italienplänen und seinen Feldzügen über die Alpen hinweg. Da Theudebert in die Umschrift zu seinem Namen die Bezeichnung pater patriae augustus setzen und sich im Brustbild mit Helm, Panzer und Schild sowie einem Globus mit Kreuz in der Rechten abbilden ließ, sind diese Münzen nicht nur als Geld, sondern auch eindeutig als Herrschaftszeichen ausgewiesen. Das im Verlauf des

Geldwirtschaft

6. Jahrhunderts geordnete merowingische Münzwesen entglitt seit etwa 600 dem Königtum, indem Goldschmiede und Finanzbeamte zu Münzmeistern, schließlich zu Pächtern des Münzregals wurden und es am Ende sogar als Privatunternehmer ausbeuteten. Auch Klöster prägten eigene Münzen, so daß sich eine insgesamt ungeheuer große Zahl von Münzstätten ergab: 900 Münzorte mit 2000 namentlich bekannten Monetaren. Dieser Wirrwarr löste sich erst in dem Maße auf, wie die Goldvorräte allmählich versiegten. Ob der Goldmangel auch als Abfluß in weltwirtschaftlichen Dimensionen zu sehen ist, bewirkt durch den höheren Silberwert im Westen und reichere Ausbeute im ferneren Osten, bleibt umstritten [349: Ph. Grierson]. Jedenfalls wurden im Frankenreich auch neue und reiche Silbergruben (Poitou) erschlossen. Der allmähliche Übergang zur Silberwährung erfolgte ab etwa 680 und wurde in der Zeit Pippins abgeschlossen. Kupfergeld war während der Merowingerzeit offenbar kaum geprägt worden, vielleicht weil noch hinreichende Mengen römischen Kupfergeldes im Umlauf waren.

Aus dem Pfund Gold (327,45 gr) wurden 72 Solidi geprägt. Einem solidus entsprachen 24 silberne siliquae; daneben gab es Kupfermünzen (denarii), wobei nach der Lex Salica 40 Denare auf einen solidus gingen. Die häufigste Münze war der Drittelsolidus (triens), von dem 216 auf das Pfund Gold gingen. Allmählich wurden nur noch Trienten, und zwar in ungeheuren Mengen geprägt. Die für das ganze abendländische Mittelalter bedeutsamste Münzreform, die zur Durchsetzung einer reinen Silberwährung führte, war das Werk Pippins und Karls d. Gr. [387]. Seitdem wurden nur noch der Denar und (seltener) der Halbdenar (Obulus) geprägt, während Pfund und Schilling als bloße Recheneinheiten (Rechnungsbegriffe) fungierten. Dabei wurden 20 solidi zu 12 denarii, also 240 Denare (Pfennige) auf das Pfund Silber gerechnet.

Wert des Geldes

Die Frage nach dem Wert des Geldes kann nur angerissen werden. Im Testament des Bischofs Bertram von Le Mans findet sich die Angabe, daß sein Vermögen ca. 10 000 solidi betrug, wobei diese Wertangabe sich vielleicht auch auf Land und Güter bezog. Im Hort der Könige fand sich in der Regel sehr viel gemünztes Geld. Eine Einzelangabe liefert Gregor von Tours für Childebert II. zum Jahre 584: Danach hatte ihm Byzanz 50 000 Goldstücke als Subsidien gezahlt unter der Bedingung, daß er die Langobarden aus Italien vertreiben solle. Als der Kaiser Maurikios hörte, Childebert habe stattdessen mit den Langobarden Frieden geschlossen, verlangte er sein Gold zurück – blieb aber ohne jede Antwort.

Als Indizien für die Kaufkraft lassen sich immerhin Belege anführen: So wurde 533 ein Sklave für 12 *aurei* (*solidi*) verkauft. Beim Freikauf eines gekidnappten Romanen aus einer senatorischen Familie wurde die unerhört hohe Summe von 10 Pfund Gold verlangt, was nicht bezahlt werden konnte. Aus dem 6. Jahrhundert stammen Hinweise, daß Pferde zwischen 5 und 10 solidi kosteten. Mit 10 solidi wurden sicher königliche Pferde bezahlt. Auch Belege für Bestechungsgelder mögen Indizien für die angesprochene Kaufkraft bieten. So soll Bischof Aegidius von Reims 2000 solidi erhalten haben, während Bischof Gregor von Tours, der dies berichtet, in einem anderen Fall selber von der Königin Fredegunde mit 200 Pfund Silber bestochen werden sollte, damit er der Verurteilung eines bischöflichen Kollegen zustimme. Gregor verweigerte dies, dafür soll der Mörder des Bischofs von Fredegunde und zwei Geistlichen 200 solidi als Mörderlohn erhalten haben. Soziale Abstufungen sind also auch bei Bestechungsgeldern erkennbar. Eher amüsant ist ein Zeugnis bei Alkuin, der innerhalb von Rechenaufgaben als Beispiel angibt, 2 Kaufleute würden für 100 solidi 250 Schweine kaufen, um sie nach der Mast weiterzuverkaufen.

Insgesamt wird man von großen Wertschwankungen ausgehen müssen, sicher auch voraussetzen dürfen, daß bei den Großen des Frankenreiches sich größere und kleinere Horte befanden. Für Kredite dürfte ein üblicher Zinssatz in Höhe von 12,5% gegolten haben, gelegentlich sind auch Zinssätze von 4–8% bezeugt. Freilich waren kurzfristige Gelder mit bis zu 33% zu verzinsen, wie sich aus einer Formel Marculfs ergibt.

Ein Mindestmaß an „staatlicher Sorge" für Belange der Wirtschaft ist immer, so auch im Frankenreich, erkennbar. König Theudebert I. (533–547) hatte auf Intervention des Bischofs Desideratus von Verdun den Bürgern dieser Stadt 7000 Goldsolidi geliehen. Aus Gregors Darstellung des Falles geht hervor, daß mit Hilfe dieser Geldsumme dem Handel der Stadt zum Aufschwung verholfen werden sollte, und zwar auf die gleiche Höhe, die andere Städte hätten. Mit Überraschung liest man nun, daß dieses Subventionsziel auch erreicht wurde und daß der Bischof die geliehene Summe dem König habe zurückgeben wollen, dieser aber großmütig darauf verzichtet habe: Er brauche das Geld nicht und sei zufrieden, daß die Armen Erleichterung gefunden hätten. Das in seiner Klarheit einmalige Zeugnis belegt königliche Förderung des Wirtschaftswachstums und vielleicht sogar Ansätze einer Handelspolitik. Gleichwohl bleibt dieser Fall episodenhaft, vor allem wenn man berücksichtigt, daß wenig später König Chilperich eine ausgesprochen kirchenfeindliche Politik betrieb. Er tat dies aber nicht aus grundsätzlichen Erwägungen, sondern weil der Wohlstand vieler Bischöfe schon längst seine eigene Begehrlichkeit geweckt hatte. Umfangreiche Konfiskation bischöflicher Vermögen, die ja auch öffentliche Bedeutung hatten, weil die betroffenen Bischöfe durchweg als Stadtherren fungierten, lassen nun auf eine städte- und indirekt auch handelsfeindliche Haltung schließen.

Dauerhafte Grundstrukturen

Landwirtschaft, Handel und Gewerbe haben bis in die Karolingerzeit hinein kaum grundlegende Veränderungen erfahren, wohl aber gelegentliche Verbesserungen. Agrarwirtschaftlich war das Aufkommen der Dreifelderwirtschaft seit dem 8. Jahrhundert eine solche. Statt der nur noch seltenen Feldgraswirtschaft und dem weiterhin verbreiteten Zweifeldersystem von pflugbetriebenem, extensivem Mehrkörnerbau und Brache erfolgte die Ackernutzung im Dreijahresrhythmus: Wintergetreidebau (Weizen, Roggen, Dinkel, z. T. auch Gerste) im ersten Jahr, während im zweiten Jahr Sommergetreide (Hafer, Hülsenfrüchte, Sommergerste) gesät wurde und im dritten Jahr die Brache ausschließlich als

Viehweide diente, dem Boden also eine mangels Stalldüngung dringend notwendige Erholung ermöglicht wurde. Die Karolingerzeit des 8. und 9. Jahrhunderts verwendete auch bereits technisch verbesserte Gleitpflüge, die meist schon mit Eisenschar und Streichbrett, teilweise sogar mit Räderwerk versehen waren. Neben dem Pflug als wichtigstem Arbeitsgerät sind dreieckige Eggen, zur Erntearbeit noch ausschließlich Sicheln bezeugt.

Grundherrschaft

Erst aus Quellen der Karolingerzeit wird die Grundherrschaft deutlicher erkennbar, wenngleich mit der berühmten Urkunde des Thüringerherzogs Heden von 704 für Willibrord ein recht frühes Zeugnis, zumal für eine sog. weltliche Grundherrschaft, vorliegt. Bei dem Begriff selbst handelt es sich um eine „gelehrte" Bezeichnung, er ist „ein moderner historisch-juristischer Ordnungsbegriff" [289: W. Schlesinger, Herrschaft und Gefolgschaft], der dem Mittelalter fremd war. Im technischen Sinne ist unter Grundherrschaft ein System von „Haupthöfen, Nebenhöfen und abhängigen Bauern" zu verstehen, oder einfacher skizziert: Ein Typ von Herrschaft über einen Herrenhof mit zugehörigem Herren- oder Salland (franz. réserve), das bewirtschaftet wird durch auf dem Herrenhof lebendes Gesinde und/oder durch abhängige Bauern, die ihrerseits auf selbständigen wirtschaftlichen Betriebseinheiten sitzen und zu Abgaben und Diensten an den Herrenhof verpflichtet sind.

Über solche Grundherrschaften verfügten die Oberschicht, geistliche Institutionen und das Königtum, wobei unsere näheren Kenntnisse fast ausschließlich auf geistliche und königliche Grundherrschaften beschränkt bleiben. Die teilweise komplizierte politische Struktur der frühmittelalterlichen Grundherrschaft ist wohl am treffendsten als „Herrschaft über Land und Leute" (G. Seeliger, W. Schlesinger, O. Brunner) gekennzeichnet worden. Die mannigfaltigen Ausformungen von Grundherrschaft werden durch neue Forschungen erst allmählich deutlicher. Grundsätzlich scheidet man eine „zweigeteilte" Grundherrschaft mit herrschaftlichem Eigenbetrieb und abhängigen Bauernhöfen als klassischen Typ (Villikation – franz. domaine biparti classique) von solchen Grundherrschaften ohne Salhofbetrieb und weiteren Mischformen. Organisatorisch läßt sich differenzieren zwischen zwei- und mehrstufigen Formen (System von Haupthöfen, Unterhöfen und weiteren Hebestellen für die Erfassung von parzelliertem Land in großer Streulage – fast typisch für klösterliche Grundherrschaft) und einstufiger Grundherrschaft, die ihre abhängigen Bauernstellen direkt von dem Herrenhof aus erfassen kann. Beachtlich sind die Größenordnungen bei einzelnen Grundherrschaftstypen gewesen: Am Anfang des 9. Jahrhunderts verfügte beispielsweise der Bischof von Augsburg über mindestens 8 curtes oder Höfe, zu denen insgesamt 1507 Mansen bzw. bäuerliche Hofstellen gehörten. Rechnet man (was freilich schon infolge regionaler Abweichungen problematisch bleibt) für die Manse oder Hufe eine Durchschnittsgröße von 10 ha, so herrschte dieser Bischof über insgesamt 15 070 ha Hufenland – oder 150 km^2 Kulturland!

Nach der sog. Aachener Chorherrenregel von 816 verfügte ein großes (geistliches) Stift über ca. 3000–4000 Hufen, manchmal über 8000 und mehr, ein mittleres Stift über 1000–2000 Hufen und noch ein kleines im Schnitt über 200–300 Hufen.

Im Vergleich zu späteren Zeiten, in denen das grundherrschaftliche Herrenland im Regelfall parzelliert und verliehen bzw. verpachtet wurde (sog. Rentengrundherrschaft), ist für die Karolingerzeit von besonderem Interesse, welche Betriebsgrößen für grundherrschaftliches Salland vorkamen. Die Größenordnungen sind beträchtlich: beispielsweise hatte die königliche Domäne Somain im Hennegau einen Hof mit 251 ha Salland, das als Ackerland genutzt wurde, während der größte Salhof (*curtis*) der berühmten Abtei St. Germain des Prés bei Paris in der Karolingerzeit über 1187 ha reines Salland verfügte, von denen 650 ha Ackerland waren. Neben diesem Hof besaß St. Germain zwei weitere Höfe mit mehr als 800 ha Acker- und Weinland, drei weitere mit mehr als 300 ha, sieben weitere mit rund 200 ha und schließlich noch zwei curtes mit 150 ha Acker- und Weinland. Diese Höfe sind aufgrund ihrer Bewirtschaftungsform zweifellos als „agrarische Großbetriebe" anzusprechen, wenngleich solche Charakterisierung keinesfalls zwingend für alle Grundherrschaften zutrifft, vor allem dann nicht, wenn die jeweiligen Herrenhöfe vornehmlich als Hebestellen fungierten, also herrschaftliche Einrichtungen zur Verwaltung und Erfassung abhängiger bäuerlicher Betriebsstellen waren, die Abgaben einzogen, Dienste organisierten und Streubesitz schlechthin erfaßten.

Probleme der Betriebsorganisation

Einblick in die innere Betriebsorganisation gewährt vor allem Karls d. Gr. berühmtes Capitulare de villis mit Weisungen an die jeweiligen Amtsträger (*iudices*). Außer einem beachtlichen Maß an Schriftlichkeit werden sehr ausgeprägte Verwaltungskenntnisse und -erfahrungen vorausgesetzt, denn ergänzend zu den Weisungen treten Maximen für die Führung einzelner Betriebszweige, wie Forstwirtschaft, Ackerbau, Viehzucht, Wein- und Gartenbau, Handwerk, Haushaltung und Hauswirtschaft. Nicht nur für das Frühmittelalter, sondern für mehrere spätere Jahrhunderte bedeuten die im Capitulare de villis enthaltenen Anordnungen für die Buchführung und die Konten der Betriebsabrechnung eine ausgesprochene Rarität: Solche Konten der Betriebsabrechnung treten in zehnfacher Form auf, sie verfügen über detaillierte Unterkonten und bilden somit die Grundlage für eine Art Zwischenbilanz für die einzelnen Betriebszweige, eine Bilanz, die zu Weihnachten und für den regelmäßigen Jahresabschluß zu Palmsonntag notwendig war [376: A. Tautscher].

Wieviel von Karls Weisungen verwirklicht wurde, ja überhaupt realisierbar war, kann man heute kaum abschätzen; immerhin lassen aber die Brevium exempla ad describendas res ecclesiasticas et fiscales von etwa 810 oder auch die Statuta des Abtes Adalhard von Corbie von 812 erkennen, daß sie dort als verpflichtend und hier als vorbildliche Orientierung empfunden wurden. Überdies fügen sich Karls d. Gr. Bemühungen um die wirtschaftsorganisatorische Erfassung und Kontrolle des Reichsguts ein in den weiteren Rahmen seiner Versuche, das Münz- und Währungssystem zu reformieren, ein einheitliches Maß- und

Gewichtssystem für das ganze Reich durchzusetzen sowie Märkte und Handel zu fördern. Dabei dürfte der fiskalische Gesichtspunkt dominiert haben, aber das 2. Diedenhofener Kapitular von 805 mit den Waffenembargobestimmungen für den Osthandel weist auch auf übergeordnete politische Zielsetzungen des Frankenherrschers hin.

Umfang und Relevanz wirtschaftlicher wie wirtschaftspolitischer Pläne sind insgesamt nur schwer abzuschätzen. Mit Hinweisen auf technische Begrenztheiten oder strukturelle Unzulänglichkeiten lassen sie sich aber kaum relativieren. Denn die Bedeutung von Warenverkehr, Handel und ebenfalls gut bezeugter Geldwirtschaft warnen davor. Hinzu kommt die Tatsache, daß Karl d. Gr. selbst vor gigantisch anmutenden Plänen nicht zurückschreckte. Damit wird auf die Fossa Carolina, seinen berühmten Kanalbau angespielt, der mit einer durchschnittlichen Sohlenbreite von 25–29 m von der Donau und Altmühl her eine Wasserverbindung zur Rednitz, und damit über den Main zum Stromsystem des Rheins bringen sollte. Das Projekt blieb zwar unvollendet, die erbrachten Leistungen nötigen jedoch noch heute zu größtem Respekt [354: H. H. Hofmann].

7. Sozialverfassung

Soziale und rechtliche Bindungsformen

Noch weniger als in moderner Zeit konnte der frühmittelalterliche Mensch isoliert, auf sich allein gestellt leben, war er als Einzelgänger lebensfähig. Nur in der ganz allgemein als Urwald vorzustellenden Unwirtlichkeit war einzelnen ein bedingtes Überleben möglich. Sonst lebte jeder in festen Bindungen sozialer und herrschaftlicher Art. Sie begrenzten individuelle Entwicklungschancen und Freizügigkeit, boten aber auch Auskommen, Schutz und Schirm. Außerhalb solcher Bindungen und zumal in der Fremde war grundsätzlich jeder rechtlos und durch keinerlei Ordnung geschützt. Die festesten Bindungen der archaischen Welt waren die der Verwandtschaft, besonders zwischen Vater und Sohn, Bruder und Bruder. Diese Bindungen waren keineswegs allein emotional bestimmt, sondern „objektiv“ und rechtlich verpflichtender Art: Treue und Liebe, Rat und Hilfe schuldeten sich die Verwandten gegenseitig. Der über die Kernfamilie hinausreichende Verwandtschaftskreis läßt sich auch als Sippe begreifen, die einen urtümlichen und engen Friedenskreis bildete. Zwar haben moderne Untersuchungen zum Teil heftige Kritik an der „germanischen Sippe als Rechtsgebilde“ [407: F. Genzmer] und überhaupt an der „Sippe im germanischen Recht“ [419: K. Kroeschell] geübt und davon gesprochen, daß „die Sippe als Rechtsbegriff, insbesondere als rechtlich gestalteter Verband, . . . eine Erfindung der Professoren des 19. Jahrhunderts“ sei. Statt „Sippe“ solle man nur von Verwandtschaft reden oder Sippe in wesentlich abgeschwächter Form begreifen als Bezeichnung für einen „unscharf begrenzten und wechselnden Verwandtenkreis“ [407: F. Genzmer]. Im Gegensatz zu dieser teilweise nicht überzeugenden und von K. Kroeschell beispielsweise allein auf angelsächsisches Material gestützten Kritik

Sippe

läßt sich die Sippe aus fränkischen Quellen sehr wohl als Rechtsverband belegen, abgesehen davon, daß das Wort Sippe in der Bedeutung Friede, Verwandtschaft zeitgenössisch ist [297: R. SCHNEIDER 119ff.].

Schwurfreundschaft

Wo keine natürlichen Bindungen vorlagen, konnten solche künstlich begründet werden. Blutsbrüderschaft und Adoption, Waffensohnschaft und andere Formen dieser Art dienten als z. T. hervorragender Ersatz. Eine besonders feste Bindung bot die Schwurfreundschaft fränkischen Rechts (*amicitia*). Durch beeidete Treuversprechen geschlossen, suchte sie sippschaftliche Bindungen auf einen weiteren Kreis, auf nicht miteinander Verwandte zu übertragen und wurde so zur konstruierten oder „gemachten" Freundschaft gegenüber der „geborenen Freundschaft", der Blutsverwandtschaft [266: W. H. FRITZE]. Gekennzeichnet wurde die Leistung solcher „gemachter Freunde" durch die Formel „Rat und Hilfe", die „den Einsatz der ganzen Person des Freundes mit allen ihren geistigen, seelischen und leiblichen Kräften für den Freund, vor allem auch die Hilfe in der Fehde" bedeutete. Durch das wechselseitige Treuversprechen wurde zwischen den Freunden eine Rechtsbeziehung begründet, die den Rechtsstreit ausschloß und schiedlich-friedliche Einigung bedingte. Sie ist in der Formel von Treue und Liebe (*fides* und *caritas*) zu greifen, die den Inhalt der Schwurfreundschaft ausmachte. Mit der Schwurfreundschaft verfügten die Franken über eine besonders wirksame Beziehungsform des inneren sozialen und politischen Lebens, die auch in den innerfränkischen Machtauseinandersetzungen zu hoher Bedeutung gelangte. Bereits in früher fränkischer Zeit ist diese Schwurfreundschaft eine Rechtsform für zwischenstaatliche Beziehungen geworden, später hat sie die Grundlage für vertragliche Beziehungen zwischen Papst und Frankenkönig geboten.

Soziale Stellung merowingischer Königinnen

Die fränkische Sozialverfassung ist von der Dominanz des Mannes geprägt, während die Rolle der Frau – wohl nicht nur aus Gründen sehr schlechter Überlieferung – stark zurücktritt. Gleichwohl sind pauschale Wertungen unangebracht, weil Ansehen und faktische Geltung im Alltag nur selten im Horizont unserer Quellen liegen. Von merowingischen Königinnen ist gut bezeugt, daß sie teilweise sogar sehr hohes Ansehen genossen. Ihre politische Stellung war gelegentlich überragend, beispielsweise wenn sie als Witwen für einen minderjährigen Sohn faktisch oder förmlich anerkannt die Regentschaft ausübten: So Fredegunde und Brunhilde, die beiden großen Rivalinnen, die einer Epoche ihren Stempel aufprägten; Brunhildes politische Fürsorge galt sogar noch den Urenkeln; ferner Nanthilde als Regentin für Chlodwig II., Balthilde für ihre drei Söhne und schließlich die Vormundschaft der Königin Chrodechilde für Chlodwig III. Die Bedeutung merowingischer Königinnen tritt noch schärfer heraus, wenn berücksichtigt wird, daß einige von ihnen keineswegs „standesgemäß" geboren waren: Charibert I. war nacheinander verheiratet mit den Töchtern eines Wollarbeiters und eines Schäfers, Chilperichs I. Frau Fredegunde war eine ehemalige ancilla, und Chlothars III. Mutter Balthilde, die ca. 680 in dem von ihr gegründeten Kloster Chelles heiligmäßig verstarb, war einst Sklavin im

Hause des Hausmeiers Erchinoald gewesen, ehe sie von König Chlodwig II. geheiratet wurde. Erwähnt werden sollte auch, daß in merowingischer Zeit selbst Königskinder aus unehelichen Verhältnissen und von der Kirche nicht sanktionierten Verbindungen voll erbberechtigt waren, der Status ihrer Mutter grundsätzlich keine rechtliche Minderung für sie mit sich brachte, wenngleich diese Fragen auch auf heftige zeitgenössische Kritik stießen.

Soziale Stellung der fränkischen Frau

Gewiß wäre es problematisch, von Status und Ansehen merowingischer Königinnen auf die allgemeine rechtliche Situation der Frau im Frankenreich schließen zu wollen. Für die (freie) Fränkin ist grundsätzlich eine leitende Funktion im Hause, am Hofe ihres Mannes erschließbar, für die Königin ist sie am Königshof vielfach belegt; in der Pfalzordnung Hinkmars von Reims ist sie sogar als institutionell verfestigt bezeugt, denn das wichtige Hofamt des Kämmerers steht unter der Oberaufsicht der Königin. Vergleichbares gilt aber in allen sozialen Schichten nur für die verheiratete Frau, auch für Witwen mit unmündigen Kindern – nicht jedoch für ledige oder kinderlos verwitwete Frauen [vgl. 420: L. KUCHENBUCH 87 für den Bereich der Prümer Klosterherrschaft]. Eine Ausnahme könnten lediglich Einheiraten bedeutet haben, die vor allem bei fränkischen Herrschaftsnachfolgeregelungen häufiger bezeugt sind, aber auch im bäuerlichen Bereich nicht fehlen.

Mündigkeit

Vor einem Eingehen auf spezielle Fragen der fränkischen Sozialverfassung sollte noch die Mündigkeit angesprochen werden. Die gerade für die Merowingerzeit häufiger bezeugten „Kinderkönige“ zwingen zur grundsätzlichen Unterscheidung von Regierungsfähigkeit und Mündigkeit [104: E. EWIG 22]. Die *legitima aetas* war nach ribuarischem Recht allgemein mit 15 Jahren erreicht, nach der älteren Lex Salica dagegen schon mit 12 Jahren. Mit 15 Jahren dürfte bereits die allgemeine Waffenfähigkeit erlangt worden sein, merowingische Prinzen heirateten dann auch.

Gesellschaftliche Gliederung

In seiner Antwort auf die spezifizierte Anfrage eines Königsboten, zu wem die Kinder eines *servus* und einer *colona* verschiedener Herren gehören sollten, betonte einst Kaiser Karl d. Gr., daß es nur Freie und Unfreie gäbe: *non est amplius nisi liber et servus!* Diese Aussage ist häufig interpretiert worden. Entsprach sie der sozialen Realität, so wäre von einer durchgängigen Zweigliederung der Gesellschaft des Frankenreiches auszugehen: freie Oberschichten und unfreie Unterschichten. Neuere Forschung hat indes herausgearbeitet, daß Karls Diktum ein politisches Programm verfolgte. An einer mindestens dreigliedrigen fränkischen Gesellschaft ist nicht zu zweifeln, in dem Schema *liber-servus* müssen freie Mittelschichten oder im Sinne einer ständischen Gliederung „Große“ (Adel), Freie und Unfreie berücksichtigt werden. Die häufigen Freilassungen geben ebenfalls Anlaß, die Sozialverhältnisse im Frankenreich sehr differenziert zu sehen, wenngleich der Abschluß ständischer Gruppen das Bewußtsein bestimmt haben dürfte.

Bezeichnenderweise können die strittigen Hauptkomplexe Adel und Freie nicht zeitlich parallel diskutiert werden. Liegen nämlich für die Freien erst mit den Kapitularien des 8. und 9. Jahrhunderts hinreichend Quellen vor, so ist für die „Adelsfrage" die Material- und Forschungslage im 6. Jahrhundert am ergiebigsten. Kernprobleme für unser Verständnis liegen ferner in der Quellenarmut einerseits und einer undurchsichtigen Terminologie andererseits. Hinzu kommt die wachsende Schwierigkeit, die Kriterien frühmittelalterlicher Freiheit zu erfassen und den zeitgenössischen Freiheitsbegriff zu bestimmen.

Geläufige Paarformeln wie *ius et libertas, iura et libertates,* Freiheit und Recht, bezeugen, daß im Frühmittelalter Freiheitsbegriff und Rechtsbegriff „aufs engste zusammengehören". Da Freiheit und Recht des Schutzes bedürfen, ergibt sich ein weiterer Zusammenhang mit dem Herrschaftsbegriff, jener Herrschaft, die Freiheit erlaubt, die Freiheit durch Schutz gewährt. So kann höchster Schutz (Königsschutz und Königsnähe) eine ebenso hohe Freiheit gewährleisten. Es existierte aber kein fester Katalog von Rechten (vergleichbar modernen Grundrechten), die die Freiheit ausmachten, „sondern (sie) ist wie ‚Recht' selber ausfüllungsbedürftig. Das, was jeweils unter Freiheit zu verstehen war, ergab sich wie das Recht selbst aus Herkommen, consuetudo (Gewohnheitsrecht) und Rechtsverleihung, Privileg, Gnade. Eine Einheitlichkeit der Freiheiten verschiedener Berechtigter wurde in gewissem Rahmen dadurch hergestellt, daß man sich bei der Rechtsverleihung auf andere bezog, etwa die Freiheit der königlichen Städte des Reiches verlieh" [48: G. Dilcher, HRG s. v.].

Freiheit und Unfreiheit

Dem Mittelalter ist wie dem Altertum die Vorstellung von einem Freiheitsplural gemeinsam: Viele *libertates*, verschiedene Freiheiten stehen Notwendigkeiten, Zwängen, *necessitates* gegenüber. Jeder einzelne Mensch ist wie die Gesellschaft in diese Gegensätze gestellt, ist abhängig von Freiheiten und Zwängen: Er ist mithin vorzugsweise selbstbestimmt oder fremdbestimmt. Freiheit wurde ursprünglich nicht im Gegensatz zum Staat oder zu einer Naturnotwendigkeit gedacht, sondern im Gegensatz zur Sklaverei [389: W. Berges]. Mit Freiheit und Sklaverei sind die bestimmenden Komponenten der frühmittelalterlichen Agrargesellschaft genannt, die in ihren Ausdrucksformen historischen Bedingungen unterlagen. Frei im politisch-sozialen Sinn war der Mann eigenen Rechts, der sich selbst lenkte: *Liber est qui sui iuris est*, lautete die knappe, häufig verwendete Formel. Die Selbstbestimmung war aber abhängig von drei Grundforderungen: Unversehrbarkeit des Körpers, Freizügigkeit und selbständige Verfügung über Besitz und Eigentum. Der Anspruch auf körperliche Unversehrbarkeit setzte bereits hausherrlicher Gewalt rechtliche Schranken; Freizügigkeit, die im Gegensatz zur Schollengebundenheit stand, vermochte Arbeitsabhängigkeiten zu mildern, wenn wenigstens der Herr und Brotgeber bedingt selbst ausgesucht werden konnte; selbständige Verfügung über Besitz und Eigentum war als elementare Voraussetzung besonders dann deutlich, wenn sich jemand selbst in die Schuldknechtschaft verkaufen mußte, weil er nichts mehr besaß als seine Arbeitskraft. Schuldknechtschaft in ihren vielfältigen Formen und insbesondere Kriegsgefangenschaft sowie brutale Unterwerfung sind die wichtigsten Ursachen frühmittelalterlicher Unfreiheit gewesen.

Problematik des Adelsbegriffs

Begreift man Adel „im Sinne eines rechtlich abgesonderten Geburtsstandes" [433: H. K. SCHULZE], dann ist Adel bei den Franken nicht nachweisbar. Erkennbar ist jedoch ein Prozeß sozialer Differenzierung, dessen Anfänge schwer bestimmbar sind, der mindestens in der späten Karolingerzeit intensiviert wurde und zur Herausbildung eines Adels im Rechtssinne führte. Der in modernen Untersuchungen teilweise leidenschaftlich geforderte Verzicht, von fränkischem Adel zu sprechen, wird in der Fachliteratur aber längst nicht durchgängig geleistet. Freilich reduziert sich das Problem begrifflicher Abweichungen, wenn man fränkischen „Adel" nicht im Rechtssinn versteht.

Der von der modernen Forschung erarbeitete Befund ist von eminenter Bedeutung und trifft insbesondere die deutsche Mittelalterforschung der letzten Generationen, weil sie das staatliche, gesellschaftliche und wirtschaftliche Leben auch der frühesten Zeiten von der Adelsherrschaft her begriffen. Sieht man aber von Freilassungen ab, so entschied allein die Geburt darüber, ob man freien oder unfreien Standes war. Insofern kann von einem „Einheitsstand der Freien" bzw. einem einheitlichen Stand der Freien gesprochen werden; und weil rechtsständische Gliederung ein bewußtseinsprägendes Kennzeichen frühmittelalterlicher Gesellschaft war, kann die ständische Gemeinsamkeit aller Freien in ihrer Bedeutung kaum überschätzt werden. Differenzierungen sind mit dieser Betrachtungsweise freilich bei weitem nicht ausgeschlossen, sie sind im Gegenteil für ein vertieftes Verständnis frühmittelalterlicher Sozialstrukturen wie auch der dominanten Phänomene des politischen, sozialen und wirtschaftlichen Lebens unabdingbar.

Soziologisches Schichtenmodell

Zur Erfassung der realen Sozialstruktur kann die Forschung ein soziologisches Schichtenmodell anwenden, das freie Oberschichten und freie Mittelschichten sowie unfreie Unterschichten ansetzt, die Pluralität der Schichten ernstnimmt und Gruppenbildung innerhalb einer Schicht berücksichtigt. Im Plural von Oberschichten zu sprechen, ist schon deshalb geboten, weil das Frankenreich ein Vielvölkerstaat war. In den ersten Jahrhunderten dominierten fränkische „Große" und der (romanische) senatorische Adel, der unzweifelhaft ständisch abgeschlossen war, aber schon durch ausbleibende Standeserhöhungen, die spätantike Kaiser regelmäßig vorgenommen hatten, allmählich in der Zahl und Bedeutung schrumpfte. Hier ist nur auf die fränkische als die wichtigste Oberschicht einzugehen, die seit dem 6. Jahrhundert belegt ist. Die Quellen sprechen von *maiores* und *meliores* (natu), von *priores, proceres, seniores, optimates, primi, primores, viri optimi, potentes* und auch von *principes*. Die so Bezeichneten stellten auch die politische Führungsschicht. Diese häufig mit den *Franci* schlechthin identifizierten „Großen" beeinflußten die fränkische Reichspolitik als Königswähler, als Helfer und Beauftragte des Königs, als seine Amtsträger und Opponenten – und immer zugleich als Herren eigenen Rechts. Abschließungstendenzen innerhalb großer Familienverbände sind erkennbar, sie reichen jedoch nicht zur Ausgrenzung eines Geburtsstandes. Ein spezifisches „Heil" oder Adelscharisma ist für sie nicht bezeugt, gewisses persönliches Führungscha-

Freie Oberschichten

risma gewiß dem einen oder andern nicht abzusprechen; aber ein Kriterium für ständische Abgrenzung ist das von manchen Historikern postulierte „Heil" ohnehin nie gewesen. Die Oberschicht ist in verschiedene Gruppen gegliedert. Die zum Teil starken Unterschiede sind sozialer, wirtschaftlicher und politischer Natur. Aus den großen Familien der „wirtschaftlich und sozial hervorgehobenen politischen Führungsschicht" ragt das Königsgeschlecht besonders heraus. Auch dessen Mitglieder sind im Frankenreich nicht als Träger eines besonderen „Geblüts- oder Königsheils" nachweisbar. Aber ihre Verwandtschaft zu bedeutenden Königen, zumal zu überragenden fränkischen Herrschergestalten der Frühzeit, hebt die Nachkommen Chlodwigs über alle Familien hinaus und trägt den Monopolanspruch der ersten Dynastie auf die Königsherrschaft im Frankenreich.

Die fränkische Oberschicht ist auch unterschiedlich breit im Reichsgefüge verankert. Es dominiert zunächst die enge landschaftliche Gebundenheit, wenngleich bereits nachweislich seit dem 6. Jahrhundert führende Familien in verschiedenen und weiten Teilen des Reiches begütert sind. In dem Maße, wie die jeweiligen Führungsschichten der einzelnen Stämme von Franken durchsetzt oder frankisiert werden, konkurrieren stämmisch gebundene Oberschichtengruppen mit solchen, die über verschiedene Stämme und Regionen hinweg Besitz und Geltung haben („Stammesadel" und „Reichsadel" oder „Reichsaristokratie" im Sinne Tellenbachs). So sind sie auch für den Königsdienst unterschiedlich qualifiziert, nicht einheitlich am Königtum interessiert. Daß freilich Erfolg im Königsdienst und besondere Königsnähe ihrerseits die politische Geltung und das Sozialprestige steigern, ist selbstverständlich.

Freie Mittelschichten

Die von der älteren Forschung als Freie (*ingenui*) angesprochene Mehrzahl des rechtlich einheitlichen Freienstandes ist in sozialer und ökonomischer Hinsicht als Mittelschicht einzustufen. Die fränkischen Freien sind am besten in den Kapitularien der Karolingerzeit erkennbar. Das von diesen Quellen bestimmte Bild bei E. Müller-Mertens [422] dürfte in hohem Maße zu verallgemeinern sein. Eine „sozial homogene Schicht der Freien" hat es nie gegeben, Angehörige ganz verschiedener sozialer Gruppen wurden als *liberi homines* angesprochen. Nach dem politischen Programm der frühen karolingischen Herrscher sollten sie freilich vor dem König alle gleich sein. In Wirklichkeit rechtfertigt sich unser Schichtenmodell schon aus den Größen der Bauernstellen. Unten steht der *liber homo* mit einem *mansus*. Der Mansus wurde als Normgröße verstanden im engeren Sinne von Gehöft, Hofstätte und Wohnhaus, oder im weiteren Sinne für die Gesamtheit des agrarischen Anwesens, sozusagen als Betriebseinheit von Hof und Land oder schließlich seit der späteren Karolingerzeit als ein reines Landmaß in einer Größenordnung von 30 bis ca. 54 Morgen. Nächst diesem käme der *liber* mit mehr Mansen, der von dem Besitz von 4 Hufen an persönlich und allein wehrpflichtig war. Aus dem Gestellungsrecht wird deutlich, daß eine nächste Stufe etwa mit 8 Mansen erreicht wurde, war doch der 8-Mansen-Besitzer zum Heeresdienst als Panzerreiter pflichtig, ggf. lebte er bereits grundherrlich. Von einer Größenordnung von 30 bis 50 Hufen Besitz – so scheint es das Capitulare episcoporum (792–793) nahezulegen – sind *liberi* mit Grundherrschaften vorstellbar, solche mit großen Grundherrschaften über 50 mansi und schließlich wäre eine Obergrenze zu erkennen bei jenen liberi, die über sehr große Grundherrschaften mit weit über 1000 Mansen verfügten.

Den liberi homines der karolingischen Kapitularien sind außer den bäuerlichen Landeigentümern (Inhabern von Allod oder Allodisten) freie Männer in feudaler Bindung und Abhängigkeit zuzurechnen, die als Benefiziare, Vasallen oder freie Dienstmannen lebten, ferner die sogenannten „Behausten" als freie Zugehörige zu großen Grundherrschaften. Hinzu kommen noch herrenmäßig-grundherrlich lebende Aprisionäre, wie die von fränkischen Königen in den offenen südwestlichen Grenzgebieten Septimaniens und der spanischen Mark angesiedelten Flüchtlinge aus dem sarazenischen Spanien genannt wurden, weiterhin bäuerliche Militärkolonisten und schließlich auch landlose Freie.

Diese freien Mittelschichten waren spätestens seit der Wende vom 8. zum 9. Jahrhundert schwerwiegenden Bedrückungen (*oppressiones*) seitens der Oberschicht, insbesondere der großen geistlichen und weltlichen Grundherren, ausgesetzt. Druckmittel waren vor allem die Militärlasten. In einem breiten und zunehmend gefährlicher werdenden Pauperisierungsprozeß entstand eine wesentliche Voraussetzung für die zunehmende Feudalisierung im späten Karolingerreich: Immer weniger übermächtige Grundherren steigerten ihre wirtschaftlich-politische Macht auf Kosten der ehedem breiten, nun sozial gedrückten und allmählicher Nivellierung ausgesetzten Masse freier Männer.

Unfreie Unterschichten

Unterhalb der Mittelschichten sind nicht minder differenziert die Unterschichten anzusetzen. Abgesehen von einer Grauzone wird die wichtigste Trennungslinie zwischen persönlicher Freiheit und dem Leben in Unfreiheit verlaufen sein. Sozial und wirtschaftlich am günstigsten gestellt war der Unfreie, der eine eigene landwirtschaftliche Betriebsstätte selbständig bewirtschaftete, dabei über Haus und Hof verfügte und somit „behaust" war. Solche *servi casati* gab es im Gefüge der Grundherrschaft in großer Zahl. *Servi non casati* konnten individuelle und gute Bedingungen am Hof des Herrn finden, wenn sie über Spezialfertigkeiten verfügten. Insgesamt dürfte der „Gesindestatus" jedoch sehr drükkend gewesen sein. Am ärgsten war das Los jener Unfreien, die förmlich als Mansenzubehör bezeichnet werden; sie sind die Manzipien der Pertinenzformeln fränkischer Urkunden. Vermutlich wird für diese unfreie Unterschichtengruppe, die meistens am Hofe eines anderen Unfreien als minderes Gesinde arbeitete, der Begriff „Sklave" verwendbar bleiben, auch wenn ihn die frühmittelalterliche Sozialgeschichtsforschung im allgemeinen meidet. Von Sklaven muß aber unbedingt geredet werden bei schollenungebundenen und nichthofhörigen Manzipien, die für Geld oder Naturalien kauf- und verkaufbar waren. Ihre zahlenmäßige Relevanz ist bei naturgemäß knappster Quellenlage nur schwer abschätzbar, wirtschaftsgeschichtliche Bedeutung dürften sie jedoch neben dem besser belegten Groß- und Transithandel mit Sklaven immer noch besessen haben.

Das vielschichtige Sozialgefüge des Frankenreiches läßt recht häufig Formen sozialer Mobilität erkennen: Aufstieg und Abstieg innerhalb des Standes und der sozialen Gruppe, aber auch über den Geburtsstand hinaus. Selbstverständlich spielen dabei nicht nur wirtschaftliche Vorgänge, sondern auch persönliche Voraussetzungen sowie Glück und Mißgeschick eine Rolle. Es gab verschiedene Formen der (rechtlichen) Freilassung, oft ist jedoch unklar, ob den Freigelassenen der volle Sprung in die rechtliche Standesfreiheit gelang. Unter Freilassung ist „die Aufhebung von Herrschaftsrechten von Menschen über Menschen minderen Rechts" zu verstehen [48: R. SCHEYHING, HRG s. v.]. Bei unterschiedlichen Formen und verschieden weit reichenden Freilassungen wurden zumeist nicht alle Herrschaftsrechte gelockert:

Freilassungsformen

I. Freilassungen niederen Rechts bzw. Freilassung von Unfreien zu Halbfreien (Liten)

a) Die kirchliche Freilassung

1. *in ecclesia (per tabulam)* nach römischem Recht. Der so Freigelassene galt als sogenannter *tabularius*. Er wurde frei nach römischem Recht, lebte fortan als *civis Romanus*, damit war er im Frankenreich aber nur minderfrei. Aus entsprechenden Zeugnissen ergibt sich, daß diese Freilassung keine Freizügigkeit mit sich brachte.

2. die kirchliche Freilassung zur Wachszinsigkeit / zur Pflicht, einen Wachszins zu entrichten. Der so Freigelassene hieß *cerarius/cerocensualis*. Vergleichbar dieser Freilassungsform ist die vor allem in der Karolingerzeit so häufig bezeugte *traditio*, die ihrerseits freilich den Freiheitsstand minderte, im Ergebnis aber der Freilassungsform zur Wachszinsigkeit weitgehend entsprach.

b) Weltliche Freilassung – *manumissio per chartam* / die Freilassung mit Urkundenüberreichung. Der so Freigelassene galt als *cartularius*.

1. Bezeugt ist ein Verbleiben unter dem Schutz des Herrn, d. h. ohne Freizügigkeit.

2. Bezeugt ist auch die freie Wahl des Schutzherrn, die Freilassung also mit Freizügigkeit. Charakteristisch hierfür ist die Formel: *cive Romana, portas apertas, eat pergat partem quam voluerit ambulare*...

II. Freilassung zu höherem Recht: Durch Schatzwurf vollzogen (*manumissio per denarium*), gewährte sie Freigelassenen zu niederem Recht die volle Freiheit. Die dafür ausgestellte Urkunde hieß *carta denarialis*.

III. Verschiedene Mischformen, von denen die Freilassung von Priesterkandidaten, bei denen ein Schutzverhältnis entfiel, am häufigsten gewesen sein dürfte, ergänzten das breite Spektrum [vgl. 431: J. SCHMITT 162 ff.].

Alle genannten Freilassungsformen waren von großer sozialer Bedeutung, wenngleich ihre zahlenmäßige Relevanz nicht abschätzbar ist. Es gilt im übrigen als sicher, daß diese Freilassungen meist mit Geld erkauft wurden.

Ansätze königlicher Sozialpolitik

Die frühesten erkennbaren Ansätze zu einer königlichen Sozialpolitik gingen vom König als einem Grundherrn aus. Im Capitulare de villis (792/793–800), das von A. Tautscher [376] als „Dienstanweisung für die königliche Güterverwaltung“ gewertet wurde, heißt es (c. 2): „Unsere *familia* soll wohlversorgt und von niemand in Schuldknechtschaft gebracht werden.“ Diese Bestimmung fügt sich in einen großen Rahmen ähnlicher Verfügungen und hat als herausragendes Beispiel karolingischer Sozialfürsorge seit jeher große Beachtung gefunden. Besonders interessant ist aber noch ein weiterer Abschnitt des gleichen Kapitulars (c. 67): „Über unbesetzte Hufen und erworbene Manzipien (*De mansis absis et mancipiis adquisitis*), die überzählig sind, weil man keine Möglichkeit hat, sie anzusiedeln, soll man uns Meldung machen“.

Hintergrund für die zitierte Bestimmung sind andere Verfügungen Karls d. Gr., daß man tüchtigen Leuten, die an Ort und Stelle nicht gebraucht würden, Rodungsflächen auf königlichem Land anweisen solle, damit der königliche Besitz durch diese neuen Siedler verbessert werden könne. Hier werden also Arbeitskräfte „bewirtschaftet“, und die Suche nach Arbeitsreserven läßt ihrerseits erkennen, wie abhängig große grundherrschaftliche Betriebe von Arbeitskräften waren. Diese Abhängigkeit wird gleichfalls sichtbar in einer großen Fluktuation der Landbevölkerung. Als Ursachen gelten meist Unterdrückung, Schulden, Delikte, Hunger und Not. Mindestens müßte zusätzlich erwogen werden, ob die im allgemeinen von uns unterstellte „Seßhaftigkeit“ wirklich bereits in fränkisch-karolingischer Zeit bestimmende Regel war oder ob sie nicht eine jüngere Erscheinungsform ist. Hinweise auf das Ausmaß räumlicher (horizontaler) Mobilität finden sich nämlich in großer Zahl in karolingischen Kapitularien, also in offiziellen Texten. Danach zogen *fugitivi*, Bettler, *latrones* usw. in großer Zahl durch das Reich, was als allgemeine Belastung empfunden wurde. Es ist aber auch erkennbar, daß diese Leute häufig auf freie landwirtschaftliche Betriebsstellen in Grundherrschaften gesetzt wurden, als sei die Hoffnung auf solche Versorgung tragendes Motiv ihrer Wanderung gewesen. Auch viele Kleriker und Mönche gehörten zur breiten Fluktuationsschicht. In der sogenannten Admonitio generalis von 789 wurde in Anknüpfung an alte Synodalbeschlüsse bereits verordnet, daß *fugitivi clerici et peregrini* (Mönche) nur mit Empfehlungsschreiben aufgenommen werden dürften. Solche Empfehlungsschreiben in Form von Muntbriefen sind häufiger bezeugt, ein berühmtes Beispiel ist der Muntbrief Karl Martells für Bonifatius. Warum die Flucht von Klerikern und Mönchen ein so breites Ausmaß annahm, ist schwer auszumachen, nicht auszuschließen ist die Suche nach Aufstiegschancen mindestens im niederen Klerus. Möglicherweise aber handelte es sich auch einfach um lockere Sitten.

Phänomene allgemeiner Fluktuation

Die staatlichen Gegenmaßnahmen gegen die allgemeine Fluktuation reichen von Strafandrohung bis zu fürsorglicher Integration. Das Capitulare missorum von Aachen 810 stellt die in verschiedenen Teilen des Reiches verbreitete Gewährung von Unterschlupf unter schwere Strafe. Im Capitulare missorum von Nymwegen von 806 heißt es: „Was die Bettler (*mendices*) angeht, die durch die Lande ziehen, wollen wir, daß ein jeder unserer Getreuen“ seinen „*pauper* von einem Lehen oder durch seinen eigenen Hofhalt ernährt, und weiteres

Staatliche Gegenmaßnahmen

Umherziehen und Betteln nicht erlaubt. Und wo Bettler gefunden werden, soll keiner wagen, ihnen etwas zukommen zu lassen, wenn sie nicht mit ihren Händen arbeiten". Das Kapitular für Königsboten 805–813 verfügt „*De latronibus*: Wenn einer nach dem Fest Johannes' des Täufers einem Räuber Unterkunft gewährt hat, so soll er, wenn er ein Franke ist, mit 12 Eidhelfern schwören, er habe nicht gewußt, daß dieser ein *latro* ist . . .". Wenn die lateinische Vorlage davon spricht, daß einem Räuber jemand *mansionem* bietet, so ist die Ausstattung mit einer unbesetzten Hufe oder einer sonstigen agrarischen Betriebsstätte anzunehmen. Im gleichen Kapitular heißt es noch detaillierter: „Wer wissend einen *latro* aufnahm, soll wie ein solcher behandelt werden: *quia qui latro est, infidelis est noster et Francorum, et qui eum suscepit similis est illi*!" Hier werden geradezu politische Hintergründe für die Unterschlupfsuche der *latrones* unterstellt.

In anderen Kapitularien tauchen *liberi homines et ecclesiastici aut fiscalini* unter Räubern auf. Das fahrende Volk scheint also ein wirklich allgemeines Phänomen im Frankenreich gewesen zu sein. Wirtschaftliche Gründe allein vermögen es kaum zu erklären. Man hat vielmehr auch mit religiöser Unruhe zu rechnen (Eiferer, Häretiker, Himmelsbriefe – die Annahme, das Heidentum sei noch nicht tot gewesen, erscheint allerdings als ebenso irrelevant wie die Formulierung von J. Dhondt [168] überzogen, wonach eine „Anarchie in der religiösen Verehrung" geherrscht habe). Soziale Unruhe (als Folge der Oppressionen und Verarmung) und solche mit politischem Charakter (gegen Grundherren, potentes, Klerus und ggf. den „Staat") spielen sicher eine gewichtige Rolle. Herausragendes Zeugnis dafür ist das zweite Diedenhofener Kapitular für Königsboten (c. 10): „*De conspirationibus vero*, wer eine solche zu machen wagte oder durch Eid welche *conspiratio* auch immer bekräftigt hat, soll dreifach bestraft werden: 1. sollen, wo auch immer irgend ein *malum* dadurch verübt wurde, die Urheber der Tat hingerichtet werden; ihre Helfer sollen sich gegenseitig ausprügeln und sich gegenseitig die Nasen abschneiden. 2. Wo (noch) keine böse Tat verübt worden ist, sollen sie sich in ähnlicher Weise gegenseitig ausprügeln und sich gegenseitig die Haare herunterscheren. Wenn aber (3.) irgendeine *conspiratio* (Schwurbund) per dextras (mit der rechten Hand) eidlich bekräftigt worden ist, sollen sie, wenn es sich um Freie handelt, mit geeigneten Eidhelfern schwören, sie hätten damit nichts Böses beabsichtigt, können sie das nicht tun, sollen sie die im Volksrecht vorgesehene Buße zahlen; wenn es *servi* sind, sollen sie ausgeprügelt werden. Im übrigen darf es in unserem Reich keine derartige *conspiratio* mehr geben, *nec per sacramentum nec sine sacramento*."

Formen kollektiver Selbsthilfe

Demnach werden *conspirationes* ohne Übeltaten und ohne „üble" Absichten von anderen geschieden, erscheinen denkbar und vorstellbar. Bei ihnen handelte es sich um Schwurbünde förmlicher (Eid) und nichtförmlicher Art. Als solche sind Selbsthilfevereinigungen anzusprechen. Hier wird übrigens ein altes Element der (germanischen) Schwurgemeinschaft sichtbar, welches häufig als *conspiratio/gildonia/gilda/gelda* usw. bezeichnet wird und der Tendenz nach eine

Kampf-, Interessen- und Hilfsgemeinschaft sein konnte. Solche Selbsthilfevereinigungen wurden analog zur Schwurfreundschaft geschlossen, die ihrerseits durch Eid/Schwur gegründet wurde und eine (künstliche) Verwandtschaftsbildung zwischen Nichtverwandten zu schaffen vermochte und dabei die Glieder gegenseitig zu Schutz und Hilfe und einer bestimmten Haltung zueinander verpflichtete, die zumeist mit der Paarformel *pax et caritas* bezeichnet wurde (vgl. o. S. 72). Insofern handelt es sich um eine künstliche, durch Eid hergestellte Verwandtschaft oder eine Art „Ersatz-Sippe". Solche Selbsthilfevereinigungen oder Gilden mit allgemeinerem Charakter sind abzuheben von Gilden mit spezieller Bedeutung als Kaufmannsgilde oder Fahrtgenossenschaft. Diese waren Schutzverbände zur Wahrung gemeinsamer Interessen (die Sicherheit auf den Handelswegen und auf den Märkten, allgemein in der Fremde), waren Speisegemeinschaft und stellten sich dar im „Trinkgelage", dienten nicht zuletzt dem Totenkult und verfügten über eigene Statuten und eigene Gerichtsbarkeit. Diese und andere ihrer vielfältigen, z. T. bereits christlich-brüderlich verstandenen „Funktionen" seien hier ausgeklammert; recht zentral ist das Selbstverständnis als Speisegemeinschaft: mlat. *companio* und altfrz. *compaign/compagnon*, mhd. *kumpan*. Das Beispiel vom „Brotgenossen" (Kumpel) illustriert, daß Trank und Mahl soziale Integrationsfaktoren von großer Bedeutung waren.

Seine Substanz hat der Gildegedanke also in bruderschaftlicher oder genossenschaftlicher Selbsthilfeorganisation. Sie war beispielsweise sogar in der Lage, aus einer Grundherrschaft heraus mit einer Berufung bis zum König vorzudringen, was im allgemeinen für den einzelnen unmöglich gewesen wäre. Königliche Reaktionen auf soziale Spannungen in Grundherrschaften sind bezeugt. Ein Kapitular vom Sommer 800 aus dem Raume von Le Mans spricht davon, daß der König wegen allzu großer Klagen der Leute im Bereich geistlicher und königlicher Grundherrschaften, deren Fron ungemessen war und die ihrerseits ein bestimmtes Maß Land oder einen Hof bewirtschafteten, die Mißstände regelte: Betriebsinhaber, die über Zugvieh verfügten, sollten einen Tag pro Woche auf dem Herrenacker pflügen, weitere Handarbeit dürfe der *senior* in der gleichen Woche nicht mehr verlangen. Hörige ohne eigenes Zugvieh erhielten eine entsprechende andere Regelung. Interessant ist, was damals als Mißstand empfunden worden war: Manche Grundherren hatten ein servitium die ganze Woche über verlangt, andere ein servitium von einer halben Woche, wieder andere Grundherren nur zwei Tage. Der König aber verfügte: Ein Tag!

Königliche Schutzpolitik

Mit Sicherheit hielt die königliche Schutzpolitik aus eigenem Interesse auch nach 800 an, doch ist über die Wirksamkeit aus der uns erhaltenen Überlieferung nichts zu erfahren. Wohl aber gilt, daß die Chancen zur Besserung ihres Status für Schollenflüchtige nicht schlecht standen. Üblicherweise waren Unfreie an ihrer Kleidung und Haartracht erkennbar (wie überhaupt die Haartracht als soziales Differenzierungskriterium zu gelten hat; vgl. die Tonsur der Kleriker, die Kahlschur bei Straftätern). „Über eigene Knechte und Mägde" heißt es in einem Kapitular (805 Ende); „Sie sollen nicht mehr geschoren oder verhüllt (verschleiert-*velare*) werden als vorgeschrieben (*nisi secundum mensuram*), und man soll es hier genug sein lassen, damit nicht die Dörfer verlassen werden (*et villae non sint desolatae*)." Möglichkeiten, sich als Freigelassener auszugeben, waren offenbar vorhanden: „Und daß niemand flüchtige Fiscalinen des Kaisers, die sich zu Unrecht oder mit betrügerischer Absicht ‚Freie' nennen, zu verbergen noch zu entwenden (*abstrahere*) wagt, sei es daß er einen Meineid leistet oder sich irgend etwas anderes ausdenkt" (Capitulare missorum generale, 802 Anfang).

Die Geschichte der sozialen Spannungen, die aus Spuren von Schwurbünden, Verschwörungen, Räuberunwesen, Symptomen von sozialer und räumlicher Mobilität einschließlich der „Flucht" von Schollengebundenen und Unfreien und nicht zuletzt aus Aufständen und Aufruhr erkennbar wird, ist nicht nur sozialgeschichtlich für die Kenntnis der allgemeinen Lebensbedingungen bedeutsam; sie vermag auch Mängel der Wirtschaft aufzudecken, gewissermaßen Strukturfehler oder systemimmanente Schwächen. Nicht zuletzt durchleuchtet sie dem verfassungsgeschichtlichen Interesse die Kluft zwischen Normen und Wirklichkeit. In diese Richtung weisen auch Studien über „Bewaffnete Klassenkämpfe im Früh- und frühen Hochmittelalter" [399: W. EGGERT] sowie über „soziale Konflikte und dogmatisch-politische Kontroversen im fränkischen Reich" [402: S. EPPERLEIN], die das Material mit marxistischen Kategorien sichten, allerdings in der Unterstellung von Klassenkämpfen nicht überzeugen. E. MÜLLER-MERTENS im gleichen Lager wird hingegen der Nachweis verdankt, daß die relevanteste Quellengruppe der Kapitularien „überhaupt keine Klasse ... der Freien" [422: MÜLLER-MERTENS 143] kannte.

8. KIRCHE

Die Geschichte der christlichen Kirche im Frankenreich beginnt selbstverständlich nicht erst im Jahre 498 mit der Taufe Chlodwigs und seiner fränkischen Großen (sie wurde jüngst - abermals mit unzureichenden Argumenten – nach Tours und ins Jahr 508 verlegt [139: R. WEISS]). Als der Begründer des fränkischen Großreiches seine erfolgreiche Politik begann, konnte die Kirche Galliens schon auf eine recht lange und teils auch stolze Vergangenheit zurückblicken. Zahlenmäßig hält dies die Notitia Galliarum fest, ein Provinzenverzeichnis für Gallien und Germanien aus der Zeit von 390 bis 413, das 17 Metropolen mit 95 unterstellten Bistümern aufführt. Diese Größenordnung ist zur Zeit Chlodwigs [41: H. E. FEINE 92: „höchstens 9 Metropolitanverbände mit etwa 120 Bischofssitzen"] eher verschoben als überschritten.

Bischöfe als Stadtherren

Charakteristisch für Gallien war seit der Spätantike bis weit in fränkische Zeit hinein die politische Sonderstellung der Bischöfe als Stadtherren. Die ursprüngliche Parallelität der spätantiken Verwaltungseinheit Civitas mit dem Kirchensprengel Diözese hatte zur Stabilisierung der politischen Verhältnisse beigetragen, und nachdem der gallorömische Episkopat Verantwortung für die Rudimente einer sonst allenthalben in Auflösung befindlichen Staatlichkeit übernommen hatte, blieb die bischöfliche Stadtherrschaft noch für das Merowingerreich ein relevanter Machtfaktor. Gleichwohl hinterließ die fränkische Reichsgründung auch in der Kirchenorganisation ihre Spuren. Vor allem sind die Bistumsverlegungen des 6. Jahrhunderts als solche zu werten, beispielsweise von Tournai nach Noyon, von Tongern in das als sicherer empfundene Maastricht, auch die Zusammenlegung der Bistümer Arras und Cambrai und die Rückzugsbewegung des alemannischen Vindonissa (Windisch) über Avenches bis nach Lausanne. Der Bischofssitz in Augst wurde in das geschütztere Basel verlegt und der von Octodurum (Martigny) in das sichere Sitten (Sion) im Wallis. Ähnliche Vorgänge sind für die Donau-Bistümer Lorch und Salzburg zu vermuten, noch immer unsicher ist dagegen, ob das Augsburger Bistum sich tatsächlich nach Säben (Brixen) zurückgezogen hatte. Insgesamt aber hatte sich bis zum Ende des 6. Jahrhunderts in der großen Kirchenorganisation wenig verändert. 128 Bischofssitze gruppierten sich in 11 Metropolitanverbänden, deren Aufzählung nicht nur kirchliche Schwerpunkte erkennen läßt: Arles (mit 24 Suffraganbistümern), Bordeaux (17), Bourges (9), Lyon (10), Narbonne (7), Reims (12), Rouen (9), Sens (7), Tours (8), Trier (9), Vienne (5).

Missionsaufgaben

Zu den großen kirchlichen Aufgaben gehörte seit der fränkischen Frühzeit vor allem die Missionierung der im Reichsverband befindlichen und ihm neu eingegliederten barbarischen Stämme oder Völker. Bei der Bekehrung der Franken hatte sich mit Remigius von Reims ein Bischof hervorgetan, die Missionsimpulse der Folgezeit aber kamen vor allem aus dem Mönchtum, das auch an der „Transformation des geistigen Erbes der Antike" [485: F. Prinz] höchst verdienstvollen Anteil hatte.

Für die Geschichte dieses gallofränkischen Mönchtums sind drei Phasen deutlich erkennbar. In ihrer ersten, der „altgallisch-spätantiken Phase" [485: Prinz] lagen die Ausstrahlungszentren zunächst in Südgallien; vorzugsweise das Inselkloster Lérins bei Cannes wäre hier zu nennen, dazu St. Martin in Tours und die fast bis Trier reichende Reihe der Klöster des „Rhônemönchtums". Nördlich einer Linie Trier bis etwa hinüber zur Somme stagnierten dagegen ältere Gründungen, teils verschwanden sie sogar. Hier setzte eine aufstrebende Entwicklung erst ein, als der irische Mönchsvater Kolumban mit 12 Gefährten im Jahre 590 auf den Kontinent kam und im Frankenreich Resonanz fand. Das in der Gründung des Vogesenklosters Luxeuil kulminierende Wirken Kolumbans strahlte auch in den altgallischen Süden aus, der jetzt von Norden her benediktinisch beeinflußt wurde.

Kolumban

Die Vielzahl der Klostergründungen dieser irofränkischen Phase (etwa 590–690) läßt sich kaum anführen, herausragende Abteien waren nach Luxeuil beispielsweise Remiremont, St. Gallen oder Chelles, Nivelles u. a. m. In seiner inneren Organisation und Lebensführung richtete sich das irofränkische Mönchtum nach einer Mischregel (Regula mixta) aus dominanten Elementen der Regel Benedikts sowie solchen der Regel Kolumbans. Hier wie in der missionarischen

Konzeption wies die Entwicklung in die Zukunft, hatte doch vor allem eine nordfränkische Missionarsgruppe um Amandus damit begonnen, begrenzte gentile Missionsvorstellungen zugunsten universalmissionarischen Denkens zurückzudrängen [462: H. W. FRITZE].

So kann in gewisser Weise diese zweite Phase bereits als Übergang zur großen Missions- und Klostergründungswelle der Angelsachsen angesehen werden, die bis in die karolingische Frühzeit hineinreichte. Sie brachte erhebliche Ausdehnung nach Osten, wo das „Mönchtum als Mitträger und Wegbereiter einer germanisch-romanischen Mischkultur" [486: F. PRINZ] den Rhein überschritt und zum wirksamen Stabilisator fränkischer Herrschaft wurde. Die überragende kontinentale Missionarsgestalt war Willibrord, dessen Wirken mit den Namen Utrecht, Echternach und Thüringen verknüpft ist. Vollendet hat dieses Werk dann im wesentlichen Winfrid-Bonifatius.

Willibrord

Da das fränkische Königtum sich frühzeitig auf die Bischöfe des Reiches stützte, lag es nahe, die großen Bischofskirchen des Landes weiter zu fördern. Davon profitierten insbesondere im Bereich zwischen Rhein und Loire die Kirchen von Reims, Metz, Paris, Verdun, Köln, Trier, wohl auch Cambrai. Das 7. Jahrhundert brachte aber trotz erheblichen religiösen Eifers, der durch das kolumbanische Mönchtum sogar zur Laienbewegung stimuliert wurde, mit dem Verfall der Metropolitanverfassung und der Synodaltätigkeit weithin in Episkopat und Klerus auch moralischen Verfall. Ganz am Ende des 7. Jahrhunderts setzte dann die auf Mission und Reform gerichtete Tätigkeit der angelsächsischen Mönche ein, die große Ausweitungen und Veränderungen bewirken sollte. Winfrid-Bonifatius, der zunächst hauptsächlich in Bayern, dann aber im größeren fränkischen Bereich als Missionsbischof und später als päpstlicher Legat wirkte, erschloß der Mission den friesischen, hessischen und thüringischen Raum. Eine Reihe rechtsrheinischer Bistumsgründungen, von Utrecht über Würzburg, Eichstätt bis zur Büraburg bei Fritzlar und nach Erfurt, aber auch die Gründung der Abtei Fulda (744) markieren den Ausgriff nach Norden und Osten. Die römische Orientierung des Bonifatius, sein „romverbundenes Konzept", zog die Feindschaft starker Gruppen im reichsfränkischen Episkopat auf sich, übte aber starke Wirkungen auf die Folgezeit aus. Das Concilium Germanicum von 743 ist erstes Anzeichen für die Wende. 746/47 erhielt Bonifatius den Mainzer Stuhl als persönlicher Erzbischof. Die Erhebung des Bistums Mainz (wie auch Kölns) zum Erzbistum blieb Karl d. Gr. vorbehalten.

Winfrid-Bonifatius

Unter ihm wurde die Metropolitanordnung nach Zahl und Ausdehnung konsolidiert, und als der Kaiser 811 die Kirche seines Reiches testamentarisch bedachte, reservierte er ausdrücklich Anteile für 21 Metropolitanstädte. An der Spitze standen fünf italienische: Rom, Ravenna, Mailand, Cividale del Friuli, Grado; ihnen folgten in der von Einhard überlieferten Reihung: Köln, Mainz, Salzburg, Trier, Sens, Besançon, Lyon, Rouen, Reims, Arles, Vienne, Tarantaise, Embrun, Bordeaux, Tours und Bourges. Das zu 813 als Metropole bezeugte Narbonne müßte wohl ergänzend hinzugefügt werden.

So wie die angelsächsische Missionswelle sich politisch an die Karolinger anlehnte, begleitete sie auch deren Aufstieg. Man hat sogar davon sprechen können, daß die angelsächsischen Missionare zu wichtigen Helfern in der karolingischen „Ostpolitik" wurden. Die Gründung von Missionsbistümern und Missionsklöstern wie Utrecht, Kaiserswerth, St. Maria im Kapitol zu Köln, Prüm, Echternach, Büraburg/Fritzlar, Fulda, aber auch von Murbach und Reichenau bis Niederaltaich und Pfäfers dient als Beleg für diese These, die auch verdeutlichen will, daß karolingisches Herrschertum kirchlichen Organisationsformen instrumentale Funktion zudachte. Mit der Ausrichtung des Expansions- und Missionsdrangs nach Osten hängt zusammen, daß die Zentren kirchlichen wie auch monastischen Aufbaus seit Karl Martell in Austrien und den Austrien zugeordneten Gebieten lagen.

Die Rolle der Kirche im karolingischen Herrschaftssystem

Bereits im Karlsreich vollzog sich überdies eine tiefgreifende Entwicklung, die zumeist erst in das 10. Jahrhundert datiert und dann als ottonisch-salisches Reichskirchensystem angesprochen wird. Fränkische Herrscher und insbesondere Karl d. Gr. stützten ihre Politik, Verwaltung und das Heerwesen bereits zunehmend auf Bischöfe und Äbte, deren Reichsdienst sie allmählich institutionalisierten und schließlich für ihre eigene Herrschaft instrumentalisierten [288: F. PRINZ]. Dieser Prozeß war insofern zwangsläufig, als der hohe Klerus der Karolingerzeit, Bischöfe und Äbte bzw. Äbtissinnen, längst und zunehmend als Inhaber großer und sehr großer Grundherrschaftsverbände in beträchtlichem Umfang selbst Herrschaft über Land und Leute ausübte und daher für diesen Bereich eigener weltlicher Funktionen seinerseits zu politischen Reichsdiensten herangezogen wurde. Gleichzeitig konnte so die erfolgte Mediatisierung von Freien aus der Sicht des Königtums kompensiert werden. Parallel dazu verlief freilich die innerkirchliche Konzentration auf geistliche Zielsetzungen. Unter Ludwig dem Frommen wurden Kloster- und Kanonikerreform auf Reformgesetze verpflichtet, die vor allem mit dem Namen Benedikts von Aniane verknüpft sind. Für die Geschichte des westlichen, abendländischen Mönchtums war dabei das wichtigste Ergebnis die allgemeine Durchsetzung der Benediktsregel, deren asketische Grundhaltung als unverzichtbare Voraussetzung jeglicher monastischer Lebensform fortan verbindlich für jede klösterliche Gemeinschaft sein sollte.

Die Kanoniker wurden auf Chrodegangs Regel verwiesen. Der rigorose Eifer der Reformer um den Abt von Aniane ignorierte dabei bewußt die weltlichen Implikationen klösterlicher Grundherrschaft, so daß ein so merkwürdiges Phänomen wie das mächtiger adliger Laienäbte (Laienabbatiat), das im 9. Jahrhundert zahlreich bezeugt ist [460: F. J. FELTEN], eine zwar ungewollte, aber logische Konsequenz war: Monastische Beschränkung auf geistliche Pflichten hier und herrschaftliche Konzentration klösterlicher Macht dort wurden zu einem Signum des 9. Jahrhunderts.

9. Kulturelles Leben

Die Skizzierung des kulturellen und auch des geistigen Lebens im Frankenreich konzentriert sich aus guten Gründen üblicherweise auf die Karlszeit, während aus der langen merowingischen Herrschaftsperiode nur karge Zeugnisse vorliegen. Wenn deren Zahl und Qualität nicht täuschen, muß in der Tat von kulturellem Niedergang geredet werden, der seit der spätantiken Römerherrschaft in Gallien Platz griff. So folgte auf einen Dichter wie Ausonius aus Bordeaux (gest. bald nach 392) oder Apollinaris Sidonius, der um 479 als Bischof von Clermont in der Auvergne starb, zwar der hochgelehrte Bischof Avitus von Vienne (gest. 518), der römische Bildung mit christlicher Bekenntnisfreude verband und Chlodwigs Taufe als bedeutsam einzuschätzen wußte, doch allmählich erlosch der tradierte Bildungsglanz. Vielleicht repräsentiert bereits Venantius Fortunatus, der 565 aus Venetien an den Hof des Merowingerkönigs Sigibert kam, eine „Vermischung des Alten und Neuen" [1: Levison, Heft I, 96] bzw. die noch lange anhaltende Phase einer spätantik-barbarisch/fränkischen Mischkultur, die zu herausragenden geistigen wie kulturellen Leistungen noch nicht fand. Dies schließt gentiles Selbstbewußtsein nicht aus, das sich beispielsweise im berühmten längeren Prolog zur Lex Salica spiegelt. Wenn auch dessen schriftliche Fixierung aus der Mitte des 8. Jahrhunderts stammen dürfte, so prägt der Stolz auf „das schöne, kluge, tapfere und treue" Volk der Franken, „das jetzt auch den katholischen Glauben empfangen habe und von jeder Ketzerei rein sei" [Levison], das fränkische Stammesbewußtsein seit der Zeit Chlodwigs. Bedeutsam ist dabei auch der gezielte Romvergleich, der aber nicht auf grundsätzliche Distanz zum spätantik-römischen Erbe schließen lassen darf. Die „fränkische" Geschichtsschreibung findet im Galloromanen Gregor von Tours ihren frühen Höhepunkt, der sog. Fredegar hingegen bietet letzten Glanz vor dem historiographischen Dunkel des ausgehenden 7. und 8. Jahrhunderts. Erwähnung verdienen wohl vor allem einige Sakralbauten, von denen die Königsnekropole Saint-Germain-des-Prés mit insgesamt neun Königsgräbern als „Reichs"-Grablege zu begreifen ist. Neben ihr wären die dynastischen Grablegen von Sainte-Geneviève zu Paris, Saint-Médard vor Soissons und Saint-Denis zu nennen, auch Saint-Marcel vor Chalon-sur-Saône für die burgundische Herrschaftslinie. Ähnlich wie die merowingischen Palatia sind die Königsgrablegen ihrer politischen Funktion und geistlichen Bedeutung nach unter die herrscherlichen Institutionen gezählt worden und „als Teil der frühmittelalterlichen ‚Staatlichkeit' zu begreifen" [476: K. H. Krüger 499].

Zur allg. Situation in der Merowingerzeit

Erst im Karlsreich, und zwar unstrittig, kam es zu einer reichen kulturellen und geistigen Entfaltung, die Karl der Große selbst wohl eher gefördert als initiiert hat. Fast instinktiv scheint dieser Herrscher begriffen zu haben, daß seine eigene Herrschaft davon profitieren würde. Karls Biograph Einhard kleidet diesen Sachverhalt in die Worte, Karl habe sein Reich geschützt, vergrößert und zugleich „geschmückt" (*talem eum in tuendo et ampliando simulque ornando*

Die Karlszeit

regno fuisse constat; c. 18). Ob *ornare* korrekt mit „schmücken" übersetzbar ist, mag Zweifel hervorrufen. Einhards Urteil bezeugt hingegen den Zusammenhang von Herrschaft und kulturellem Streben, weist auf eine Kulturpolitik Karls, die ihrerseits auf breite Zeitströmungen vertrauen mochte. Zusätzliches Motiv könnte des Herrschers Erkenntnis gewesen sein, daß relevante Herrschaftsformen sich tunlichst mit kulturellem und geistigem Glanz präsentieren sollten. So rückt die Person Karls des Großen bei jeglicher Betrachtung der Kultur- wie Geistesgeschichte des Frankenreiches zwangsläufig in den Mittelpunkt.

Ganz auffällig etwa gegenüber der Mitte des 8. Jahrhunderts ist das bis 820 anhaltende Aufblühen der Schriftkultur, die sich um zahlreiche Skriptorien an Domkirchen und in Klöstern gruppiert. Neben dem Hofskriptorium werden reichsweit 16 Schriftprovinzen [502: B. BISCHOFF] faßbar, die trotz regionaler Besonderheiten allmählich alle eine Schreibreform fördern, die zur Entwicklung der berühmten runden (oder karolingischen) Minuskel führt. Parallel hierzu wird eine gepflegtere Latinität erstrebt, entwickeln sich reiche Formen der Buchmalerei und des Buchschmucks, wird ein neues Bildungsmaterial propagiert, als dessen Kernelemente sprachliche Erneuerung, das Suchen nach „Authentizität" und gereinigten Texten sowie der Rückgriff auch auf antikes Bildungsgut anzusprechen sind. Dies wirkt sich vorrangig, jedoch nicht ausschließlich auf den weiten Feldern der Kirchenreform aus, denn es erfaßt auch volkstümliche Überlieferung und die Volkssprache selbst, wirkt sich sogar auf die Laienbildung aus, für die Karls Enkel Nithard, der Historiograph des Bürgerkrieges von 840–42, ein überragendes Exempel bietet. Schriftkultur

Karls des Großen persönlichster Anteil ist zunächst in seinem Sendschreiben an Abt Baugulf von Fulda und seinen Konvent zu erkennen. Diese berühmte *epistola de litteris colendis* aus der Zeit zwischen 780 und 800 dokumentiert des Herrschers zielstrebiges Anliegen einer Schul- und Bildungsreform ähnlich eindrucksvoll wie die *Carta de legationis edicto* (sog. Admonitio generalis) von 789. Es war nur konsequent, daß der Hof selbst zum Ausstrahlungszentrum vielfältiger Art wurde. Dies gilt für die von B. BISCHOFF rekonstruierte Hofbibliothek Karls des Großen mit biblischen, patristischen und antik-klassischen Werken, es bezieht sich auf die Hofkapelle als Gesamtheit der zum Hofdienst verpflichteten Geistlichen, die über ihre Funktion als Herrschaftsinstrument par excellence hinaus auch reiche „bildungspolitische" Wirksamkeit entfaltete, und es gilt auch für den Kreis illustrer Persönlichkeiten, die der Herrscher an sich zu ziehen verstand. Gerade diese Dichter, Künstler und Gelehrten verliehen dem Karlshof nicht nur Ansehen und Glanz, sondern bereits wegen ihrer Herkunft aus vielen Ländern eine ungeahnte Ausstrahlung über die Grenzen des Frankenreiches hinaus. Vorrangig ist der Angelsachse Alkuin mit seiner umfassenden Gelehrsamkeit zu nennen, daneben vor anderen der Ire Dungal, die Grammatiker Petrus von Pisa und Paulinus von Aquileja, der berühmte Langobarde Paulus Diaconus, der in der fränkischen Fremde zum überragenden Geschichtsschreiber seines eigenen Volkes reifte, außerdem der Westgote Theodulf (von Orléans), der fränkische Dichter Angilbert und etwa Einhard, der spätere Verfasser der berühmten Karlsvita. Erstaunlicherweise blieben auch außerhalb des Hofkreises überragende Gelehrte tätig, zum Beispiel die Theologen Felix von Urgel und Elipandus von Toledo, auch der sehr belesene Agobard von Lyon ist schon für die Karlszeit zu nennen.

Bildungsreform

Die unerläßliche Breitenwirkung der Bildungsreform trugen in allen Teilen des Reiches die Bischofskirchen und Klöster. Hier befanden sich die zahlreichen Skriptorien, wurden neben dem geistlichen Nachwuchs auch weltliche Angehörige des Adels unterrichtet. Für St. Gallen beispielsweise sind eine interne und eine zur Außenwelt geöffnete Schule gleichzeitig bezeugt. Thematischer Schwerpunkt waren in den Schreibschulen selbstverständlich biblische Texte und Schriften der Kirchenväter, daneben wurden aber auch Werke der alten (heidnischen) Klassiker abgeschrieben und für die Nachwelt bewahrt. Dieser Vorgang ist von ungeheurer Bedeutung, weil „die Erhaltung der weitaus meisten nichtchristlichen Texte des römischen Altertums der karolingischen Zeit zu verdanken ist" [521: P. Lehmann 114] und sogar die relativ wenigen antiken Handschriften zumeist von karolingischen Bibliotheken bewahrt worden sind. Ausdruck reicher kultureller Entfaltung ist schließlich die „prunkvolle Reichskunst" der Karlszeit, die der Herrscherhof initiierte und förderte. Die Großbauten in Aachen, aber auch in den Pfalzen wie insbesondere in Ingelheim sind ihr herausragendster architektonischer Ausdruck, ähnliches Kunststreben zeigt sich vor allem in der Buchmalerei, im Buchschmuck und in der Gestaltung liturgischer Geräte. Ohnehin gehört die unter Pippin begonnene und dann von Karl dem Großen intensivierte liturgische Reform in den weiten Rahmen der karolingischen Kulturentwicklung. Mit der angestrebten Romanisierung der fast chaotischen Vielfalt franko-gallischer liturgischer Bräuche wurde nicht nur eine Vereinheitlichung zugunsten der römischen Liturgie gefördert (u. a. Ergänzung des Sacramentarium Gregorianum durch Alkuin), sondern durch die damit verknüpfte Eindämmung byzantinischen Einflusses auf die Kultausübung auch eine bemerkenswerte Zielsetzung verfolgt.

Die staunenswerten Anstrengungen und Leistungen der Zeit Karls des Großen und seines Sohnes Ludwigs des Frommen haben schon immer fasziniert und zur Bewertung als „karolingische Renaissance" verführt. Darauf ist in Teil II einzugehen. Bemerkenswert (und bislang ungeprüft) ist in diesem Zusammenhang J. Deér [167] Mutmaßung, daß erst die ungeheure Awarenbeute, die Karl 796 durch die Eroberung des legendären „Rings" erlangte und auf seinen Hof, den Papst, die weltlichen wie geistlichen Großen seines Reiches und an die Kirchen innerhalb wie außerhalb des Frankenreiches verteilen ließ, „die materiellen Voraussetzungen zur karolingischen Renaissance" gelegt habe.

II. Grundprobleme und Tendenzen der Forschung

1. Allgemeiner Überblick und Quellenlage

Anders als bei den meisten Bänden der Reihe „Grundriß der Geschichte" lassen sich im vorliegenden Fall Grundprobleme und Tendenzen der Forschung nur in eingeschränkter Weise skizzieren. Charakteristisch ist nämlich für fast alle Arbeiten zur fränkischen Geschichte, daß sie entweder Teilaspekte und Spezialprobleme der fränkischen Zeit aufgreifen oder aber die Frankenzeit nur im Rahmen weiträumiger Themen behandeln. So gibt es – von Handbuchdarstellungen und globaleren Überblicken abgesehen – eigentlich keine Monographien, die das Frankenreich zum thematischen Hauptgegenstand haben. Diese zweifellos merkwürdige Tatsache hat verschiedene Gründe; sie hängt aber gewiß auch damit zusammen, daß die fränkische Zeit teils als frühe deutsche oder analog als französische verstanden wurde, wobei die Merowinger- und vor allem die Karolingerzeit immer weit mehr als nur bloße Vorgeschichte Deutschlands oder Frankreichs waren. Erst seit relativ kurzer Zeit konzentrieren sich Bemühungen, die Merowingerzeit als eigenständiger zu werten. So hebt W. Bleiber betont „das Frankenreich der Merowinger" von dem der Karolinger ab und begreift die merowingische Geschichte als „Bestandteil der tiefreichenden Umwälzungen", in denen „die Ablösung vorfeudaler durch feudale Verhältnisse" erfolgte [92]. Ebenfalls 1988 publizierte E. Ewig seine Monographie „Die Merowinger und das Frankenreich" [101], während P. J. Geary [108] fast zeitgleich für das angelsächsische Publikum eine „erste Einführung in die Merowingergeschichte" vorlegte: „Before France and Germany. The Creation and Transformation of the Merovingian World" [108]. Bemerkenswert ist die Nuance des Haupttitels im Vergleich etwa zur gewichtigen Darstellung von F. Prinz: „Grundlagen und Anfänge. Deutschland bis 1056" [58] mit weitem Rückgriff in die „fränkisch-deutsche Frühgeschichte" (1985) oder zur handbuchartigen Gestaltung des Themas durch H. K. Schulze [66]: „Vom Reich der Franken zum Land der Deutschen. Merowinger und Karolinger" (1987). Das Kernproblem einer Zuordnung der fränkischen zur deutschen Geschichte, aber auch zu der Frankreichs ist zweifelsfrei geblieben, der Ton der Argumentation jedoch erfreulich sachlich. Einst hingegen entzündete sich Streit schon bei der Frage, ob überragende Herrscher der Fränkischen Geschichte dem deutschen oder französischen Volke „gehörten". Besonders eindrucksvoll war dies beispielsweise schon erkennbar

Nationale Inanspruchnahme fränkischer Herrscher

bei der ersten Funddeutung des Childerich-Grabes, das 1653 in Tournai geöffnet wurde. Chiflets Fundbericht von 1655 geriet ihm zugleich zu einem historisch-politischen Traktat, dessen durchschlagendste Waffe die im Grabe Childerichs I. gefundenen zahlreichen Bienen werden sollten. Als „Wappentier der Merowinger" bewiesen sie ihm, daß das bis auf Chlodwigs Taufe angeblich zurückgeführte Liliensymbol der französischen Krone – dessen Entstehung Chiflet bisher frühestens kapetingisch datiert hatte – nichts anderes war als ein „mißverstandenes, auf den Kopf gestelltes und zur dreifachen Blüte stilisiertes Emblem" [136: F. WAGNER 17]. Damit sollte das weltberühmte und seit dem 12. Jahrhundert offiziell verwendete französische Königszeichen urplötzlich diskreditiert werden. Die aber trotz des Mißverständnisses durchgehende Symbolkontinuität der Bienen, die sich jetzt im Grabe von Chlodwigs Vater fanden, ließ andererseits überhaupt keinen Zweifel an der Identität der französischen Monarchie seit Chlodwig, nunmehr sogar seit Childerich I. So empfand es noch die Zeit Ludwigs XIV. und gar die Napoleons I., wenn etwa Napoleons Krönungsmantel 1804 mit Bienen „als Protestzeichen gegen die bourbonischen Lilien" bestickt wurde oder der Kaiser im Pariser Stadtwappen die Lilien durch Bienen ersetzen ließ, um von anderen Belegen hier abzusehen [136: F. WAGNER].

Allgemein bekannter ist die Inanspruchnahme Karls d. Gr. für die französische Geschichte, aber auch für die der Deutschen. Noch in der ersten Hälfte des 20. Jahrhunderts wurde seine nationale Zugehörigkeit hüben wie drüben teils leidenschaftlich, teils auch chauvinistisch erörtert, so daß 1935 ein Buch mit dem charakteristischen Titel: „Karl der Große oder Charlemagne? Acht Antworten deutscher Geschichtsforscher" den Streit zu schlichten suchen mußte. Die Quintessenz ihrer Antworten lautete: Karl war weder Deutscher noch Franzose – er war ein Franke!

Dieses Ergebnis ist forschungsgeschichtlich zwar schon sehr lange und überzeugend angelegt gewesen, von zeitgebunden wechselnden nationalen Interessen, Rechtfertigungen und Polemiken aber oft überaus stark verdeckt worden. Insofern bedeuten die von K. HAMPE herausgegebenen Antworten einen besonderen bewußtseinsgeschichtlichen Einschnitt. Die Suche nach Karls des Großen „Identität" war damit freilich noch nicht beendet, zumal man beispielsweise im Überschwang politischer Bemühungen um eine Einigung Westeuropas seit den ausgehenden 1950er Jahren den großen Frankenherrscher prononciert ansprechen wollte als den „ersten Kaiser, der Europa zu vereinen wußte" [53: W. BRAUNFELS im Aachener Ausstellungskatalog 1965]. Der Franzose P. RICHÉ sprengt sogar diesen Rahmen noch, wenn er den Karolingern das Verdienst zuschreibt, Europa geschaffen zu haben [61]. Damit sollen zugleich Pippin („eher der Große als der Kleine") und Karl der Kahle in ihrem Bedeutungsrang in Karls des Großen Nähe gerückt werden, auffällig bleibt aber auch die Tendenz, die Karolingerzeit bis an das Ende des 10. Jahrhunderts zu datieren. Im deutschen Sprachraum verfechten bekanntlich K. F. WERNER und C. BRÜHL diese These. Erst mit der Erhebung Hugo Capets ende das Karolingerreich, beginne die französische Geschichte. Auch R. McKitterick untersucht „the Frankish kingdoms under the Carolingians" von 751–987 [206], doch konzentriert sie sich ab 843 auf das Westreich und entzieht sich so dem Zwang einer Stellungnahme.

Der dominant positivistisch ausgerichteten Geschichtsforschung des 19. Jahrhunderts verdanken wir grundlegende Arbeiten zur fränkischen Geschichte. Dies gilt zunächst für die Bereitstellung und kritische Untersuchung der Quellen, die zumeist in den bedeutenden Serien der Monumenta Germaniae Historica ediert worden sind. Wenn auch seit der Jahrhundertwende wertvolle Ergänzungen (insbesondere die Edition der Karolingerurkunden) folgten, so war doch die breite Quellenbasis bereits gelegt, deren wichtigste Auswertung aus der Feder E. Mühlbachers [210] noch heute unentbehrlich ist. Mühlbachers Tatsachenbeschreibung ist seither in gewisser Weise der Kontrollrahmen für neuere Untersuchungen geblieben. Die Forschung bereits des ausgehenden 19. und dann insbesondere des 20. Jahrhunderts ging mit konsequenter Problemorientierung durchweg neue Wege. Begonnen hatte dies mit einer stärkeren Akzentuierung kulturgeschichtlicher, wirtschafts- und geistesgeschichtlicher Aspekte, weil man von der ereignisgeschichtlichen Ausrichtung allmählich übersättigt war. Forciert wurde dieser Trend durch neu aufbrechende internationale Streitfragen über die Bedeutung antiken Erbes (jäher Bruch oder kontinuierliche Entwicklungen von der Spätantike zum Frühmittelalter?), über den Anteil der Germanen am Aufbau des Abendlandes (was ist antik-römisch, was germanisch im europäischen Mittelalter?) und die Rolle der Kirche im Frankenreich und seither (in antiker Kontinuität oder germanisch umgeprägt?).

Neuorientierung der historischen Forschung

Um diese abendländischen Grundelemente von Antike, Christentum und Germanentum gruppierten sich vor allem die von der Forschung bevorzugten Problemkreise. Am nachhaltigsten sprengte Mühlbachers Schüler A. Dopsch den traditionellen Themenbereich mit seinen Untersuchungen über „Die Wirtschaftsentwicklung der Karolingerzeit vornehmlich in Deutschland" [342: 2 Bde., 1912/13]. Sein besonderes Anliegen war es, „die Grundsätze methodischer Behandlung, welche die diplomatische Forschung an der Hand der Urkunden im engeren Sinne entwickelt hat, auf die Quellen der Wirtschaftsgeschichte analytisch anzuwenden", um so gegenüber der stark spekulativ orientierten wirtschaftshistorischen Fachdisziplin „die Notwendigkeit einer neuen Grundlegung der deutschen Wirtschaftsgeschichte zu erhärten." Dabei hat Dopsch vermutlich kaum abschätzen können, in welchem Ausmaß die von ihm postulierte und praktizierte Anwendung von Quellenkritik und strenger Methode „gesicherte" Ergebnisse erschüttern und noch heute verwerfen würde, so daß die Grundlegung einer deutschen Wirtschaftsgeschichte durch die klare Kenntnis der fränkischen Verhältnisse noch immer nicht erreicht ist. Obwohl sich Dopsch auf die Karolingerzeit konzentrierte, wurden aus seinen Untersuchungen wichtige Konsequenzen für die Merowingerzeit gezogen, die sich als eine breite Kontinuitätsphase seit der Spätantike erwies und allen Theorien von einer Katastrophe des

Kontinuitätsdiskussion

5./6. Jahrhunderts sowie der Völkerwanderungszeit als wahrer Kluft zwischen spätrömischer und frühmittelalterlicher Welt den Boden entzog. Von einer auch durch die fränkische Landnahme und Reichsgründung verursachten Kulturzäsur konnte keine Rede sein.

Fast parallel zu Dopsch wurde eine ähnlich rege Forschungsdiskussion durch den Belgier H. Pirenne ausgelöst, der sehr pointiert die These vertrat, die seit der Antike bestehende mediterrane Kultureinheit sei erst durch die Ausbreitung des Islam gesprengt worden, seither dominiere eine barbarisch-germanische, agrarisch-naturalwirtschaftliche Kulturform, die gegenüber der spätantik-merowingischen, noch städtischen und geldwirtschaftlichen Ausprägung jäh abfalle. Sollten aber die „germanischen" Einflüsse so spät erst wirksam geworden sein? Die These von der antiken Kontinuität provozierte verstärkte Suche nach germanischer Kontinuität, und die in der großen, neu entstandenen Kontinuitätsdiskussion sich ergebenden Versuche, germanisches Erbe teils abzuwerten, teils übermäßig zu betonen, brachten zusätzliche und überflüssige Klangfarben, die ihrerseits die Zeitgebundenheit wissenschaftlicher Fragestellungen widerspiegeln. Heute läßt sich das kontroverse Ringen gelassener betrachten, und es ist möglich zu konstatieren, daß insgesamt das mittlerweile gereinigte Forschungsbild bereichert worden ist. Dies gilt für die Geschichte der Kirche, deren Rolle bei der „Gestaltung des Abendlandes" [457: Chr. Dawson] gebührend bewertet wurde, es gilt für die „Kirchengeschichte als Missionsgeschichte" [474], für große Bereiche des Kirchenrechts, des Mönchtums und der Liturgie bis hin zum grundlegenden Verhältnis von Kirche und Staat, dessen 751/754 erfolgende Vertragsregelung bis in jüngste Zeit wiederholt interpretiert worden ist [267: W. H. Fritze; 259: A. M. Drabek; 450: A. Angenendt; 261: O. Engels].

Selbstverständlich hat die noch anhaltende Kontinuitätsdiskussion auch auf den Feldern der Wirtschaftsgeschichte, der Institutionen- und Verfassungsgeschichte sowie für die frühmittelalterliche Bildungs- und Geistesgeschichte reiche Ergebnisse gebracht, deren Zusammenfassung jedoch noch immer schwerfällt. So ist es kein Wunder, daß große Gesamtdarstellungen nur im Rahmen von Handbuchzuweisungen erfolgt sind, nicht aber monographisch – wenn man von skizzierenden Betrachtungen absieht. Geradezu typisch für die noch andauernde allgemeine Forschungssituation ist es, daß P. Classens grundlegende Untersuchungen über das spätantike Kaiserreskript und die Entstehung der germanischen Königsurkunde, die in neuer Bearbeitung 1977 als Monographie erschienen, jetzt den Untertitel „Diplomatische Studien zum Problem der Kontinuität zwischen Altertum und Mittelalter" (254) erhielten. Auch H. Nehlsen könnte in diesem Zusammenhang genannt werden. Er hatte ursprünglich die Absicht zu untersuchen, „in welchem Umfang bereits die ältesten kontinentalen germanischen Rechtsaufzeichnungen ... eine Beeinflussung durch römische Rechtsvorstellungen aufweisen" [328: S. 37]. Als sich bei der Materialsammlung aber eine überraschende Belegfülle zum Sklavenrecht ergab, konzentrierte er sich auf die Rezeption römischen Sklavenrechts in die Leges barbarorum.

Die beiden genannten Beispiele bekunden aber auch, daß durch Ausweitung der räumlichen und zeitlichen Betrachtungsweise erhebliche Erkenntnisfortschritte zu erzielen sind. Für die fränkische Geschichte wird dabei der Blick vorzugsweise rückwärts zu richten, die Spätantike einzubeziehen sein. Doch das entscheidende Grundproblem der frühmittelalterlichen und fränkischen Geschichte bleibt die beträchtliche Armut an schriftlichen Quellen, sie wird sich nicht beheben lassen. Überraschende Entdeckungen hat es seit vielen Jahrzehnten eigentlich nicht gegeben, wenn man von einem glücklichen Fund absieht, den P. GASNAULT in Paris gemacht hat: Ein auf 31 Pergamentstücken erhaltenes Leistungsverzeichnis, das in der zweiten Hälfte des 7. oder im beginnenden 8. Jahrhundert in St. Martin in Tours geschrieben sein dürfte – und eine riesige Lücke vor den Polyptychen des 9. Jahrhunderts erneut markiert [15]. Selbst aus der Karolingerzeit liegen nur sporadische Quellenfunde vor. Exemplarisch ist dies für die große Gattung der Kapitularien zu belegen. Seit der von A. BORETIUS und V. KRAUSE 1883 bzw. 1897 besorgten Edition sind lediglich zwei Stücke neu entdeckt und publiziert worden: 1897 von F. PATETTA und 1906 von E. SECKEL. Ungehobene Schätze scheint es nicht zu geben, wenngleich weiterhin Hoffnung besteht, daß sich aus französischen Archiven und Bibliotheken noch eine (relative) Vielzahl von Privaturkunden wird ans Licht heben lassen.

Armut an schriftlichen Quellen

Die angedeutete Quellenarmut hat indes zu zahlreichen kritischen Bearbeitungen bereits bekannter Quellen geführt, die teilweise sogar mehrfach ediert worden sind und beträchtlichen Erkenntnisgewinn gebracht haben. Einen solchen verdankt man auch der weiteren Erschließung großer Klosterfonds, etwa der Urkundenbestände von St. Gallen, Lorsch, Freising und jüngst von Weißenburg im Elsaß, stecken blieb dagegen die Bearbeitung der so wichtigen Bestände von Fulda und Hersfeld. Noch immer fehlt auch die Edition der Urkunden Ludwigs des Frommen, die wesentlichste und empfindlichste Lücke, welche die bedeutende Mediävistik des 19. und beginnenden 20. Jahrhunderts gelassen hat, und sie wird sicher noch jahrelang offenbleiben. Enorme Textfortschritte sind im Bereich der sogenannten Volksrechte gemacht worden, obwohl die Vielfalt der publizierten Textklassen gelegentlich verwirrend geworden ist.

Neuerschließung bekannten Quellenmaterials

Charakteristisch für den Gang der Forschung ist in den letzten Jahrzehnten der häufig sehr erfolgreiche Versuch gewesen, bekanntes, aber vermeintlich peripheres Quellenmaterial zu erschließen. An erster Stelle ist dabei die systematische Auswertung von Gedenkbüchern und Memorien zu nennen, die von G. TELLENBACH begonnen wurde, hier aber an anderer Stelle noch zu erwähnen sein wird. Zunächst ist wichtig, daß auch editorische Aufgaben energisch angepackt worden sind, was zwei große Monumenta-Bände bekunden: Gemeinsam haben 1970 E. HLAWITSCHKA, K. SCHMID und G. TELLENBACH den Liber memorialis der Vogesenabtei Remiremont ediert [29] und 1979 J. AUTENRIETH, D. GEUENICH und K. SCHMID das berühmte Verbrüderungsbuch der Abtei Reichenau [35], das in seiner Anlage auf 823/24 zu datieren ist. Was eine volle Erschließung solcher Quellengattungen bedeuten könnte, läßt gerade dieses Verbrüderungsbuch des Inselklosters erkennen, das rund 40000 verbrüderte Personen aufgezeichnet hat.

Thematische Ausweitung der Quellenbasis

Es sind aber auch andere Versuche zu verzeichnen, den traditionellen Quellenbereich der frühmittelalterlichen Geschichte zu erweitern. Als man sich vor Jahrzehnten der sogenannten Ordines annahm, worunter mit P. E. SCHRAMM „Anweisungen für das Verfahren bei Salbung und Krönung, die meistens auch die zu leistenden Eide einschließen" [302], zu verstehen sind, ließ man sich von der Hoffnung leiten, über diese Quellengattung wesentlichen Zugang zum Charakter des mittelalterlichen Königtums zu erlangen. Diese Erwartung hat sich nur in Teilen erfüllt, für die Zeit bis 840 hat jedoch die geschärfte Aufmerksamkeit für liturgische und zeremonielle Fragen zu wichtigen Teilergebnissen geführt. Das gilt vor allem für die (751 bei Pippins Königsweihe erstmalig bezeugte fränkische) Königssalbung, mit der nach herrschender Lehre das bedeutungsschwere Legitimationsdefizit des karolingischen Staatsstreichs ausgeglichen worden sei. Die oft sehr kontroversen Erörterungen waren auch für die Geschichte der christlichen Personensalbung fruchtbar [458: E. EICHMANN; 327: E. MÜLLER; 323: R. KOTTJE], auf der dynastischen Ebene kreisten sie jedoch fast immer um die Person und Politik Karls des Großen, dann aber auch allgemeiner um das Problem der Verchristlichung des Königtums und die christliche Königsidee: rex christianus, Herrscher des Imperium christianum, Vater des christlichen Abendlandes usw. Für isolierte Betrachtung, zumal solche, die sich einseitig an bestimmten Quellengattungen orientiert, bieten sich hierbei noch immer beträchtliche Interpretationsspielräume und ergeben sich differierende Urteile. Die überragende Größe von Karls historischer Gestalt, an der fast schon zeitgenössische Legendenbildung einen dankbaren Fixpunkt fand, verführte jedoch häufig dazu, daß die schmale Quellenbasis strapaziert oder gar vergessen wurde.

Mittlerweile scheint die Einsicht zu wachsen, daß biographischem Bemühen um Karl den Großen sehr enge Grenzen gesetzt sind, was auch für die Erforschung seines christlichen Herrschaftsverständnisses gilt. Parallel zur angedeuteten Tendenz einer nüchterneren Betrachtung ergibt sich auch ein Nachlassen euphorischer Erwartungen, daß nämlich die intensive Erforschung der Ordines, des Herrscherzeremoniells und liturgischer Aspekte endlich erwünschten Aufschluß über das frühmittelalterliche Königtum geben könnte.

Trotz gelegentlicher Mißerfolge oder nur teilweise zufriedenstellender Ergebnisse ist das konsequente Bemühen, unbeachtetes Quellenmaterial neu zu erschließen oder mit Hilfe interdisziplinär verankerter Forschung vorgegeben erscheinende Interpretationsgrenzen zu sprengen, natürlich richtig und wichtig. Nur tut man gut, sich von häufig geradezu magischem Vertrauen auf die Fruchtbarkeit interdisziplinärer Großforschung etwas zu befreien. Nicht jedes Terrain und nicht jede Quellengattung scheinen überproportionales Bemühen zu rechtfertigen. Mitunter werden Archäologen sehr intensive Textuntersuchungen verdankt. Hier ist vor allem M. WEIDEMANNS „Kulturgeschichte der Merowingerzeit nach den Werken Gregors von Tours" zu nennen, die in zwei umfangreichen Bänden vorliegt [138]. Das Interesse am Detail fördert erstaunliche Ergebnisse, doch handelt es sich insgesamt eher um ein katalogartiges Erfassen als um eine skizzierende Beschreibung.

Fachübergreifende Zusammenarbeit

Wesentliche Bereicherung erfuhr die auf das Frankenreich konzentrierte Frühmittelalterforschung durch die Archäologie bzw. Frühgeschichtsforschung, die in den letzten Jahrzehnten bedeutsame Ergebnisse hat liefern können. Als besonders positiv hat sich dabei das konsequente Bemühen um fächerübergreifende Zusammenarbeit erwiesen, belegbar beispielsweise mit den Untersuchungen zum „Dorf der Eisenzeit und des frühen Mittelalters“ [343] oder „zur eisenzeitlichen und frühmittelalterlichen Flur in Mitteleuropa und ihrer Nutzung“ [86], jeweils hervorgegangen aus Kolloquien der Göttinger Kommission für die Altertumskunde Mittel- und Nordeuropas, die 1973 und 1974 sowie 1975 und 1976 stattfanden. Noch stattlicher sind die einschlägigen Publikationen des Konstanzer Arbeitskreises, der zunächst auf Schloß Mainau und seit 1955 auf der Insel Reichenau zweimal jährlich fächerübergreifende Tagungen durchführt. Hier zu nennen sind aus jüngerer Zeit Bände, deren jeweilige Untertitel bereits die Spannweite der Auswertungsmöglichkeiten andeuten: „Geschichtswissenschaft und Archäologie. Untersuchungen zur Siedlungs-, Wirtschafts- und Kirchengeschichte“ [77] und ebenfalls aus dem Jahre 1979: „Von der Spätantike zum frühen Mittelalter. Aktuelle Probleme in historischer und archäologischer Sicht“ [84]. Freilich sind zu hoch gespannte Erwartungen meist enttäuscht worden, weil die Archäologie dem vorzugsweise mit Schriftquellen arbeitenden Historiker zwar veranschaulichende und ergänzende, mitunter auch bestätigende und korrigierende Ergebnisse liefern kann, kaum aber Antworten auf Fragen nach historischen Ereignissen, gesellschaftlichen Strukturen und politischen Prozessen.

Hohen interdisziplinären Rang spiegeln Lexika internationalen Zuschnitts. Dies gilt etwa für die TRE (mit zahlreichen Beiträgen zur merowingischen und karolingischen Geschichte), für die völlige Neubearbeitung des Reallexikons der Germanischen Altertumskunde („neuer“ Hoops) und auch für das ambitionierte Lexikon des Mittelalters [70; 59; 54]. All diese Lexika sind unentbehrliche Hilfs- und Orientierungsmittel, in ähnlicher Weise gilt dies für das fachlich begrenztere Handwörterbuch zur deutschen Rechtsgeschichte (HRG).

Rechts- und Verfassungsgeschichte

Der blühenden Rechtsgeschichte des ausgehenden 19. Jahrhunderts wird eine Fülle grundlegender Darstellungen verdankt, denen die achtbändige Verfassungsgeschichte von G. Waitz ebenbürtig an die Seite zu stellen ist. Aus mancherlei Gründen hat diese Tradition keine entsprechende Fortsetzung in neuerer Zeit finden können, zumal das im 19. Jahrhundert motivierende Ziel germanistischer Rechtsgeschichtsforschung mit dem Bürgerlichen Gesetzbuch (BGB) von 1900 erreicht worden war, für das man intensiv nach gemeinsamen rechtlichen Grundlagen gesucht hatte, um eine tragfähige Plattform künftiger Rechtseinheitlichkeit in Deutschland zu finden. Das etwa von H. Brunner erreichte und in der Tat imposante Lehrgebäude [39] wurde seit den 1920er Jahren systematisch erschüttert und insbesondere durch die sog. Adelsforschung seit 1938/40 in großen Teilen zum Einsturz gebracht. Vor allem die Überwindung der Lehre von germanischer Gemeinfreiheit und das erarbeitete Resultat einer ausschließlichen Dominanz adliger Herrschaftsrechte und Herrschaftsansprüche in Staat, Politik und Gesellschaft ließen keinen Raum für ein geschlossenes Bild von Rechts- und Verfassungsleben. Bahnbrechende Arbeiten, auf die zurückzukommen sein wird, wiesen auch der verfassungsgeschichtlichen Erforschung des Frankenreiches neue Wege, sie ermöglichten jedoch bisher noch keine zusammenfassende Darstellung, so daß paradoxerweise die bewährten Handbücher einer Zeit, deren Forschungsansätze und Fragestellungen weithin als überholt gelten müßten, nach wie vor zu konsultieren bleiben. Trotz ansprechender Versuche von K. Bosl im Gebhardtschen Handbuch [38] und von J. Fleckenstein in „Grundlagen und Beginn der deutschen Geschichte" [174] bleibt daher das dringliche Postulat einer fränkischen Rechts- und Verfassungsgeschichte bestehen, denn auch R. Sprandels entsprechende Abschnitte in seiner „Verfassung und Gesellschaft im Mittelalter" [68] können die Lücke nicht schließen. Auch Gesamtdarstellungen der Geschichte des Frankenreiches fehlen weithin. Einen ausgewogenen Überblick gibt F. L. Ganshof im Rahmen eines nur scheinbar territorial begrenzten und zumal populär gehaltenen Büchleins über „La Belgique Carolingienne" (181). Unerreicht in Kenntnis und Stoffdichte bleibt aber vor allem E. Zöllners „Geschichte der Franken", die weit über die Grundlage des Werkes von L. Schmidt hinausgewachsen ist, aber leider nur „bis zur Mitte des sechsten Jahrhunderts" (Untertitel) reicht [74]. Weit über den fränkischen Rahmen hinaus führt das umfangreiche Handbuch der europäischen Geschichte, dessen ersten Band T. Schieffer herausgegeben hat [46]. Behandelt wird „Europa im Wandel von der Antike zum Mittelalter" und mit der Geschichte von Byzanz teilweise über Europas damals so weite Grenzen noch hinausgegriffen. Dieses Handbuch ist für die Zeit bis etwa zur Mitte des 11. Jahrhunderts ein unentbehrliches Arbeitsinstrument geworden, das selbstverständlich auch für alle Nachbarn des Frankenreiches hohen Informationswert besitzt. Für die Geschichte des Frankenreiches selbst stammen die entsprechenden Abschnitte aus der Feder so bewährter Frankenforscher wie E. Ewig (§ 17; §§ 41–45) und T. Schieffer (hier insbesondere zu nennen § 20; §§ 57–63; §§ 64–72). Keinen Handbuchanspruch kann hingegen K. F. Werners Buch über „Les origines (avant l'an mil)" erheben, das als Band 1 der Histoire de France erschien: ohne Belege, lediglich eine orientierende Literaturauswahl und ohne Diskussion abweichender Thesen und Forschungsergebnisse [72]. Wissenschaftsgeschichtlich überrascht allerdings, daß der Geschichte Frankreichs, die nach Werner erst um das Jahr 1000 beginnt, eine so umfangreiche und bis ins Paläolithikum zurückreichende Darstellung der Ursprünge vorgeordnet wird.

Gesamtdarstellungen

Wertvoll ist E. Ewigs kenntnisreiche Darstellung „Die Merowinger und das Frankenreich" [101]. Sie mündet aus in die überraschende (und überprüfungsbedürftige) These, die karolingischen Herrscher hätten das *Franken*reich erstrebt in bewußtem Gegensatz zu den Herzögen, die das *Merowinger*reich wollten, in dem die gentes größere Geltung erlangen konnten. Methodisch interessant ist schließlich der Versuch, eine Großlandschaft innerhalb des Frankenreiches im konzentrierten Zugriff vieler Autoren und Disziplinen für den Zeitraum von zwei Jahrhunderten zu untersuchen: „La Neustrie. Les pays au nord de la Loire de 650 à 850" [213]. Freilich klingt es fast schon nostalgisch, wenn die Einführung die Erinnerung an ein vergessenes Land (Neustrien) wiederbeleben will, mißlich für den Gesamtansatz ist auch das Ergebnis historisch-geographischer Betrachtung, daß nämlich Neustrien eine politische Schöpfung der Merowinger gewesen sei, die mühevoll kaum die Karolingerzeit überstand (M. Rouche). Unbeschadet wertvoller Einzelbeiträge (Rouche, Brunterc'h, Lohrmann, Devroey u. a.) und Detailerkenntnisse zeigen gerade die beiden umfangreichen Bände über Neustrien, wie problematisch großdimensionierte Studien sein können, wenn der räumliche Bezug starr gefordert wird. Sinnvoll und ergiebig ist dagegen noch immer die thematische Konzentration auf herausragende Einzelstädte, wie es nach E. Ewigs Vorbild jüngst H. H. Anton mit einer kritischen Bilanz über „Trier im frühen Mittelalter" gezeigt hat [144].

Wie schwierig die kritische Zusammenfassung der Geschichte der Franken und ihres Reiches ist, läßt eine große Fülle von Spezial- und Detailstudien bereits erahnen. So spiegeln sich Umfang und Bedeutung der Einzelforschungen besonders eindrucksvoll in dem großen fünfbändigen Karlswerk 1965–69, welches parallel und ergänzend zur großen, unter den Auspizien des Europarates veranstalteten Aachener Karls-Ausstellung von 1965 erschien [52]. Damals „jährt(e) sich zum 1200. Mal das Datum, an dem ‚Aquis' zuerst, 765 anläßlich eines Winteraufenthaltes Pippins, in den Reichsannalen, ja in der geschichtlichen Überlieferung überhaupt genannt wird, zugleich zum 800. Mal der Tag, an dem Barbarossa 1165 Karl den Großen in den Kreis der heiligen Könige erheben ließ" (der Kunsthistoriker W. Braunfels im Vorwort zu Band I). Trotz mancher auch hier anklingenden Problematik und „Beitöne" hat sich inzwischen mehrfach erwiesen, daß solche und ähnliche, größere wie kleinere historische Ausstellungen mit fruchtbarer Fragestellung nicht nur eine sehr breite Öffentlichkeit ansprechen, sondern auch die historische Fachwissenschaft enorm bereichern und zu wesentlichen Forschungsfortschritten förmlich zu zwingen vermögen. Hier liegt ganz offenkundig eine vielfach überraschende Tendenz vor. Einen zwar nicht mit dem Jubiläumsjahr 1965 vergleichbaren, aber doch nennenswerten Schub erhielt die internationale Karolingerforschung durch eine im April 1979 in Spoleto veranstaltete Tagung zum Thema „Nascità dell'Europa ed Europa Carolingia: Un' equazione da verificare" [212]. Die Überprüfung der Gleichung zielte auf den Osten und Westen des Frankenreiches, auf Italien und die Römische Kirche, bezog aber auch Kultur, Kunst und den Mittelmeerraum in die systematische Betrachtung mit ein.

Die bereits erwähnten quellenkritischen Untersuchungen erzählender Überlieferung sowie zahlreiche Neueditionen boten Grundlagen für intensive historiographische Bemühungen. Solche reichen in jüngerer Zeit von der Sprache Gregors von Tours, dem berühmten „sermo rusticus" [91: H. Beumann], und Studien zum Ps.-Fredegar bis zu den großen erzählenden Quellen der Karolingerzeit. So hat beispielsweise 1958 H. Hoffmann mit seinen quellenkritischen „Untersuchungen zur karolingischen Annalistik" [191] den Weg gewiesen für eine ideengeschichtliche Interpretation der Annales Mettenses priores, die vornehmlich „Aufstieg und Herrschaft der Karlinger" [187: I. Haselbach] darstellen wollten. Mit „ideengeschichtlichen Studien zu Einhard" [488: H. Beumann] ist die für das Karlsbild zentrale Vita des Frankenherrschers in ihrer formalen Anlehnung an klassische Autoren erhellt worden, während H. Löwe „Das Werden des Abendlandes im Geschichtsbild des frühen Mittelalters" mit weitem Blick „Von Theoderich dem Großen zu Karl dem Großen" verfolgte [205]. Diese Beispiele illustrieren eine dominante Ausrichtung auf inhaltliche Aspekte des jeweiligen Geschichtsbildes, und zwar durchweg auf gesichertem quellenkritischem Fundament. Bedeutsam bereits für die Zeit Karls des Großen ist die Neuedition der Denkschrift *De ordine palatii*, die Erzbischof Hinkmar von Reims 882 verfaßt und an den westfränkischen König Karlmann gerichtet hatte [9]. Hinkmar selbst gibt darin an, Adalhards Schrift über die Ordnung des Königshofes (verfaßt vermutlich 811 bis 814) gelesen und abgeschrieben zu haben, was die Forschung oft bezweifelte. Mit neuen Beobachtungen können nun die Herausgeber T. Gross und R. Schieffer die Annahme erhärten, daß dem Reimser Erzbischof tatsächlich (ab etwa Zeile 218) als geschlossene Textvorlage Adalhards *libellus* vorlag. Diese Schrift kann demnach für die Zeit Karls des Großen eine erhöhte Aktualität beanspruchen, die freilich noch auszuschöpfen ist. Eine ähnliche Forschungsrelevanz wird die erwartete kritische Neuauflage der Werke Thegans und des sog. Astronomus wohl nicht erlangen können, wenngleich mit ihr eine Neubewertung Ludwigs des Frommen angestrebt wird, wie es E. Tremps Studien im Vorgriff auf die Edition andeuten [234].

Die sog. Hilfswissenschaften

Der Überblick kann nicht auf die Forschungsergebnisse der sogenannten Hilfswissenschaften verzichten, die ihrerseits nicht nur dem Mittelalterhistoriker handwerkliches Rüstzeug liefern, sondern schon längst fachliche Eigenständigkeit erworben haben, weshalb man sie auch völlig mit Recht als Grundwissenschaften zu bezeichnen pflegt. Am stärksten integriert in Nachbardisziplinen wie

Paläographie

Mittellatein/Kodikologie, Kanonistik, Bildungsgeschichte usw. ist die Paläographie oder Handschriftenkunde im engeren Sinne. B. Bischoffs überragende Handschriften- und Bibliothekskenntnisse haben sich für zahlreiche grundlegende Arbeiten und Detailstudien als unentbehrlich erwiesen. Mit Untersuchungen über „Die südostdeutschen Schreibschulen und Bibliotheken in der Karolingerzeit", deren erster Band 1940 erschien, hat er ganz systematisch die bayerischen Diözesen mit den Zentren Benediktbeuern, Freising, Tegernsee und Regensburg behandelt, während der zweite Band (erschienen 1980) „die vorwiegend österreichischen Diözesen" mit den kulturellen Mittelpunkten Mondsee und Salzburg umfaßt [502]. Als exemplarische Studien desselben Verfassers seien auch die über „Die Hofbibliothek Karls des Großen" von 1965 [499] und „Lorsch im Spiegel seiner Handschriften" von 1974 genannt [500], sonst aber pauschal auf seine „Mittelalterlichen Studien" [37] verwiesen.

Diplomatik

Die klassische Diplomatik als kritische Urkundenwissenschaft hat vornehmlich in Editionen der Monumenta Germaniae Historica die fränkischen Königsurkunden bis zu Karls d. Gr. Tod und darüber hinaus wenigstens die Urkunden Lothars I. vorlegen können, dringend benötigt wird eine Edition der Diplome Ludwigs d. Frommen, notwendig ist auch eine Neuausgabe der Merowingerdiplome, für deren Originale das wichtige Abbildungswerk von Ph. Lauer und Ch. Samaran [14] seit 1908 vorliegt. Diplomata Karolinorum in Faksimiledruck publizierten seit 1936 F. Lot, Ph. Lauer und G. Tessier [12], während A. Bruckner eine „Faksimile-Ausgabe der in der Schweiz liegenden originalen Karolingerdiplome" verdankt wird [11]. Die genannten Abbildungswerke spiegeln die steigende Notwendigkeit, selbst mustergültige kritische Urkundeneditionen im Ringen um neue Erkenntnisse oder beim Überprüfen alter Ergebnisse immer wieder mit Faksimiles neu zu überprüfen. Grundlegend auch für die fränkische Urkundenlehre ist P. Classens „Kaiserreskript und Königsurkunde" geworden [254], während die sonstige Forschung sich vorwiegend auf Einzelstücke oder urkundliche Formeln konzentriert hat: Als Beispiele sollen erwähnt werden K. Schmitz' „Ursprung und Geschichte der Devotionsformeln bis zu ihrer Aufnahme in die fränkische Königsurkunde" [296], H. Wolframs Untersuchung der „lateinischen Königs- und Fürstentitel bis zum Ende des 8. Jahrhunderts" [316]. Für diese wie andere Arbeiten der diplomatischen Forschung ist charakteristisch, daß sie engere thematische Grenzen bewußt überschreiten. So hat K. H. Debus „Studien zu merowingischen Urkunden und Briefen" vorgelegt [94], U. Nonn „Merowingische Testamente" als im Frankenreich fortlebende römische Urkundenformen erweisen können [127] oder I. Heidrich bewußt und konsequent auch die „Titulatur und Urkunden der arnulfingischen Hausmeier" [113] für die Lehre von den Königsurkunden erschlossen. Der kurze Überblick soll beendet werden mit einem Hinweis auf J. Fleckensteins Geschichte der „karolingischen Hofkapelle", die für die Hofkapelle der deutschen und außerdeutschen Könige des Mittelalters den Grund gelegt hat [265].

Genealogie

Sieht man von den an anderer Stelle zu erwähnenden charakteristischen Verbindungen von moderner Genealogie und Sozialgeschichte ab, so sind relativ wenig genealogische Streitpunkte erkennbar. Heraus ragt die Kontroverse zwischen K. A. Eckhardt mit der Behauptung von „Merowingerblut" bei den Karolingern [398 a] und E. Hlawitschka, von dem sie ebenso energisch bestritten wird [415]. Grundlegend für die Genealogie der Karolinger sind K. F. Werners Untersuchungen von 1965 [240] über „Die Nachkommen Karls des Großen bis um das Jahr 1000 (1.–8. Generation)" – derselbe Forscher führte auch den Nachweis, daß Karl d. Gr. erst 747 (kaum 742) und damit auch ehelich geboren wurde [239] – während E. Hlawitschka ebenfalls im Jubiläumsjahr 1965 „Die Vorfahren Karls des Großen" detaillierter untersucht hat [190]. Da europäische Fürstenhäuser bis weit in die Neuzeit um Abstammungsnachweise von Karl d. Gr. bemüht waren, besitzt die genealogische Grundlagenforschung der Karolingerzeit doppelten Reiz und erhöhte Bedeutung, und wenn landesgeschichtlich orientierte Detailforschung mit einer Kombination sozial- und besitzgeschichtlicher Fragestellung eine Reihe auch neuerer Ergebnisse zu korrigieren beginnt [z. B. 446: M. Werner], dominiert der Eindruck äußerster kritischer Nüchternheit.

Numismatik

Die frühmittelalterliche Numismatik genießt den beneidenswerten Vorteil einer sich ständig erweiternden Quellenbasis. Die das Hauptverdienst daran tragende Spatenforschung hat aber auch auf dem traditionellen Feld der strengen Numismatik wesentliche Akzente setzen können, etwa mit J. Werners Untersuchung über „Waage und Geld in der Merowingerzeit“ [385]. Auch für die karolingische Währungspolitik wird man mit weiteren Erkenntnisfortschritten rechnen müssen, nachdem das Feld der frühmittelalterlichen Maßeinheiten und des Gewichtswesens neues Interesse gefunden hat. So glückte H. Witthöft nicht nur der „Beweis der Rechenbarkeit frühmittelalterlicher urkundlicher Überlieferung und der Identifizierung des pondus Caroli“, sondern auch „der Nachweis, daß Gold und Silber in einer konstanten Relation miteinander gehandhabt wurden, die sich aus ihren physikalischen Eigenschaften ergab, d. h. aus ihrer Dichte“ [387].

Chronologie

Geringer sind demgegenüber die Forschungsfortschritte im Bereich vor allem der merowingerzeitlichen Chronologie. B. Kruschs ältere Studien [insbesondere 114] haben von W. Levison [120], L. Dupraz [96], C. Courtois [93], G. Tessier [134] bis hin zu I. Heidrich [113] und K. H. Debus [94] und einer Fülle von Detailstudien E. Ewigs [zumeist zusammengefaßt in 103] wichtige Korrekturen und Ergänzungen erfahren. Gesichert ist Chlodwigs Taufdatum, annähernd geklärt die Datierung von „Grimoalds Staatsstreich“, auch zahlreiche Daten der Merowingerdynastie selbst. Trotzdem steht eine zusammenfassende und kritische Prüfung der Chronologie der Merowinger leider noch aus; auch die so wichtigen Ergebnisse aus W. A. Eckhardts Arbeit über „Die Decretio Childeberti und ihre Überlieferung“ [98] sind noch nicht entscheidend aufgegriffen und weitergeführt worden. Offenbar infolge einer immer schwieriger werdenden Forschungslage zeichnet sich vorerst auch keine Tendenz zur Besserung ab.

Über den traditionellen Bereich der historischen Hilfswissenschaften hinaus haben die Arbeiten von P. E. Schramm über „Herrschaftszeichen und Staatssymbolik“ [301] der Mediävistik neue Quellenhorizonte erschlossen, die vor allem für die politische Ideengeschichte und die Verfassungsgeschichte grundlegende Bedeutung erlangten. Noch von Schramm selbst sind in seinen gesammelten Aufsätzen über „Kaiser, Könige und Päpste“ [62] die spezifischen Ergebnisse in einen sehr weiten Rahmen gestellt worden. Allerdings hat Schramm dem fränkischen Frühmittelalter kein besonderes Augenmerk schenken können. Seine Fragestellung und sein methodischer Ansatz kombinierter Deutung bildlicher und textlicher Zeugnisse sind jedoch aufgegriffen worden und haben sich beispielsweise für die Geschichte des Königsthrons, der formalen Akte von Königserhebungen und überhaupt für Fragen des Herrscherzeremoniells und präsentierter Staatlichkeit als sehr fruchtbar erwiesen. Mit diesen knappen Hinweisen soll der allgemeine Überblick bereits abgeschlossen werden.

2. Politische Geschichte

Fränkische Frühzeit

Die fränkische Frühgeschichte hat seit jeher das besondere Interesse der Forschung auf sich gezogen. Weil direkte schriftliche Nachrichten fehlen, ist schon früh versucht worden, mit differenziertesten Ansätzen die Erforschung jener Periode zu fördern, die nicht nur für die Entstehung des Frankenreiches, sondern auch für die weitere Entwicklung Europas und insbesondere der späteren deutschen und französischen Großvölker entscheidende Bedeutung gehabt haben mußte. So hat sich ein ganzes Konzert unterschiedlichster Wissenschaftsdisziplinen ergeben, an dem sich außer Historikern vor allem die Archäologie, Namenkunde, Sprachwissenschaft und Dialektgeographie, Siedlungskunde, Kulturgeographie und Flurforschung, Patrozinienkunde und Volkskunde usw. beteiligten. Wissenschaftsgeschichtlich bedeutsam wurde hierbei insbesondere die Gründung des Instituts für geschichtliche Landeskunde der Rheinlande an der Universität Bonn, dessen auf vergleichende Landes- und Volksforschung ausgerichtete Arbeit als orientierend und methodisch anregend gelten konnte. Im Mittelpunkt des internationalen Forschungsinteresses standen und stehen nach wie vor Fragen der fränkischen Landnahme und Siedlung, des Bevölkerungsanteils der Franken an der Gesamtbevölkerung des Reiches, der Grenze der fränkischen Siedlungsausdehnung nach Südwesten und überhaupt das Problem der Sprachgrenze. Die äußerst umfangreiche und im einzelnen sehr diffizile wissenschaftliche Diskussion läßt sich hier kaum andeuten, sie ist aber durch den von F. Petri herausgegebenen Sammelband über „Siedlung, Sprache und Bevölkerungsstruktur im Frankenreich" [434] recht gut zu verfolgen. In der Diskussion sind im wesentlichen drei Grundpositionen erkennbar. Einer älteren, beispielsweise von H. Witte, A. Schiber, G. Kurth und auch E. Gamillscheg vertretenen „Anschauung von der germanisch-romanischen Sprachgrenze als der maßgebenden fränkischen Siedlungsgrenze" steht die „These vom großräumigen Sprach- und Kulturausgleich im Frankenreich und der germanisch-romanischen Sprachgrenze als Ausgleichslinie aus spätfränkischer Zeit" [434: F. Steinbach, F. Petri] gegenüber, während man sich seither intensiv vor allem der „Diskussion über Art und Umfang der germanisch-romanischen Symbiose im Frankenreich" widmet.

Da die gelehrte Diskussion sich vornehmlich an Ortsnamen, Personennamen und anderen sprachlichen Indizien orientieren muß, die ihrerseits nicht datierbar oder fast ausschließlich aus recht später Zeit erst überliefert sind, haben alle

Bemühungen um chronologische Bestimmungen besondere Bedeutung, wie exemplarisch belegt werden kann.

Eroberungstheorie

Nur gelegentlich ist die „klassische“ Eroberungstheorie, die sich hauptsächlich auf Schriftquellen stützt und sich durch einzelne archäologische Zeugnisse bestätigt sieht, von Außenseitern bezweifelt oder in Teilen modifiziert worden. Ihrzufolge hätte zu einem präzis nicht ermittelbaren Zeitpunkt der von den Franken ausgehende Druck zu einer verdichteten Form des Eindringens in den nordgallischen Raum geführt. Ohne militärische Überlegenheit sei dieser Vorgang unvorstellbar, vielmehr sei er als erklärte Eroberungspolitik zu deuten. Angesichts der objektiven Überlieferungsschwierigkeiten bot sich bisher lediglich hinreichender Spielraum für die Deutung von Einzelfragen. Mit der umfassenden Prüfung aller verfügbaren Quellen eines

H. W. Böhmes Neuansatz

großräumig abgesteckten Bereichs ist freilich ein entscheidender Neuansatz gewonnen worden, den H. W. Böhme 1974 in einer Großuntersuchung über „Germanische Grabfunde des 4. bis 5. Jahrhunderts zwischen unterer Elbe und Loire“ [75] konsequent beachtet hat. Die sorgfältige Analyse des archäologischen Befundes stützt sich zunächst auf die Auswertung historischer Quellen. Seit dem Ende des 3. Jahrhunderts gingen offenbar häufig fränkische Germanen über den Rhein nach Westen, vorzugsweise um zu plündern und um Beutezüge durchzuführen. Besonders bös muß der Einfall des Jahres 350 gewesen sein, bei dem angeblich 45 Städte erobert wurden. Als die römische Reichsgewalt die fränkischen Germanen wegen eigener starker Beanspruchung in Pannonien nicht bezwingen konnte, ließen sich diese in Gallien nieder. Damit ergab sich für die Folgezeit ein buntes Bild: Einen Teil der Eindringlinge konnten die Römer noch domestizieren, indem sie diese nach ihrer Unterwerfung (*deditio*) ansiedelten (sog. *dediticii*), anderen aber wurden als Kriegsgefangenen geschlossene Siedlungen angewiesen (sog. *laeti*). Da die den Archäologen vor allem interessierenden Gräber mit charakteristischen Grabbeigaben (insbesondere Waffen), die als fränkisch-germanisch zu deuten sind, sich in Gemengelage mit gallischen Gräbern fanden, kann es sich bei den solcherart Bestatteten nicht um Laeten gehandelt haben. Böhme hat deshalb diese herausgehobenen Gräber in Anlehnung an eine ältere Theorie von K. Böhner als solche von Foederaten gedeutet. Es handle sich demnach um Ansiedlungen fränkisch-germanischer Volksgruppen, die sich teilweise freiwillig unter römische Oberherrschaft begeben haben, teilweise wohl auch als militärische Kontingente ansiedelten, d. h. als freie Söldner, aber auch im Gefolge germanisch-römischer Offiziere. Charakteristisch für diese Volksgruppen ist die aus Schriftquellen gesicherte vertragliche Einigung mit Römern, weshalb man sie als foederati ansprach. Wenn man vom klassischen Foederatenverhältnis ausgeht, ist der von Böhme zwar aufgegriffene, aber durch zeitgenössische Schriftzeugnisse nicht direkt belegbare Foederatenname nicht unproblematisch. Berücksichtigt man jedoch einen seit längerem erfolgten Begriffswandel, so dürften Name und Vorstellung gerechtfertigt erscheinen, etwa im Sinne Prokops, dessen Hinweise eine lockere rechtliche Eingliederung einzelner Barbaren und barbarischer Gruppen erkennen lassen: „Zu den Föderaten gehörten früher nur Barbaren, die – da von den Römern nicht besiegt – nicht als Unterjochte, sondern als völlig Gleichberechtigte in den Staatsverband aufgenommen worden waren. Foedera heißen nämlich bei den Römern die mit Feinden abgeschlossenen Verträge. Heutzutage aber dürfen alle diese Bezeichnung verwenden; denn die Zeit läßt den Dingen keineswegs ihre ursprünglichen Namen, vielmehr ändern sich dauernd die Gegenstände, und die Menschen kümmern sich, ihrer Art entsprechend, nicht weiter um die alte Namensgebung" (Vandalenkriege I, 11, ed. O. VEH S. 85).

Wenn man Prokops Deutung berücksichtigt, was BÖHME leider versäumt hat, kann sein Ergebnis aufrechterhalten werden, daß „die germanischen Gräber Galliens nicht den Laeten, sondern freien Söldnern und fürstlichen Gefolgschaften zuzuordnen sind, die sich in den Dienst des Kaisers begaben." Damit ist auch von einer großräumigen „Föderatenkultur" zwischen Elbe und Loire auszugehen, was immerhin bedeutet, daß die fränkische Ansiedlung sich im wesentlichen ohne Gewalt, und auf gar keinen Fall lawinenartig vollzogen hat. Man hat eher von einem kontinuierlichen Einsickern waffentragender Bevölkerungselemente auszugehen als von militärischer Eroberung. Diese Form der „Landnahme" des 4. und 5. Jahrhunderts kann mindestens vorläufig als gesichert gelten, weil die archäologischen Funde in ein chronologisches System gebracht worden sind und weil es gelungen ist, sie in den Kontext sonstiger Zeugnisse plausibel einzuordnen.

Als überraschendes Nebenergebnis ist die heraustretende Eigenständigkeit der Zeit nach der Mitte des 4. Jahrhunderts zu werten. Es hat demnach eine starke Barbarisierung Nordgalliens in einem längeren Prozeß stattgefunden, dessen Ursachen im einzelnen schwer erkennbar sind, dessen Ergebnis aber als spezifisch gallisch-germanische Mischzivilisation angesprochen werden konnte und mittlerweile im Mainzer Austellungskatalog von 1980 [76: „Gallien in der Spätantike"] hervorragend dokumentiert ist. Ganz offensichtlich begannen bereits im 4. Jahrhundert Wandlungen in der ethnischen und sozialen Struktur Nordgalliens, ohne die eine fränkische Reichsgründung im ausgehenden 5. Jahrhundert nicht gut vorstellbar ist.

Chlodwigs Taufe

Vor dem Hintergrund der soeben skizzierten Forschungstendenzen wird ein so bedeutungsvoller Vorgang wie die Taufe Chlodwigs etwas relativiert erscheinen. Heftig umstritten war lange Zeit die Datierung des Reimser Taufaktes, der chronologisch nur zu erschließen, nicht aber direkt zu beweisen ist. Der Übertritt zum katholischen Christentum in bewußter Absetzung zum arianischen Glauben aller anderen Germanenkönige sicherte dem Bekehrungsakt eine zusätzliche Bedeutung. Nicht zufällig beginnt daher die bekannte französische Publikationsreihe der „Trente Journées qui ont fait la France" mit dem freilich breiter angelegten Buch von G. TESSIER, [134] das den Titel trägt: „Le Baptême de Clovis. 25 Décembre ...". Titel und Erscheinungsjahr 1964 scheinen zu belegen, man glaube noch immer, Frankreichs Anfänge seien sogar auf Monat, (Jahr) und Tag und nicht nur auf eine einzige Gründerfigur präzis bestimmbar!

Moderne Ausdeutungen der Reimser Taufe stehen in altehrwürdiger Tradition, denn schon im 9. Jahrhundert hatte der westfränkische Erzbischof Hinkmar von Reims Behauptungen von einer Königssalbung Chlodwigs I. aufgegriffen, die dann in der Folge zur Lehre von einer konstitutiven Königssalbung mit heiligem Himmelsöl am geheiligten Ort der Reimser Bischofskirche verdichtet wurden. Diese in der mittelalterlichen Geschichte der französischen Königsweihe realisierte Theorie hat J. DE PANGE noch 1951 verfochten [128], von G. TESSIER ist sie jedoch entschieden zurückgewiesen worden.

In ganz anderer Weise wurde dagegen Chlodwig auch für die deutsche Kaisergeschichte in Anspruch genommen. Ausgangspunkt war der Bericht Gregors von Tours über die Verleihung des Ehrenkonsulats an den Frankenkönig im Jahre 508. Chlodwig war als Sieger von einem glücklichen Feldzug über Saintes und Angoulême nach Tours zurückgekehrt, wo er der Kirche des hl. Martin reiche Geschenke machte. Gregor (II, 38) berichtet außerdem: „Damals erhielt er vom Kaiser Anastasius ein Patent als Konsul (*codecillos de consolato accepit*) und legte in der Kirche des hl. Martin den Purpurrock und Mantel an und schmückte sein Haupt mit einem Diadem (*tunica blattea indutus, inponens vertice diademam*). Dann bestieg er ein Pferd und streute unter das anwesende Volk mit eigener Hand Gold und Silber auf dem ganzen Wege von der Pforte der Vorhalle (der Kirche St. Martin) bis zu der Bischofskirche der Stadt mit der größten Freigebigkeit aus; und von diesem Tage an wurde er Konsul oder Augustus genannt (*tamquam consul aut augustus est vocitatus*). Von Tours ging Chlodwig nach Paris und machte dies zum Sitz seiner Herrschaft (*ibique cathedram regni constituit*)".

Ehrenkonsulat von 508

Dieser Text bot Anlaß zu weitreichenden Interpretationen, auch zur These von einer Kontinuität in der Kaiserfrage, sei doch bereits Chlodwig durch Byzanz als (westlicher) Kaiser anerkannt worden. B. KRUSCH sah 1933 in dem Ereignis von Tours fast folgerichtig die „erste deutsche Kaiserkrönung" [117], während K. HAUCK 1967 von einem „Kleinkaisertum" sprach; insbesondere sah er eine Analogie in den Vorgängen von 508 und jenen von 751 mit der Königserhebung eines Karolingers und somit eine Kontinuität der fränkischen Königskrone (als bezeugtem Herrschaftszeichen) von Chlodwig bis Pippin [112]. Diese Andeutung führt jedoch zu weit. Zwar ist für das Frankenreich spätestens seit der ersten Hälfte des 8. Jahrhunderts belegbar, daß ihm die Vorstellung eines von Gott gekrönten Herrschertums mehr oder weniger vertraut war [298: R. SCHNEIDER 211 f.], doch ist erst die Krönung Karls des Jüngeren, des Sohnes Karls des Großen, durch den Papst am Weihnachtstag des Jahres 800 (in einer Art Nebenakt zur berühmten Kaiserkrönung seines Vaters) die erste gesicherte Krönung eines Königs der Franken [163: P. CLASSEN 111].

Was bedeutet aber Gregors Nachricht zum Jahre 508? Mit Sicherheit ist von einer kaiserlichen Ehrung in sehr feierlichem Rahmen auszugehen: Der Kaiser hatte (wie zuvor an Theoderich, den König der Ostgoten) Chlodwig Ehrenkonsulat und vestis regia verliehen (somit war Theoderich nicht mehr einziger kaiserlicher Exponent im Westen!). Ob das dabei verliehene Diadem eine Krone war und somit Kronen seither als merowingische Herrschaftszeichen gelten könnten, ist nicht klärbar. Immerhin erhielt Chlodwig aus diesem Anlaß vom Volk Akklamationen und damit seinerseits eine Ehrung, „wie sie regulären Konsuln und den Kaisern zukam“ [112: K. HAUCK], und partizipierte künftig am (abgestuften) Kaiserzeremoniell. Der gerissene Franke scheint zusätzlich teils provoziert, teils mit dem Zeremoniell gespielt zu haben, obwohl er das Verliehene voll akzeptierte. Gregors möglicherweise sehr bewußte Wortwahl (*tamquam consul aut augustus est vocitatus*) scheint das schillernde Verhalten widerzuspiegeln – die Tendenz im Verhalten des selbstbewußten Frankenkönigs dürfte jedoch eindeutig sein: Bewußt ging er über die ihm zugedachte Ehrung hinaus!

Obwohl es für Einzelfiguren der mittelalterlichen Geschichte, zumal vor dem 13./14. Jahrhundert, keine auch nur annähernd ausreichende Quellengrundlage gibt, um eine historische Biographie erarbeiten zu können, hat man sich schon früh an größere Persönlichkeitsdarstellungen Karls des Großen gewagt. Damit ist nicht etwa das flutartige literarische Bemühen um den großen Karolinger gemeint, das auf ein anhaltendes Publikumsinteresse zielt und es zugleich nährt, sondern an durchaus ernsthafte wissenschaftliche Arbeiten gedacht. Diese Versuche reichen bis in die jüngste Zeit, wobei aber meist bewußt blieb, daß sich „die Gestalt Karls d. Gr. nur erschließen kann aus seiner Welt, seinen Taten und den Wirkungen, die von ihm ausgegangen sind“ [175: J. FLECKENSTEIN], oder man formulierte im Titel: „Karl der Große und seine Zeit“ [157: D. BULLOUGH]. Daher mag überraschen, daß gerade ein marxistischer Historiker sein (inzwischen mehrfach aufgelegtes) Buch in Berlin-Ost 1972 mit dem Titel veröffentlichte: „Karl der Große. Eine Biographie“ [170: S. EPPERLEIN]. Unabhängig von den objektiven Überlieferungsschwierigkeiten gibt es jedoch seit jeher eine wahre Fülle unterschiedlichster Karlsbilder, besteht ja auch die Notwendigkeit wertender Beurteilung der Herrscherpersönlichkeit. Die bunte Palette reicht bis in Karls eigene Zeit zurück und ist ihrerseits wiederholt Gegenstand historischer Aufarbeitung gewesen. Am umfassendsten hat dies 1950 R. FOLZ getan: „Le souvenir et la légende de Charlemagne dans l'empire germanique médiéval“ [178], während A. BORST 1965 „Das Karlsbild in der Geschichtswissenschaft vom Humanismus bis heute“ [150] eindrucksvoll skizzierte. Immer war es von zeitgebundenen Fragestellungen und Leitbildern geprägt, mal dominierte der heilige Karl, der Idealherrscher, der Ordner von Kirche und Staat, gar der „Kreuzfahrer und Heilige“ oder der Held schlechthin, dann wieder eher der Einiger Europas, Vater Frankreichs oder auch Deutschlands, im Extrem schließlich in nationalsozialistischer Propaganda das Bild vom verhaßten „Sachsenschlächter“, dessen Feind, der Sachsenführer Widukind, seinerseits dem Dritten Reich zum Helden wurde. Damit ist bereits angedeutet, daß vor allem die großen historischen Zäsuren unseres eigenen Jahrhunderts das modernere Karlsbild entscheidend bestimmt haben. Exemplarisch sollen auch die skeptischen Thesen

Unterschiedliche Karlsbilder

des Belgiers H. PIRENNE angeführt werden, für den Karl den grundlegenden Wandel des Zeitalters nicht begriffen hat und der Karl weit hinter Mohammed zurücktreten, ihn im Grunde dessen historisches Produkt sein läßt [219].

Ähnlich wie sein Landsmann J. CALMETTE [158] hat der Franzose L. HALPHEN das Fehlen eines politischen Gesamtplanes bei Karl scharf kritisiert. Seine Regierung sei „von den Ereignissen und Widerständen gelenkt" worden [186]. Ihm gegenüber hat wiederum A. KLEINCLAUSZ betont, daß Karl „nicht den Umständen, sondern einem eigenen Programm gefolgt sei", dessen Kern die Überzeugung von der göttlichen Macht der Könige war, die Karl für seine persönliche Herrschaft zu verwirklichen gewußt habe. So sei er zum „chef de la chrétienté universelle" geworden, darüber hinaus kein Deutscher, kein Franzose, „sondern wie Cäsar ein homme de l'humanité" [200]. Dieser Sehweise hat aber schon zwischen den Weltkriegen der englische Universalhistoriker A. S. TOYNBEE [233] nicht zu folgen vermocht. Nachdem die nüchterne Analyse vor allem der Verfassungsstruktur des Karlsreiches durch eine Fülle eindringlicher Studien von dem Belgier F. L. GANSHOF vorangetrieben worden war, hat auch er unmittelbar nach Beendigung des Zweiten Weltkrieges sich prononciert die Frage gestellt, ob Karl, an dessen historischer Größe kein Zweifel sei, ein Staatsmann war. GANSHOFS Antwort war differenziert: Verglichen mit anderen Zeitgenossen sei Karl kein gebildeter Mensch gewesen, habe er nur geringe Begabung für die Abstraktion besessen; aber: „he knew how one gains power, how one remains in power and how one reaches the highest degrees of superior and supreme power" [184]. Karl habe zudem einen ausgesprochenen Sinn für das gehabt, was praktikabel war, und sich nur einmal, nämlich 771 in Spanien, übernommen (es handelt sich um die unglücklich verlaufene Expedition, die späteren Jahrhunderten in der verklärten Form des Rolandsepos vertraut wurde). Trotz mancher Konturen einer Zielvorstellung, die besonders an seiner Politik und seinen Feldzügen ablesbar seien, habe Karl über kein klares Programm verfügt: „But one cannot make out a real program in his actions!" In einer Zeit, die, wie die heutige, Politiker an ihrer Fähigkeit, große Konzeptionen entwickeln zu können, mißt, klingt dieses Urteil sehr hart, wenngleich GANSHOF Karls staatsmännische Größe hinter den Hauptereignissen seiner Herrschaftszeit glaubte erkennen zu können. Viel schärfer noch ist demgegenüber das unverblümte Urteil des Engländers J. M. WALLACE-HADRILL: Karl „ist als staatsmännische Persönlichkeit nicht erkennbar und ist wahrscheinlich auch nie eine gewesen". Die hier angeführte, gewiß einseitige Stimmenauswahl entspricht immerhin der für solche Fragen nüchternen Überlieferung, die allzu häufig zum Schweigen übergeht, viel mehr, als eine Fülle von schnellen und preisenden Urteilen, die selten berücksichtigen, wie brüchig die Quellengrundlage ist. H. FICHTENAU hat überdies schon 1949 gemahnt, man solle sich von Wunschbildern einer Vergangenheit oder Zukunft lösen und das kontrastreiche Gesamtbild der Persönlichkeit Karls d. Gr. sowie die dunklen Seiten seiner Zeit stärker berücksichtigen, um gefährliche Illusionen zu vermeiden [172]. Ob man bei dieser Mahnung bereits ahnen konnte, daß ein Philosophiehistoriker 1987 Karl den Großen „eher als einen erfolgreichen Bandenchef . . . denn als den idealisierten Priesterkönig späterer Darstellungen" charakterisieren sollte? Für K. FLASCH hatte sich Karl der Große „durchkämpfen müssen, gegen Sachsen und Bayern. Er war es, der dem Klerus seine Rolle zuwies, nicht umgekehrt. Der Papst war fern und ohnmächtig; in den Augen Karls hatte er seine Hauptaufgabe darin, für das Gelingen der kaiserlichen Pläne zu beten". In der durchaus nicht nur hypothetischen Charakterisierung Karls als „Anführer einer Reiterbande" spiegelt sich nicht nur eine realistischere Betrachtungsweise, sondern auch ein gutes Stück Distanz zur einst überzogenen Charakterisierung des Karlsreichs im Sinne eines politischen Augustinismus. Der vielzitierte und noch immer häufig betonte Charakter des Karlsreiches als eines Gottesstaates auf Erden sollte die urwüchsige Kraft des Karolingers, aber auch die nüchterne Robustheit seiner Zeit nicht außer acht lassen. Dies schließt nicht aus, daß der „Bandenchef" mit einer Idee ausgestattet war: „Möglichst so zu sein wie der ferne Herrscher von Byzanz. Das reiche und mächtige Ostrom war für viele Jahrhunderte des Mittelalters ein anstachelnder Traum" [510].

Mangel an herrscherlichen Selbstaussagen

Das angeschnittene Grundproblem der Beurteilungsmöglichkeiten von Karls d. Gr. Persönlichkeit ist schnell skizziert. Am ehesten ließe sich sein politisches Programm aus eigenen Äußerungen herausschälen, wenn solche überliefert wären. Zu den ganz wenigen, ihm zuschreibbaren Bekundungen seines Denkens könnte eine Randnotiz in den Libri Carolini gehören, mit der ein Satz Augustins glossiert wurde: „Der Schöpfer wird als solcher bezeichnet im Hinblick auf die Geschöpfe, ebenso wie der Herr so heißt im Hinblick auf die Knechte." Wenn nun Karl beim Vorlesen dieses Textes den Ausruf „Optime!" nicht zu unterdrücken vermochte, so könnte daraus hervorgehen, was mit einer Fülle anderer Nachrichten gesichert ist, daß dieser Franke sich seiner Rolle als Herrscher voll bewußt war, ohne Skrupel und ohne Zweifel, wohl wissend um den Abstand zwischen dem Schöpfer und ihm selbst, aber ebenso um den zu seinen Untertanen, die er bewußt als solche empfand. Das christliche Gedankengut, das dieser Kommentierung zugrundeliegt, ist für einen fränkischen König längst nicht mehr ungewöhnlich gewesen. Denn nicht erst seit der Erhebung Pippins von 751, wohl aber stark intensiviert seither, ist eine Verchristlichung des Königtums zu beobachten, welche sich vornehmlich am Herrscherzeremoniell, der Liturgie und an der Titulatur ablesen läßt [263: E. EWIG; 298: R. SCHNEIDER].

Herrschertitel

Weil direkte Aussagen frühmittelalterlicher Könige über sich selbst mehr als selten sind, hat man sich in der Forschung schon längst daran gewöhnt, den Herrschertitel als solche (bedingte) Selbstaussage zu werten [316: H. WOLFRAM]. Nach der Unterwerfung der Langobarden wurde Karls Königstitel (*Carolus gratia Dei rex Francorum*) unter bemerkenswerter Berufung auf diese als nunmehr (formal) zweites Staatsvolk erweitert, zusätzlich 774 auch noch ergänzt durch den Funktionstitel . . . *ac patricius Romanorum*, der „die Manifestation der Schutzpflicht über die römische Kirche zusammen mit dem Römernamen in den Königtitel Karls“ [316: H. Wolfram] brachte und als ein wesentlicher Schritt in Richtung auf das Kaisertum anzusehen ist. Auch Karls Kaisertitel (s. o. S. 33f.) seit 800 enthalten allesamt reiche Bezüge auf christliches Herrschaftsverständnis und eine Legitimierung durch Gott, kaum aber andere konzeptionelle Momente, nicht einmal Andeutungen einer besonderen Verpflichtung zur Ausbreitung der christlichen Religion. Die somit sparsamen Ergebnisse einer Überprüfung der Titulatur als bedingter herrscherlicher Selbstaussage finden jedoch eine Ergänzung durch Karls berühmten Brief an Papst Leo III. von 796. Das offenbare Kanzleiprodukt dürfte kaum von Karl konzipiert oder gar diktiert worden sein, sondern eher die Handschrift Alkuins tragen, in dessen Briefsammlung es auch überliefert ist. Und doch läßt sich mancher Gedankengang durchaus als herrscherliche Selbstaussage interpretieren, wobei vor allem die Grundsätzlichkeit bemerkenswert ist, mit der das Verhältnis zwischen Frankenkönig und Papst umrissen wurde: „Unsere Aufgabe ist es, mit Gottes Hilfe die heilige Kirche Christi überall vor dem Ansturm der Heiden und der Verwüstung der Ungläubigen nach außen mit den Waffen zu verteidigen und nach innen durch die Anerkennung des katholischen Glaubens zu befestigen. Eure Aufgabe ist es dagegen, mit zu Gott erhobenen Händen wie Moses unseren Kampf zu unterstützen, damit durch Eure Fürbitte und Gottes Führung und Gnade das christliche Volk über die Feinde seines Namens immer und überall den Sieg erringe und der Name unseres Herrn Jesus Christus in aller Welt erstrahle“. Hier ist kaum von offensivem Missionsauftrag die Rede, vielmehr betont Karl seine Aufgabe der Glaubensverteidigung und der Festigung des Christentums im Innern des Reiches. Diese Tendenz wird noch deutlicher, wenn die päpstliche Fürbittepflicht betont wird, die auch dem nach außen gerichteten Missionsgedanken noch gelten soll. So kann der Eindruck entstehen, als habe Karl den allgemeinen Missionsauftrag der christlichen Kirche zwar gekannt und bejaht, die prinzipielle Konsequenz für seine Politik jedoch bewußt vermieden.

Aufgaben des Herrschers

Mithin liegt bereits nahe, der Außenpolitik Karls vornehmlich bis ausschließlich machtpolitische Motive zu unterstellen, deren Wurzeln vor allem im Selbstbewußtsein und Überlegenheitsgefühl des Frankenvolkes lagen und im Machtstreben der eigenen Dynastie, die aber Kontinuitätsbrüche zu den Merowingern zu überdecken versuchte. Nüchtern und an den Realitäten orientierte sich Karls eigener Machtsinn; gewiß war er eingebettet in die Grundüberzeugung einer von Gott gesetzten Herrschaftsaufgabe, und auch an Karls persönlicher Frömmigkeit ist nicht zu zweifeln, wenngleich er wie fast alle frühmittelalterlichen Herrscher zwischen Religion und Politik sauber zu trennen verstand. So wußte der Franke vor allem um die Notwendigkeit furchtgebietender Strenge bei der Herrschaftsausübung, wie es Nithards, des um 843 schreibenden Enkels Urteil ausdrückt: „Denn mehr als alles finde ich dies bewundernswert: die unbändig eisernen Herzen der Franken und Barbaren, die nicht einmal die Kraft der Römer zu zähmen vermochte, hat einzig dieser durch gemäßigten Schrecken so gebannt (*hic solus moderato terrore ita repressit*), daß sie offen nichts in seinem Reiche zu unternehmen wagten, als was dem gemeinen Besten entsprach." Solche Herrschaftsausübung *moderato terrore* dürfte in hohem Maße den realen Erfordernissen des fränkischen Großreichs entsprochen haben, das bereits von L. M. HARTMANN als expansives Reich mit repressiv-okkasioneller Staatstätigkeit charakterisiert worden ist, die gegenüber dem Typ präventiver, kontinuierlicher Staatstätigkeit „auf einem System der Aushilfen von Fall zu Fall beruhte" [vgl. 227: W. SCHLESINGER]. Die von älterer Forschung unterstellte Grundkonzeption, Karl habe den Gottesstaat auf Erden im Sinne Augustins erbauen wollen, vertrug sich nicht mit den Realitäten eines mühsam zusammengehaltenen Riesenreiches. Es kann aber kein Zweifel sein, daß gerade Karl d. Gr. um den Wert geistigen Glanzes und herrschaftslegitimierender Ideen wußte. Die Sogkraft seines Hofes auf die geistigen Kapazitäten seiner Zeit, die aus dem In- und Ausland nach Aachen kamen, und der von diesem Hof gespeiste Glanz, die Ausstrahlungskraft dieses Zentrums belegen es eindrucksvoll. Nur darf man die Theorien und Pläne seiner höfischen „Gedankenschmiede" nicht Karl selbst zurechnen; wohl griff Karl bereitwillig an Gedanken und Plänen anderer auf, was ihm geeignet schien, seine Herrschaftsausübung über das Riesenreich zu fördern, sonst aber scheint er, der tief in den Traditionen seines Stammes und Geschlechts verwurzelt blieb, zielbewußt und instinktsicher seinen eigenen Weg gegangen zu sein [492: R. SCHNEIDER].

Weil im darstellenden Teil I relativ breit auf die sog. Kaiserfrage eingegangen wurde, sollen hier kurze Hinweise genügen. Ganz summarisch läßt sich zunächst konstatieren, daß die Thematik seit Jahrzehnten intensiv erörtert und detailliert erforscht wird. Offenbar hat sie auch heute noch keine Einbußen in ihrer Faszinationskraft erlitten. Die ältere Literatur hatte 1928 K. HELDMANN mit seiner voluminösen Studie über „Das Kaisertum Karls des Großen. Theorien und Wirklichkeit" aufzuarbeiten gesucht [188], entsprechend umfangreiche Sichtungen fehlen seither. Um so dankbarer sind zwei wesentliche Hilfestellungen zu erwähnen. K. REINDEL hat 1966 (zunächst nur für Seminarzwecke) eine Sammlung der wichtigen Quellentexte zur Kaiserkrönung Karls des Großen vorgelegt [23] und damit kontrollierende Textbetrachtungen erleichtert. Eine zusammenfassende Darstellung wird P. CLASSEN verdankt. 1965 erstmalig im sog. Karlswerk publiziert, ist sie mehrfach ergänzt worden [163] und dürfte noch für längere Zeit den Forschungsstand sehr zuverlässig spiegeln.

Konzeptionen des Kaisertums

Hinzuweisen wäre jedoch auf die unterschiedlichen Konzeptionen des Kaisertums, die H. BEUMANN [149] herausgearbeitet hat. In einem Brief Papst Hadrians I. von 778 ist eine kuriale römische Kaiseridee im Sinne der Konstantinischen Schenkung zu erkennen. Danach könne der Papst als Herr über Rom und „die westlichen Regionen" selbständig über die Kaiserkrone verfügen, lautet die Kernaussage des sehr vorsichtig formulierten Textes. Ihm gegenüber ist die in einem Altartitel Hadrians I. von 781 belegte nichtkuriale römische Kaiseridee stark auf Petrus bezogen, während der Papst formal stark zurücktritt – als Nachfolger Petri aber selbstverständlich im politischen Umfeld wirksam bleiben kann. Diese positiv auch als Idee eines Petrus-Kaisertums charakterisierbare Konzeption ist im Altartitel in Distichen formuliert und lautet etwa: „Christus, der Herr des Himmels und Sohn der Jungfrau, hat die Lenkung dieser Welt durch Priester und Könige, aus deren beider Geschlecht er selbst stammte, vorgesehen. Die Gläubigen . . . hat er dem Hirten Petrus unterstellt, auf daß dieser sie seinem Vertreter Hadrian anvertraue. Aber auch das *Romanum imperium* spendet er in der ihm treu ergebenen Stadt solchen Dienern (*famulis*), die ihm wohlgefällig sind. Und nun der entscheidende Satz: *Quod* (*sc. Romanum imperium*) *Carolus mire praecellentissimus hic rex/Suscipiet dextra glorificante Petri.* So gipfelt das Gedicht in dem Wunsch, König Karl möge das Romanum imperium aus der Hand des heiligen Petrus empfangen" [149: Beumann 47].

In den Verhandlungen von 799 und 800, die beim Paderborner Zusammentreffen mit Papst Leo III. eingeleitet wurden, habe sich Karl trotz anfänglicher Ablehnung beider Konzeptionen im Kompromiß für den Gedanken eines „Petrus-Kaisertums" gewinnen lassen; mit großer Wahrscheinlichkeit habe sich Karl von ihm auch am Weihnachtstag des Jahres 800 leiten lassen, als er die Peterskirche betrat. Der Papst habe ihn mit der kurialen römischen Konzeption auf der Linie von 778 überrascht. Das von Einhard erwähnte Grollen des Frankenherrschers wird so verständlich. Karl soll bekanntlich versichert haben, wenn er vom *consilium pontificis* vorher gewußt hätte, wäre er trotz des hohen Kirchenfestes nicht in die Kirche gegangen. Den Schachzug des Papstes vom 25. 12. 800 habe Karl schließlich damit beantwortet, daß er sich künftig einer dritten Kaiser-Konzeption zuwandte, die in den Paderborner Wochen entwickelt und im Paderborner Epos als dem (möglicherweise) frühesten Beleg deutlich erkennbar sei. (Sofern dieses Epos lediglich als Quelle des sog. Aachener Kaisergedankens betrachtet wird, mögen seine schwierigen Datierungsprobleme sekundär bleiben.) Eine bisher für Rom übliche Metapher (Rom als *caput orbis*) wird in diesem Epos auf die Person des Frankenkönigs bezogen, dem damit auch die gemeinte Funktion verliehen wird. Erkennbar ist der Aachener Kaisergedanke beispielsweise auch in der epischen Schilderung des Aachener Pfalzbaus, in seiner Benennung als Lateran [507: Falkenstein] und vor allem, wenn die Metapher von Byzanz als der *Roma secunda* nunmehr auf Aachen, die *nova Roma*, übertragen wird: „Karl ist als *caput orbis, Europae apex* [Spitze, Gipfel] und *augustus* auch zugleich Herr der *Roma secunda*, die sich *in neuer Blüte mit großer gewaltiger Masse zum Himmel erhebt*" [149: Beumann 19].

Der alten These, Papst Leo III. habe Karls Kaisertum deshalb gewollt, weil nur ein Kaiser über seine stadtrömischen Widersacher und zumal die Attentäter vom 25. 4. 799 habe richten dürfen, ist mit guten Gründen O. Hageneder entgegengetreten. Näher als eine solche Vermutung liege „die Wahrscheinlichkeit, daß der neue Imperator sogleich von sich aus und entgegen der päpstlichen Absicht die Herrschaft über Rom in Anspruch nahm und dort sein Majestätsrecht ausübte, ja dieses von da an überhaupt zur Stützung seiner Herrschaft im Reich verwendete" [185 a: O. Hageneder 79].

Dem fränkischen Staat, seinen Organisationsformen und Institutionen, gilt seit jeher ein außerordentliches Forschungsinteresse. Wie die klassische Rechtsgeschichte des 19. Jahrhunderts in der Zusammenfassung H. BRUNNERS [39] kulminierte, so blieb auch die „historische" Verfassungsgeschichte von G. WAITZ [71] unerreicht. Erst der seit den 1930er und 40er Jahren sich stürmisch entwickelnden neuen Schule der Verfassungsgeschichte gelang es, die alten Lehrgebäude zum Einsturz zu bringen. Sie bezog ihre dynamische Kraft aus einer engen Verbindung mit der Landesgeschichte, die ihrerseits den begrenzten Rahmen der älteren Territorial- und Partikulargeschichte gesprengt hatte. Als besonders fruchtbar erwies sich für die landesgeschichtlich geprägte Verfassungsgeschichte – wie auch umgekehrt für die vor allem verfassungsgeschichtlich ausgerichtete Landesgeschichte –, daß sie methodisch vorgegebene Quellenbereiche etwa der politischen Geschichte bewußt durchbrach und mit einer Kombination von Fragestellungen ursprünglicher Nachbardisziplinen in überschaubaren zeitlichen und geographischen Räumen zu umfassender und allseitiger Untersuchung strebte. Da die landesgeschichtliche Orientierung stets bestimmend blieb, konnten die integrierenden Aufgaben der Verfassungsgeschichte relativ konsequent erfüllt werden, obwohl sich das Ensemble der methodisch und in ihren Ergebnissen berücksichtigten Nachbarfächer bald als fast beängstigend groß erwies: Geographie, Siedlungskunde, Vor- und Frühgeschichte, Archäologie des Mittelalters, Kunstgeschichte, Sprachwissenschaft, Volkskunde, Sozial- und Wirtschaftswissenschaften vor allem, während manchem das ohnehin als unentbehrlich empfundene „Handwerkzeug" der sog. historischen Hilfswissenschaften schon umfangreich und diffizil genug schien. In ihrer Summe zeichneten die solcherart orientierten verfassungsgeschichtlichen Arbeiten ein mannigfaltiges, teilweise höchst kontrastreiches Bild der fränkischen Verfassungsgeschichte.

Verfassungsgeschichtliche Neuansätze

Ins Wanken geriet zunächst die Vorstellung vom frühmittelalterlichen Staat, für den das nach öffentlichem und privatem Charakter differenzierende ältere Instrumentarium nicht mehr griff. Erst TH. MAYERS eingängige Vorstellung vom aristokratischen Personenverbandsstaat des Frühmittelalters, dem der institutionelle Flächenstaat des späteren Mittelalters als Gegensatz entspreche, schien eine plausible Erklärung zu bieten. Sie wurde begierig aufgegriffen und ist doch nur bedingt hilfreich. Denn als reine Personenverbandsstaaten sind im Grunde nur wandernde Verbände etwa der Völkerwanderungszeit zu verstehen, die aber ihrerseits auf der Suche nach Siedlungsflächen zum Zwecke auch der Staats- oder Reichsgründung waren. Glückte sie in relevanter Größenordnung, so fand sie ihre institutionelle Klammer im Königtum. Letztlich gilt daher auch dem fränkischen Königtum besondere Aufmerksamkeit. W. SCHLESINGER hat seine Ursprünge aus dem germanischen Heerkönigtum [in: 289] aufzeigen können, E. EWIG vor allem die Entwicklung des christlichen Königsgedankens [263] untersucht. Weil aber Herrschaftsnachfolgeregelungen nicht nur quellenmäßig dichter belegt sind, sondern besonders gut strukturelle Einblicke in das politische Gesamtgefüge erlauben, haben W. SCHLESINGER „Karlingische Königswahlen"

Das fränkische Königtum

1958 [292] und R. Schneider 1972 die merowingischen Regelungen der Herrschaftsnachfolge [298] untersucht. Deutlich zu trennen ist der Bereich der politischen Willensbildung mit förmlichem Entscheid von den vorwiegend zeremoniellen Formen der Herrschererhebung („Königswahl und Königserhebung im Frühmittelalter"), wobei für die Erhellung der letzteren gerade der von P. E. Schramm neu erschlossene Quellenhorizont der „Herrschaftszeichen und Staatsymbolik" [301; 298] sich als überaus bedeutsam erwies. Erst im Kontext aller fränkischen Herrscherbestellungen bestand auch Aussicht, den isoliert so häufig interpretierten Dynastiewechsel von 751 [vgl. den Forschungsüberblick von W. Affeldt: 141] in seiner Bedeutung adäquater zu erfassen. So hat gerade die frühmittelalterliche Königswahlforschung deutlich herausarbeiten können, daß nicht Erb- oder Geblütsrecht quasi automatisch die Königsfrage regulierten, sondern im Neben- und häufigen Gegeneinander dominierten und entschieden reale Machtfaktoren, wurde die politische Komponente zum regulierenden, ja ausschlaggebenden Faktor [298].

3. Verfassung

Problematik der Grafschaftsverfassung

Schwierig ist der Überblick über den institutionellen Unterbau der Verfassung des Frankenreiches. Die ältere Forschung hat beispielsweise die karolingische Grafschaft zum zentralen Strukturelement auch des mittelalterlichen römisch-deutschen Reiches gemacht und in ihrer Durchformung eine feste Basis für die Organisation der Verwaltung, des Rechts- und Heerwesens gesehen. Nahezu lückenlos sei das Frankenreich in Grafschaften eingeteilt, die Grafen ihrerseits vom König eingesetzt gewesen, daher auch abhängig in ihren teils präziser, teils ungenauer abgegrenzten Funktionen, Rechten und Pflichten. Hier habe der wesentliche Baustein moderner Staatlichkeit gelegen, denn „an diese Grafen der fränkischen Zeit knüpfte der deutsche Landesherr an. Zwar haben die alten Grafschaften bedeutende Umwandlungen erfahren, bis es zur Bildung der Territorien kam. Allein in wesentlichen Stücken erkennt man doch in der Landesherrschaft das Grafenamt wieder" (G. v. Below 1924).

Vornehmlich landesgeschichtliche Untersuchungen haben dieses Bild erschüttert. Fragten H. Fehr 1904, H. Aubin noch 1920 nach der „Entstehung der Landeshoheit" und G. v. Below 1924 nach ihrem Ursprung, so sprach die Forschung seit W. Schlesingers grundlegender Arbeit von 1941 mit anderem Akzent von der „Entstehung der Landesherrschaft" und erkannte in dem so häufig bezeugten Kampf des Adels gegen das Königtum keine Rebellionen gegen den Träger legitimer Staatsgewalt, sondern ein wechselseitiges Ringen von Inhabern zwar nicht gleichrangiger, aber doch gleichartiger Herrschaftsrechte, die auf Seiten des Adels autogener Natur waren. Die an anderer Stelle angeschnittene Adelsforschung hinterließ auch hier tiefe Spuren.

Neu aufgegriffen wurde das Problem der Grafschaft mit kontroversen Studien über „Dux und comes in der Merovingerzeit“ [R. Sprandel 1957: 305] und D. Claudes „Untersuchungen zum frühfränkischen Comitat“ [256], bis H. K. Schulze 1973 die Fragestellung auf „Die Grafschaftsverfassung der Karolingerzeit in den Gebieten östlich des Rheins“ [303] konzentrierte. Die von einer statischen Betrachtungsweise sich lösende moderne Forschung hat den dynamischen Charakter der Grafschaft als einer Grundstruktur erkannt, die sich jeweiligen Veränderungen der Zeitverhältnisse anpaßte und immer als Ergebnis bestimmter historischer Situationen zu bewerten ist. Mit ihrer Hilfe bauten die Karolinger ihren Anspruch auf Reichsherrschaft auf und behaupteten ihn. Aber die allmählich übermächtige „Tendenz zur ‚Verherrschaftlichung' und ‚Allodialisierung' der Grafschaften“ entwickelte sich parallel zur Schwäche des spätkarolingischen Königtums und ermöglichte zugleich „das Wiedererstehen des Herzogtums und den Aufstieg zahlreicher Adelsgeschlechter, in deren Händen sich die Grafschaften befanden“ [303: Schulze 347].

Dem von H. K. Schulze 1973 erarbeiteten Bild, das in bemerkenswerter Weise auch bereits längst verworfene Forschungsergebnisse des 19. Jahrhunderts wieder stärker berücksichtigte, hat M. Borgolte 1984 heftig widersprochen. Seine „Geschichte der Grafschaften Alemanniens in fränkischer Zeit“ [247] ist zusätzlich durch eine umfangreiche Prosopographie der Grafen Alemanniens abgestützt worden [248]. Danach sei es den Karolingern nicht geglückt, die Grafschaftsverfassung flächendeckend durchzuführen. Ob allerdings Alemannien „ein Glücksfall für die Beurteilung des Grafschaftsproblems im Frankenreich“ ist und Borgoltes Ergebnisse tatsächlich exemplarischen Wert haben, wird sich noch erweisen müssen. Weitere Forschungsergebnisse sind jedenfalls zu erwarten, wenn nicht nur die „Gebiete östlich des Rheins“ bzw. Alemannien gründlich untersucht sind, sondern wenn auch die entsprechenden Verhältnisse *westlich* des Rheins mit ähnlicher Akribie geprüft werden, zumal in der so großen westlichen Hälfte des Reiches die Kapitularienüberlieferung ungleich dichter ist. Hier ergäbe sich auch eine bessere Chance zur Beurteilung der Kapitularien, deren Charakter häufig noch immer als dominant normativ und ohne größeren Realitätsbezug eingestuft wird. Über den Rhein hinausgegangen ist bereits U. Nonn 1983 mit „Untersuchungen zur politischen Raumgliederung im früheren Mittelalter“ [286]. Dabei hat er für den Bereich Niederlothringens sehr differenzierte Verhältnisse herausgearbeitet und gleichwohl auf den vollen Ausbau der Grafschaftsverfassung im niederlothringischen Raum, einem Kernland des Karolingerreiches, in der Zeit Karls des Großen schließen können. Dies ist ein wichtiges Ergebnis; trotzdem wird man von spezifischer Grafschaftsverfassung erst sprechen wollen, wenn sie relativ einheitlich für das Gesamtreich nachweisbar ist.

Missi dominici

Für die Geschichte des Instituts der Königsboten (missi dominici), mit deren Hilfe das karolingische Königtum auch die gräfliche Amtsführung zu kontrollieren suchte, ist noch immer als einschlägige Grundlage V. Krauses Monographie von 1890 zu verwenden [227]. Immerhin hat wenigstens W. A. Eckhardt 1956 mit seinem Aufsatz über „Die Capitularia missorum specialia von 802“ [260] nicht nur Karls des Großen Reorganisationswerk dieses Jahres neu erhellen können, sondern auch die Hoffnung auf eine neue Bearbeitung des wichtigen Themas belebt. Jüngst legte K. F. Werner mit seiner Studie über „Missus-Marchio-Comes“ mit dem charakteristischen Untertitel „Entre l’administration centrale et l’administration locale de l’Empire carolingien“ [315] besonderen Nachdruck auf die Schwierigkeiten einer erfassenden Gliederung des Großreiches und die entsprechenden Versuche zur Lösung des Problems. Weitere Arbeiten von J. Hannig folgten [274; 275]. Vermutlich wird sich ein wirklich befriedigendes Forschungsbild jedoch erst ergeben, wenn eine wissenschaftlich vertretbare Kapitularienedition einmal vorliegen sollte.

Soziale Grundformen

In besonderer Weise hat sich die frühmittelalterliche Verfassungsgeschichte für die sozialen Grundformen interessiert, die das Individuum in die Gemeinschaft einbanden: Sippe, Haus, Gefolgschaft und Stamm vor allem. Dieses an ältere Forschungen anknüpfende und insbesondere auf entsprechende Nachrichten in Caesars Bellum Gallicum und der Germania des Tacitus zurückgehende Interesse hat zu grundlegenden Untersuchungen, aber auch zu heftigen Kontroversen geführt, wobei die mißbräuchliche Inanspruchnahme der Germanenforschung durch den Nationalsozialismus bis zum Kriegsende teilweise groteske Verzerrungen brachte, nach 1945 aber das Großthema weithin zu tabuisieren schien. Herausgehoben aus einer noch immer nicht überall emotionsfrei, aber doch seit einiger Zeit mit bemerkenswertem Zögern betriebenen Diskussion seien die (bereits oben erwähnten) Angriffe von F. Genzmer [407] und K. Kroeschell [419] auf „die Sippe als Rechtsbegriff“, H. Kuhns Aufsatz über „Die Grenzen der germanischen Gefolgschaft“ [278], die er als jung ansprach und gegenüber unfreier Dienstmannschaft erheblich in ihrer Bedeutung zurückgestuft wissen wollte, schließlich auch die Ausführungen von F. Graus 1959 „Über die sogenannte germanische Treue“ [273], in denen er ihr Vorhandensein in den Quellen bestritt, nicht aber eine vornehmlich in der Historiographie zu verfolgende Entwicklung eines allgemeineren, stark kirchlich modifizierten Treue-Ideals, dessen Entwicklungslinie im Früh- und Hochmittelalter aufsteigend verlaufen sei, sich allmählich sogar „auf dem sog. ‚kulturgeschichtlichen‘ Gebiet“ zur Treueideologie verfestigt habe. Mit ausführlichen „Randbemerkungen zu drei Aufsätzen über Sippe, Gefolgschaft und Treue“ ist W. Schlesinger [293] diesen Kritikern entgegengetreten, hat aber gegenüber F. Graus seine eigenen Thesen recht weitgehend modifiziert. Jetzt hat es den Anschein, als sei mit den „Randbemerkungen“ mindestens vorläufig noch ein relativ breiter Konsens erreicht worden, zumal weitere kritische Stimmen in der Regel unbegründet geblieben sind.

Seit O. Brunner in seinem Buch über „Land und Herrschaft“, erstmalig erschienen 1938 und seither mehrfach aufgelegt, in exemplarischer Weise „Grundfragen der territorialen Verfassungsgeschichte Österreichs im Mittelalter“ behandelt hat, sieht die herrschende Lehre in Haus und Herrschaft eine wesentliche Grundstruktur auch des staatlichen Lebens, da „Treue und Huld, Schutz und Schirm, Rat und Hilfe“ als ihre konstitutiven Faktoren auch in übergreifenden Machtstrukturen, etwa der Grundherrschaft, Stadtherrschaft, auch der Lehns- und Landesherrschaft wiederkehrten [250: O. BRUNNER]. Während O. BRUNNER an spätmittelalterlichen Quellen orientiert blieb, wurden W. SCHLESINGERS Untersuchungen über „Herrschaft und Gefolgschaft in der germanisch-deutschen Verfassungsgeschichte“ 1953 [290] für die Frühzeit grundlegend. Als weitreichendes Verfügungsrecht (Gewere) über den zum Hause gehörigen Besitz und als Schutzgewalt (Munt) über die zur Hausgemeinschaft gehörenden Personen (Frauen, Kinder, Gesinde, auch Gäste und Fremde) ist die hausherrliche Gewalt (des dominus) zu verstehen [48: HRG s. v. Hausherrschaft], die sich „nach innen als Herrschaft, nach außen als Haftung“ äußere, wie es die ältere Forschung formulierte [39: H. BRUNNER], während man später das Haus als Sonderfriedensbereich (des Hausfriedens) herausstellte, dessen Schutz- und Schirmaufgabe dem Hausherrn als Ausfluß seiner Hausherrschaft oblag. Einer auf Grundsätzliches zielenden Kritik des Rechtshistorikers K. KROESCHELL, der in einem „methodischen Versuch“ von 1968 „Haus und Herrschaft im frühen deutschen Recht“ noch stärker als bisher an Quellenbegriffen ausgerichtet sehen wollte [324], blieb trotz teilweiser Zustimmung eine größere Resonanz bisweilen noch verwehrt. Er hatte „das Haus als kleine festgefügte soziale Einheit deutlich“ abheben wollen „von der weiteren Gemeinschaft, die die Institutionen der Rechtsverwirklichung trägt“ [324: KROESCHELL 47].

Wenn für den Stamm als politisch-soziale Grundstruktur eine kontroverse Diskussion seit langen Jahren praktisch ausgeblieben ist, so liegt dies wohl vor allem an der beeindruckenden Arbeit von R. WENSKUS über „Stammesbildung und Verfassung“ [314], in der „das Werden der frühmittelalterlichen gentes“ umfassend untersucht und die gentes als ethnische Traditionskörper oder auch fiktive Abstammungsgemeinschaften beschrieben wurden, deren Rahmen vorzugsweise gefolgschaftsähnliche Verbände abgaben. Die in der Literatur seither stärker erörterte Geschichte der späteren deutschen Stämme und ihrer politischen Organisationsformen sowie des sog. jüngeren Stammesherzogtums führt aber über den hier gesetzten zeitlichen Rahmen hinaus.

Prosopographische Ansätze

Fast parallel zu der bereits angedeuteten neueren Zurückhaltung in der Erforschung politisch-sozialer Grundstrukturen ist ein verstärktes Bemühen um die Erfassung konkreter Daten feststellbar. So entsprechen K. SELLE-HOSBACHS Untersuchungen über die „Prosopographie merowingischer Amtsträger in der Zeit von 511–613“ [132] und H. EBLINGS zeitlich anschließende „Prosopographie der Amtsträger des Merowingerreiches von Chlothar II. (613) bis Karl Martell (741)“ [97] dem Bemühen um Sicherung relevanter Spuren, das insbesondere E. EWIGS zahlreiche Forschungen auszeichnet, welche (im Titel scheinbar anspruchslos) eine Descriptio Franciae [171] anstreben.

Grundherrschaft

Eine ähnliche Tendenz scheint sich für den Bereich der Grundherrschaft abzuzeichnen, obwohl hier bei ohnehin größerer Materialfülle der westfränkische Quellenkomplex noch intensiverer Erfassung harrt. Aber endlich wächst die Zahl zufriedenstellender Editionen: F. L. Ganshofs sorgsam kommentierte Ausgabe des Polyptychon von Saint-Bertin, das zwar schon in die Zeit zwischen 844 und 859 gehört [19], signalisiert wie A. Dolls Neuausgabe der Traditiones Wizenburgenses [34], daß in absehbarer Zeit neue bedeutsame Forschungsergebnisse zu erwarten sind. Für die Klostergrundherrschaft Prüm in der Eifel liegt eine sorgfältige Quellenauswertung bereits vor [420], noch ehe eine angekündigte Neuedition des Urbars erschienen ist.

Traditionell besser bestellt ist es seit längerem mit den Quellen für die königliche Grundherrschaft, was sich in einer Fülle von Einzelstudien niedergeschlagen hat, so daß W. Metz „Zur Erforschung des karolingischen Reichsgutes" schon 1971 „Erträge der Forschung" skizzieren und zugleich einen Wegweiser für die differenzierteren Quellen, Probleme und Methoden geben konnte [365]. Seither liegen zahlreiche weitere Untersuchungen vor [373; 375]. Besonders fruchtbar wirkte sich das Interesse an den Königspfalzen für die gesamte Reichsgutforschung aus [363], und methodisch herauszuheben ist M. Gockels am Thema „Karolingischer Königshöfe am Mittelrhein" (1970) mit Erfolg erprobte Kombination von landes-, besitz- und personengeschichtlichen Methoden für eine dominant verfassungsgeschichtliche Fragestellung [348].

Lehnswesen und Feudalismus

Eine nahezu welthistorische Bedeutung sollte das Lehnswesen erreichen, das sich im Frankenreich zwischen dem 6. und 8. Jahrhundert entwickelte. Bereits die ältere Forschung, die in H. Brunners Deutscher Rechtsgeschichte gipfelte, und der Rechtshistoriker H. Mitteis, den das Problem von „Lehnrecht und Staatsgewalt" fesselte [325] und der im „Staat des hohen Mittelalters" [326] die „Grundlinien einer vergleichenden Verfassungsgeschichte des Lehnszeitalters" seit der fränkischen Anfangszeit zeichnete, hatten die Entstehung des Lehnswesens entscheidend geklärt. Aus einem persönlichen Element der Vasallität, die ihrerseits in gallorömischer Kommendation und germanischer Gefolgschaft wurzele, sowie dem dinglichen Element des Benefiziums, das auf merowingische Landschenkungen an erprobte Gefolgsleute sowie auf karolingische Landvergabe aus zwangsweise säkularisiertem Kirchengut zurückgehe, sei es durch charakteristische Verbindung von Vasallität und Benefizium entstanden.

Seit der Belgier F. L. Ganshof ab 1944 souverän und kenntnisreich das „Lehnswesen im engen technischen und juristischen Sinn des Wortes" untersuchte und sein Buch mit dem fragenden Titel: „Qu'est-ce que la féodalité?" (deutsch: Was ist das Lehnswesen?) mehrsprachige Verbreitung und hohe Auflagenstärken fand [270], ist das allgemeine Forschungsinteresse am Gegenstand Lehnswesen merklich abgeebbt – was merkwürdig genug bleibt, weil der Gesamtkomplex weiterhin wesentliche Rätsel birgt. Zu ihnen gehören vor allem die Fragen nach der Entstehungszeit und nach der kausalen Verknüpfung von Vasallität und Benefizium, auch die Nutzung der Verbindung beider Grundelemente für den karolingischen Staatsaufbau. Gewiß ist bekannt, daß es dabei zu einer Vermischung von staatlicher Ämterorganisation und Lehnswesen kam, doch bleibt nach wie vor offen, ob beispielsweise die Ausstattung eines Amtsträgers mit Amtsgut bereits lehnrechtlichen Charakter erhielt oder das beabsichtigte amtsrechtliche Gepräge zu bewahren vermochte [vgl. K. H. Spiess in: HRG s. v.]. Davon ist auch die Frage abhängig, ob entsprechende Ämter und die aus ihnen resultierende Amts- bzw. Hoheitsgewalt bereits selbst Leiheobjekte waren.

Für die Begriffsgeschichte von Feudalismus – im Sprachgebrauch der westeuropäischen Forschung entsprechen sich häufig Lehnswesen und Feudalität – liegt ein instruktiver Beitrag von O. Brunner von 1958 vor [249], während marxistisch ausgerichtete Forschungstendenzen modernerer Art ihren Feudalismusbegriff an der auf dem historischen Materialismus basierenden marxistisch-leninistischen Geschichtswissenschaft zu orientieren suchen, für die der Feudalismus eine Gesellschaftsformation bedeutet, die zur historischen Periodisierung unerläßlich ist, weil jede Gesellschaft im Verlauf ihrer Entwicklung solche und andere, große Zeiträume umfassende sozialökonomische Formationen durchlaufe. Die historische Absicherung dieser These ist der DDR-Forschung trotz größter Anstrengung vorläufig nur höchst unvollkommen gelungen, wie aus einer Vielzahl auch frühmittelalterlicher Diskussionsbeiträge ersichtlich ist, die in kürzerer oder auch längerer Aufsatzform in den einschlägigen Fachzeitschriften (Zeitschrift für Geschichtswissenschaft; Jahrbuch für Wirtschaftsgeschichte; Ethnographisch-Archäologische Zeitschrift) publiziert worden sind. Ausführlicher skizziert wurden überdies „Probleme der Feudalismusforschung in der DDR (1970–1975)" im ersten Band des seit 1977 in Berlin (Ost) erscheinenden „Jahrbuchs für Geschichte des Feudalismus".

Mehr kuriositätshalber, aber doch auch nicht ganz unbeeindruckt sei auf eine interessante Variante zum engeren Lehnswesen hingewiesen, die L. White jr. in seinem Buch über „Medieval Technology and Social Change" (deutsch 1968 als: „Die mittelalterliche Technik und der Wandel der Gesellschaft") entwickelte, wenn er Steigbügel, Reiterangriff, Lehnswesen und Rittertum miteinander verknüpfte: Die Erfindung und rasche Verbreitung des Steigbügels habe neben besserer (schwererer) Bewaffnung des Reiters neue Formen des Reiterangriffs ermöglicht und damit zur Bildung großer Reiterheere geführt, die infolge ihrer Kostspieligkeit größere Landausstattungen erforderten, besseres (Herren-)Leben dadurch gewährleisteten und die berittene Truppe schließlich auch zur sozial, politisch und wirtschaftlich klar abgehobenen Führungsschicht der Lehnszeit gemacht hätten. Mann und Pferd seien erst durch den Steigbügel zur Kampfeinheit verbunden, der Reiter schließlich zum Ritter geworden: „Das Altertum hat den Centauren erdacht, das Mittelalter hat ihn zum Herrn von Europa gemacht" [448: White jr. 38] lautet L. Whites These, die auf einem sehr instrumentalistischen Ansatz basiert und in so zugespitzter Form einigermaßen problematisch ist, wenngleich sie zum Nachdenken anregt.

4. Recht

Leges-Forschung

Von besonderer Bedeutung für die frühmittelalterliche Rechtsgeschichte ist nach wie vor die sog. Leges-Forschung. Dabei weist bereits diese Formulierung auf ein terminologisches und zugleich sachliches Problem. Die deutsche Forschung hatte einst durchgängig von „Volksrechten" gesprochen und diese als ein vom Konsens des Volkes getragenes Recht verstanden, das zugleich verordnetes Königsrecht sein konnte (etwa H. Brunner). Mit R. Buchner, der allerdings zumeist die jeweilige lateinische Bezeichnung verwendete, wurde später die Bezeichnung „Stammesrechte" bevorzugt [1: Beiheft]; sie vermied mitunter falsche Bezüge auf den Konsens des jeweiligen Volkes und auch auf das Königsrecht, blieb jedoch bloße Zuordnungsbezeichnung. Vor allem dann, wenn mehrere Leges für germanische *und* romanische Reichsangehörige galten, schien die Bezeichnung problematisch zu sein. H. Nehlsen sprach daher 1972 von den Leges barbarorum [328]. Aber wohl zu Recht sahen die gelehrten Diskutanten seither im lateinischen *barbarus* eine abwertende Qualifikation, weshalb sich gegenwärtig die Bezeichnung *Leges* durchzusetzen scheint. Die terminologische Lösung trägt auch den sachlichen Forschungsergebnissen Rechnung, denn immer deutlicher schält sich heraus, daß die „geschlossene und kontingente Verbreitung der Leges vom 5.–9. Jahrhundert" [330: C. Schott] vielleicht weniger von „spezifisch germanischem Rechtsbewußtsein" erkennen läßt als zumeist beachtliche Kontinuitätsstränge zum spätantik-römischen Vulgarrecht. H. Nehlsens Untersuchungen zum „Sklavenrecht zwischen Antike und Mittelalter. Germanisches und römisches Recht in germanischen Rechtsaufzeichnungen" haben sogar außerordentlich starke diesbezügliche Kontinuitäten für die Leges der Ostgoten, Westgoten, Franken und Langobarden aufzeigen können [328]. Wenn solche Kontinuitäten ihrerseits nicht nur formal, sondern auch terminologisch nachweisbar sind [vgl. die diversen Begriffsstudien von G. Köbler, insbesondere 322], dann tauchen unversehens alte Übersetzungsprobleme, die einst vor allem in P. Hecks Arbeiten aufgezeigt worden waren [z. B. 320], sozusagen in neuem Gewand wieder auf: Entsprach dem starken „Weiterleben vulgarer römischrechtlicher Begrifflichkeit" ein solches der Inhalte und des Denkens, oder bediente sich beispielsweise fränkisches Denken solcher Formen, ohne sie zu füllen, vielleicht ohne sie zu verstehen?

Im einzelnen hat sich ergeben, daß die mit 84 Textzeugen reich überlieferte Lex Salica in drei Überlieferungsgruppen erkennbar ist: Als Urtext angesehen und in Chlodwigs letzte Regierungsjahre datiert wird der 65-Titeltext (Nehlsen plädiert abweichend für eine spätere Entstehungszeit); mit Zwischenstufen als eine Neuredaktion der Jahre 763/64 der 100-Titeltext; schließlich wieder mit Zwischengliedern der 70-Titeltext aus der Zeit Karls des Großen, die sog. Lex Salica Carolina. Ausdruck komplizierter Überlieferungsprobleme ist im wesentlichen das verwirrende Bild vielfältiger Editionen K. A. Eckhardts (den besten Schlüssel liefert H. Krause im Deutschen Archiv 35, 1979, 1 ff.). Wie zahlreich aber auch sonst offene Forschungsprobleme und Rätsel geblieben sind, illustriert der große Aufwand, mit dem die These des Außenseiters S. STEIN von 1947, wonach die Lex Salica eine Fälschung des 9. Jahrhunderts sei [333], zurückgewiesen werden mußte.

Auch die Lex Ribuaria wird heute nicht mehr als Stammesrecht angesprochen, sondern als „aus der Lex Salica weiterentwickeltes Frankenrecht im ribuarischen Raum, eine ‚Lex Salica revisa'", wie es C. SCHOTT formuliert, der auch über den entsprechenden Forschungsstand der Leges der Langobarden, Alemannen, Bayern, Sachsen, Thüringer, Chamaven und Friesen übersichtlich informiert [330].

Wie schwankend der Boden gesicherter Leges-Forschung aber bleiben kann, zeigen die umfangreichen „Studien zur Lex Frisionum" (1980) von H. SIEMS [331]. Schier unglaublich ist der von ihm nachgewiesene Flurschaden, den J. B. HEROLD als erster Editor von 1557 angerichtet hat: Seine hektische, auf schnelle Publikationen abgestellte Arbeitsweise hat nicht nur zu großen Handschriftenverlusten, sondern zu Textverstümmelungen, unausgewiesenen eigenen Zusätzen, solchen von Setzern und Hilfspersonal usw. geführt, so daß auch gelehrte Akribie vor unentwirrbaren Problemen steht – die Tätigkeit humanistischer Editoren, denen so oft fruchtbare Impulse für die Entwicklung neuzeitlicher Geschichtswissenschaft zugeschrieben wird, zeigt sich hier in anderem Licht.

Ein besonderes Interesse an Fragen der Effektivität des Rechts, an Sozialstrukturen, die aus Rechtsaufzeichnungen herausschälbar sind, sowie an Problemen der Rechtssprache und Methode teilt die frühmittelalterliche Rechtsgeschichte mit der sonstigen Mediävistik. Zwei Tagungen des Konstanzer Arbeitskreises haben in besonders ergiebiger Weise „die Funktion urkundlicher Aufzeichnung im Rechtsleben insbesondere des frühen Mittelalters" sowie „Entstehung, Geltungsgrund und Funktion normativer Rechtsaufzeichnungen" untersucht: Für die heutige Forschung typisch ist das konsequente Nebeneinander historischer, germanistischer, kirchenrechtlicher und profaner rechtsgeschichtlicher Beiträge, die in einem sehr gewichtigen Band unter dem Titel „Recht und Schrift im Mittelalter" 1977 publiziert worden sind [329].

Karl d. Gr. als Gesetzgeber

Überraschen mag schließlich, daß die alte Frage des 19. Jahrhunderts, ob Karl der Große ein Gesetzgeber war, auf dem angedeuteten Hintergrund historischer und rechtshistorischer Ergebnisse sich wieder stellen läßt. F. L. GANSHOF [271] schien sie für die neuere Forschung bereits definitiv verneint zu haben. Diese mit der Möglichkeit mittelalterlicher Gesetzgebung überhaupt eng verzahnte Frage läßt sich indes mit solcher Entschiedenheit nicht beantworten. Es ist zwar durchaus richtig, daß zwischen der spätantik-justinianischen Gesetzgebung und derjenigen Friedrich Barbarossas für Reichsitalien, wie überhaupt der seit dem 12. und 13. Jahrhundert im Reich und in den europäischen Territorialstaaten wieder auflebenden Gesetzgebung eine bedeutende Lücke klafft. Definiert man aber mit A. WOLF [334] Gesetze als „allgemeine Rechtsnorm in Urkundenform", so lohnt es durchaus, den schriftlichen Charakter karolingischer Kapitularien näher zu prüfen. GANSHOF hat von ihnen als von Akten, „Protokollen" und ähnlichen

Schriftstücken mit zweitrangigem Charakter gesprochen, während er in Anlehnung an A. Dumas im „mündliche(n) Akt, durch den der König oder Kaiser die von ihm getroffene Entscheidung kundtat", die rechtliche Verbindlichkeit sah [271]. Für den Gesamtbereich karolingischer Kapitularien, deren ausschließlich abschriftliche Überlieferungsform zweifellos vielgestaltig ist, läßt sich diese These jedoch nicht halten. Eine nennenswerte Vielzahl von Texten im Kapitularienbereich weist nämlich nicht nur urkundliche Formeln und Ähnlichkeiten mit Urkunden auf, sondern konnte auch speziellere rechtliche Bedeutung haben. In der für das Karolingerreich ohnehin signifikanten Schriftlichkeit bei Regierungs- und Verwaltungstätigkeit [271] kann eine zeitweilige Parallelität, gelegentlich sogar Priorität des schriftlichen gegenüber dem mündlichen Satzungsakt festgestellt werden, die auch einem erkennbaren Interesse der Großen an einer verschriftlichten, rechtlich verbindlichen Kapitulariensatzungstätigkeit entsprach. Die somit zu wiederholende Frage, ob Karl der Große ein Gesetzgeber war, wäre also für Teilbereiche der Kapitularien zu bejahen. Der singuläre Charakter des Karolingerstaates zwischen spätantiker und hochmittelalterlicher Entwicklung ist auch hier offenkundig [299; 300: R. Schneider].

Mit seinen „Studien zur Entstehung und Überlieferung der Kapitularien Karls des Großen und Ludwigs des Frommen", die unter dem Obertitel „Capitularia Relecta" 1986 erschienen, führt A. Bühler die Diskussion fort und bezieht konsequent bischöfliche Kapitularien ein, die vor allem die handschriftliche Überlieferung, den zeitgenössischen Sprachgebrauch und inhaltliche Kriterien dieser „Texte" berücksichtigen. Dabei begreift er Kapitularien (allgemeiner als es Ganshof tat) „als rechtliche Satzungen des Frankenreiches": „Sie wurden vom Herrscher unter Mitwirkung der Großen erlassen, wobei der Episkopat in besonderer Weise hervortritt, oder von einem Bischof für seine Diözese" [252: A. Bühler, 470 f.]. Die Schriftfassung solcher Satzungen habe „keine konstitutive Bedeutung, lediglich eine technische Funktion". M. E. bleiben dabei wichtige Fragen weiterhin offen. Für die künftige Forschung dürfte indes der Weg zu intensiver Paralleluntersuchung von königlichen und bischöflichen Kapitularien gewiesen sein. Auch P. Brommers Edition der „Capitula episcoporum" von 1984 [8 a] erzwingt förmlich diese doppelte Orientierung. Ohne die enorm gestiegene Bedeutung der allgemeinen Schriftlichkeit im Karolingerreich ist die angedeutete Diskussion allerdings kaum vorstellbar. Gerade erst hat R. McKitterick das Phänomen eingehend untersucht: „The Carolingians and the written word", 1989 [525]. Erfreulicherweise treibt H. Mordek die „eigentliche" Kapitularienedition energisch voran. So stellte er zwei bislang unbeachtete Rotel vor und wertete sie als „kontemporäre Dokumente, die noch direkt mit dem Entstehungsprozeß der Kapitularien in Verbindung stehen, Erstschriften sozusagen" [285]. Sollte man vielleicht doch noch mit Originalüberlieferung von Kapitularien karolingischer Herrscher rechnen können? Die Hoffnung wird zusätzlich genährt durch die Entdeckung und Edition zweier neuer Kapitularien Karls des Großen von 805–813 bzw. 813 [285a: H. Mordek und G. Schmitz].

5. Wirtschaft

In einem vielbeachteten Aufsatz über „Adel, Burg und Herrschaft" hat H. Dannenbauer [258] 1941 pointiert die These vertreten, daß die Welt des Mittelalters aristokratisch gewesen sei: „Staat und Kirche und Gesellschaft werden vom Adel beherrscht, eine Anzahl großer Familien, ausgezeichnet durch vornehme Geburt und weit ausgedehnten Besitz, untereinander vielfach versippt, gebietet über Land und Leute, der König selbst ist ihresgleichen, der erste Edelmann des Landes. Mit ihm zusammen regieren sie den Staat, Reichsfürsten in Deutschland, Barone in Frankreich, Lords in England, Granden in Spanien. Auf den Bischofsstühlen des Landes sitzen ihre Brüder, ihre Söhne und Vettern . . ."

Wenn diese Ausführungen auch kritisch modifiziert werden müßten, so ist ihre Kernaussage doch berechtigt. Dannenbauer hat freilich mit großer Unvorsichtigkeit den zitierten Gedankengang fortgesetzt mit dem Hinweis darauf, daß „von anderen Leuten . . . nichts zu vermelden (ist). Das Volk auf dem Land ist zum großen Teil abhängig, unfrei in mannigfaltigen Abstufungen. Es hat zu gehorchen, zu arbeiten und Abgaben zu entrichten. Zu sagen hat es nichts. Es hat im Grunde keine Geschichte" [258].

Quellenarmut für die agrarische Welt

Gerade der letzte Satz ist (mit Recht) heftig kritisiert worden, handelt es sich doch um eine böse und unzulässige Vereinfachung. Dabei hat Dannenbauer zweifellos nur verkürzt argumentiert, denn der richtige Kern auch dieser Aussage liegt in der ungeheuren Quellenarmut gerade für die Geschichte der agrarischen Welt begründet. Für sie bieten die erzählenden Quellen im Prinzip keine Aussagen, die überlieferten Urkunden verfolgen andere Zwecke und sind für die bäuerliche Welt kaum zu einem Flüstern zu bringen. Daher erhoffte man sich lange Zeit nur noch von der Archäologie Hilfe, deren Spaten jedoch allenfalls Spuren bäuerlicher Sachkultur ergraben können. Dem anhaltend starken öffentlichen Interesse an Mindestkenntnissen über die ländliche Welt des Frankenreiches konnte hingegen mit akribischer Auswertung von Rechtsquellen entsprochen werden. Diese Texte sind zwar längst bekannt und auch genutzt worden; dennoch ist es verblüffend, wie zusätzliche methodische Wege alten Stoff zu beleben vermögen. Neu ist beispielsweise die exakte sprachwissenschaftliche Erschließung der Rechtsquellen, die von konsequenter Zusammenarbeit von Philologie und Rechtsgeschichte profitiert [vgl. bes. 371; 430: Schmidt-Wiegand].

Die Lex Salica als agrar- und sozialgeschichtliche Quelle

Die Lex Salica ist im Grunde ein Fallkatalog mit Bußen und Strafbestimmungen, die älteste Fassung stammt vermutlich aus der Zeit Chlodwigs (um 500), ist eventuell auch erst in die Anfänge des 6. bis in das erste Drittel des 7. Jahrhunderts zu datieren. Bereits die ersten 10 Titel bringen eine Fülle von Strafen. Titel 1 handelt „Von der Ladung", dann jedoch heißt es ab Titel 2: Von Schweinediebstählen, von Rinderdiebstählen, von Schafdiebstählen, von Ziegendiebstählen, von Hundediebstählen, von Vogeldiebstählen, von Baumdiebstählen, von Bienendiebstählen und schließlich (Titel 10) von Schaden im Kornfeld oder in irgendwelcher Umfriedung. Der Strafrechtskatalog führt somit mitten in die Welt des ländlichen Alltags. Für den Ackerbau ergibt sich das eindeutige Bild, daß von größeren Höfen aus Landwirtschaft betrieben wurde, auf denen der *dominus* saß, während Unfreie (*servus, ancilla, maior* – Altgroßknecht und *maiorissa* – Altmagd) die Arbeit leisteten. Zweifellos ist auch der freie Franke selbst als *dominus* noch in der Landwirtschaft tätig gewesen, „wenngleich diese Tätigkeit in den Augen mancher Zeitgenossen auch als knechtisch gelten mochte." An landwirtschaftlichen Arbeiten sind dem Rechtsbuch geläufig: *arare, seminare, inserere, secare, metere* (pflügen, säen, anpflanzen, mähen, ernten). Weiter geht aus dem Rechtsbuch hervor, daß die gemeinschaftliche Siedlung die Flurverfassung mitbestimmte, der *campus*/Feld in Streifen geteilt war, die jeweils von einem oder mehreren Freien bebaut wurden. Als Anbaufrüchte sind Korn, Rüben und Hülsenfrüchte geläufig. Das bearbeitete Feld (*ager*) wird im Fallkatalog abgehoben vom Kornfeld (*messis*), dem Rübenfeld (*napina*), dem Linsenfeld (*lendicularia*), dem Erbsenfeld (*pisaria*), dem Bohnenfeld (*fabaria*). Für frühmittelalterliche Verhältnisse selbstverständlich war die Umzäunung der Felder. Auch gemeinschaftliche Nutzung der an die Landstreifen grenzenden Waldbereiche wird bezeugt; sie wurden für Schweine- und Ziegentrieb verwendet, gelegentlich auch für die Rinderweide, selbstverständlich lieferten sie auch Bau- und Knüppelholz. Zur wirtschaftlichen Nutzung kamen nur die Waldränder in Frage, der Wald selbst blieb ungenutzt, und seine Durchquerung bot viele Gefahren; so wurde dieser Wald dem Friedlosen, dem aus dem *pagus* Ausgestoßenen als Aufenthaltsort überlassen. Die Definition des Friedlosen als des Waldgängers (der *trans silvas vadit*) hat hier ihren eigentlichen Sinn. Aus den Volksrechten sind Siedlungsgemeinschaften greifbar (*vicini*); jeder vicinus besitzt in einer bestimmten Flur ein Feld, in einem bestimmten Gelände einen Acker. Interessant ist für die Sozialverfassung, daß die Lex Salica den fränkischen Freien kennt, der noch im 6. und 7. Jahrhundert persönlich auf dem Feld arbeitet. Auch nach Ausweis dieser Quelle können die Franken mithin nicht als reine Erobererschicht, nicht als reines Herrenvolk angesprochen werden.

An Ackergeräten sind Hakenpflug, daneben auch der Räder- oder Wendepflug bezeugt. Genannt werden auch Eggen. Viele Angaben liefern Rechtsbücher über Fragen der Viehzucht, vor allem liegt hier ein volkssprachliches Vokabular vor. Am häufigsten werden Schweine genannt, nach ihnen Rinder, Schafe, Ziegen, Hunde, Geflügel und Bienen. Pferde werden erst in anderen Zusammenhängen behandelt. Bedeutsam erscheinen die Herdengrößen, bei Schafen: 30, 50, 60 oder mehr, für Schweine gelten Herdengrößen von 25–30 Stück. Ein Gemeineigentum der vicini am Vieh ist nicht bezeugt, im Gegenteil ist das Vieh jedes einzelnen Besitzers durch Brand- oder Besitzzeichen ausgewiesen. Anders steht es mit dem gemeinsamen Besitz von Zuchtebern und Bullen in den einzelnen Siedlergruppen.

Sucht man nach Aufschlüssen für die Sozialverfassung, so ergibt sich, daß die *leodes* (Freie/Franken) bereits erfahrene Viehzüchter waren, obwohl kaum mit großem Fleischverbrauch zu rechnen ist. Innerhalb dieser Freiengruppe ist ferner eine soziale Differenzierung erkennbar: Solche mit wenig Kleinvieh oder Rindern, eventuell im Besitz von einigen Schweinen und Ziegen, und solche mit beträchtlichen Viehbeständen, auf deren Höfen auch seltene Geflügel wie Enten und Gänse, Schwan und Kranich, gelegentlich sogar Jagdvögel oder Lockhirsch sich befanden. Schließlich ist auch in der sozialen Differenzierung eine Freiengruppe erkennbar, die über Reit- oder Wagenpferde verfügte, zum Teil sogar Gestüte besaß.

Die Frage, ob die Franken der Lex Salica mehr Viehzüchter oder Landbauern waren, ist kaum präzis zu beantworten. Immerhin lassen die Terminologie der Ackergeräte usw. sowie jene der Viehhaltung darauf schließen, daß die salischen Franken im Ackerbau sich der einheimischen Bevölkerung anpaßten, während sie in ihrer Viehhaltung wohl weitgehend eigenständig blieben.

Für den Komplex Haus und Hof ergibt sich beispielsweise aus Bußen für nächtliche Brandstiftung und aus ähnlichen Fällen, daß ein Wohnhaus im Regelfall vorhanden war, wobei zum Teil bereits eine Verselbständigung der reinen Wirtschaftsgebäude festzustellen ist, teilweise auch eine Absonderung von kleinen Wohnräumlichkeiten erfolgte. Belegbar ist dies in der Bedeutung von *sali*, das Unterkunft für Mensch und Tier bedeutet und zunächst das Wohnstallhaus oder Längseinhaus meinte, dann aber auf Stallungen übertragen wurde, als man diese vom Wohnhaus trennte. Für die Bauweise ergeben sich Flechtwände und eingetiefte Grubenhäuser, solche beispielsweise als Vorratshaus oder Arbeitsraum für Frauen. Dieses für Archäologen geläufige Bild enthält indes für den Historiker noch eine Vielzahl offener Fragen.

Nach Titel 16 der Lex Salica sind auch Einzelgehöfte erkennbar: Vielgliedrige Anlagen bzw. „eine vom Zaun umschlossene, um das Wohnhaus als Mittelpunkt sich gruppierende Mehrzahl von Gebäuden eigener Funktion“. Weil daneben auch das Wohnstallhaus bezeugt ist, muß also selbst nach der Lex Salica für die Frühzeit mit verschiedenen Gehöfttypen gerechnet werden.

Das Wohnhaus (*casa*) war Ort rechtlicher Formalhandlungen (wie Ladung, Annahme an Kindes Statt usw.). Im rechtlichen Sinne wird dieses Wohnhaus als *domus* bezeichnet, sein Herr ist der *dominus*, der Hausherrschaft als Schutzherrschaft übt und mit hausväterlicher Gewalt ausgestattet ist. Die *domus* stand unter besonderem Frieden und Friedensschutz, d. h. Angriffe im Hause mußten besonders schwer gebüßt werden, ebenso der Einbruch in ein geschlossenes Haus. Der Rechtsbereich erstreckte sich bis zur Dachtraufe, das überhängende Dach also gewährte noch rechtlichen Schutz. Lenkt man zurück zur zitierten These Dannenbauers, daß das Volk auf dem Lande keine Geschichte gehabt habe, so sollte deutlich geworden sein, daß mit sehr subtilen Methoden und Kenntnissen trotz objektiver Quellenarmut sogar aus lange bekannten schriftlichen Quellen noch beeindruckende Erkenntnisse gewonnen werden können. Der seit 1940/41 erzielte Forschungsfortschritt zeigt abermals, daß interdisziplinäre Zusammenarbeit von älterer Germanistik, Rechtsgeschichte und Archäologie, auch Romanistik und vergleichender Sprachwissenschaft usw. mindestens für den Frühmittelalterhistoriker unverzichtbar geworden ist.

H. DANNENBAUER sprach von den „Leuten bzw. dem Volk auf dem Lande" und wählte damit sehr vage Formulierungen. Seither ist häufig gefragt worden, ob die Bezeichnungen richtig oder wohl eher nichtssagend seien. Sollte man nicht nach anderen Begriffen suchen, vielleicht am besten von Bauern reden? Im Sprachgebrauch der Prähistoriker werden als Bauern „unbefangen alle Personen oder Gruppen, die ihren Unterhalt seit dem Neolithikum durch Ackerbau und Viehhaltung gewannen," bezeichnet. Für den Sprachgebrauch des Historikers ergeben sich jedoch gewisse Schwierigkeiten, weil „in seinen Quellen der Begriff des Bauern erst greifbar wird, als er sich im 11. Jahrhundert auch rechtlich vom Berufskrieger (*miles*) abgesondert zeigt, d. h. seit es einen Bauernstand im Rechtssinne gibt" [383: WENSKUS]. Da somit O. BRUNNERS Forderung, möglichst die Terminologie der Quellen zu verwenden, nicht erfüllbar ist für die Zeit vor dem 11. und 12. Jahrhundert und auch der beliebte Gegensatz von Bauer zu Bürger oder Ritter für die frühe Zeit entfällt, hat sich für diese frühe Periode verschärft die Forderung nach einer Definition des „Bauern" gestellt. Besonders aktuell wurde das Definitionsproblem, als die Redaktion des Reallexikons für Germanische Altertumskunde zu entscheiden hatte, ob das Stichwort „Bauer" überhaupt angebracht und wie gegebenenfalls der „Bauer" zu verstehen sei. Die Beschreibung als „ganz allgemein ein landwirtschaftlich Tätiger" war wenig sinnvoll, weil auch Knechte damit erfaßt werden, ebenso Tagelöhner, Sklaven und möglicherweise andere soziale Gruppen. Sollte Bauer als Ackerbauer und Viehzüchter definiert werden oder nur als Ackerbauer oder nur als Viehzüchter? Kämen nicht auch mit den spätantiken Formen vergleichbare Termini in Frage, etwa *rusticus* (das im Frühmittelalter fast gar nicht verwendet wird), *agricola* (im Frühmittelalter ein nahezu überflüssiges Wort), oder *servus* und *colonus*, die freilich unselbständig waren? Von dem erwähnten lateinischen Befund sind althochdeutsche Bezeichnungen abhängig, die meist die Bedeutung von Bewohner oder Einwohner haben, gelegentlich freilich auch die Bedeutung Bauer. Die Schwäche sowohl der lateinischen Bezeichnungen *rusticus, agricola, servus, colonus* bzw. der volkssprachlichen *gibur, gebure, bueri* (in der zumeist auftretenden Bedeutung „Bewohner", manchmal auch als Bauer) sowie der mittelhochdeutschen Bezeichnung *landsidilo* (Einwohner, gelegentlich auch Bauer) und die der am häufigsten im Althochdeutschen aufzufindenden Bezeichnung *akkerman* liegt in der jeweiligen Unbestimmtheit. Zudem sind sie zu stark auf die Funktion ausgerichtet (*akkerman*), liefern keine spezielleren Hinweise auf den Sozialstatus und werden überdies zumeist sehr schematisch in der spätlateinischen Sprache verwendet. Daher bleiben vor allem die Fragen des Rechtsstandes, des Sozialstatus, des Sozialprestiges, spezieller Verhaltens- und vielleicht sogar Denkweisen völlig offen. In Anbetracht dieser Schwierigkeiten und der Unmöglichkeit, etwa die Definition des Allgemeinen Preußischen Landrechts von 1794 übernehmen zu können („Unter dem Bauernstande sind alle Bewohner des platten Landes

Wort und Begriff „Bauer"

begriffen, welche sich mit dem unmittelbaren Betriebe des Ackerbaues und der Landwirthschaft beschäftigen; in so fern sie nicht durch adliche Geburt, Amt oder besondre Rechte, von diesem Stande ausgenommen sind“) hat sich die moderne Diskussion schließlich auf die Erarbeitung von Kriterien bzw. Kriterienbündeln konzentriert. Beispielsweise hat R. Wenskus versucht, „von Wirtschaftsweise, Technik und Arbeitsverfassung her den idealtypischen Bauern zu konstruieren“, und dabei ein Bild gezeichnet, das vorzugsweise den Bauern als Produzenten versteht, der über eine selbständige Wirtschaftseinheit verfügt, mit Hilfe eines Pfluges arbeitet und seinen Betrieb selbst bewirtschaftet. Gerade die körperliche Mitarbeit im Betrieb wird als konstitutiv für die Kennzeichnung als Bauer angesehen. Für die Größenvorstellungen besteht ein näherer Zusammenhang mit der sog. Ackernahrung und Hufe, ähnlich auch mit der Tischgemeinschaft. In ihr fände eine Integration der Arbeitskräfte im eigenen Haushalt statt, dadurch würde sich die bäuerliche Lebensform vor allem von der grundherrlichen scharf abheben, in der Gesinde und „Herrschaft“ in verschiedenen Räumen, vermutlich zu verschiedenen Zeiten und in verschiedener Weise speisten [383].

Das auf den ersten Blick etwas irritierende Bild zeigt exemplarisch, wie differenziert sogar die vermeintlich „einfache bäuerliche Welt“ gesehen werden muß, wenn fächerübergreifende Forschung mit geschärfter Aufmerksamkeit und begrifflicher Sorgfalt sie zu erhellen sucht. Schmerzlich ist dies freilich vor allem für denjenigen, der mit W. E. Peuckert („Die große Wende“, 1948) der Meinung gewesen sein sollte, das gesamte Mittelalter sei eine bäuerliche Welt gewesen und die große Wende habe im 15. Jahrhundert stattgefunden mit dem Übergang vom bäuerlichen zum bürgerlichen Menschen, der nunmehr zum bestimmenden Faktor der neuzeitlichen Gesellschaftsordnung geworden sei.

Handel und Verkehr

Als sich die Kommission für die Altertumskunde Mittel- und Nordeuropas entschloß, „Untersuchungen zu Handel und Verkehr der vor- und frühgeschichtlichen Zeit in Mittel- und Nordeuropa“ anzuregen und in gemeinsamen Kolloquien (seit 1980) zu diskutieren, konnte bei allem gebotenen Respekt noch nicht abgesehen werden, wie fruchtbar dieses Unternehmen werden sollte. Inzwischen liegen vier umfangreiche Bände vor [377], in denen zunächst die „methodischen Grundlagen und Darstellungen zum Handel in vorgeschichtlicher Zeit und in der Antike behandelt werden“ (I, 1985). In monographischer Form hat sodann D. Claude den Handel im westlichen Mittelmeer während des Frühmittelalters untersucht (II, 1985), wobei er nachweisen konnte, daß die vielbeschworene maritime „Einheit des Mittelmeerraums“ schon in römischer Spätzeit erschüttert war, daß es aber gleichwohl auch im 6. und 7. Jahrhundert nicht zu einem Zusammenbruch des Überseeverkehrs kam. Seit dem späten 7. Jahrhundert erfolgte jedoch ein Rückgang des Mittelmeerhandels mit dem Frankenreich. In breiterer Form erörtert dann der Tagungsband III von 1985 den frühmittelalterlichen Handel europaweit, schließt archäologische wie numismatische und Schriftquellen ein und stellt dabei eine in quantitativer wie qualitativer Hinsicht verblüffend ergiebige Quellenbasis heraus: In solchen Formen bewährt sich die interdisziplinäre und zeitlich gemeinsam betriebene Forschungsarbeit! 1987 schloß sich ein ähnlich umfangreicher Sammelband über „den Handel der Karolinger- und Wikingerzeit" an, der wiederum grundsätzlich den gesamten Raum berücksichtigte und Kiew, Byzanz sowie islamische Handelsträger einbezog. Der Reichtum an wissenschaftlichen Erkenntnissen kann nur exemplarisch angedeutet werden. So ist die alte These, auf den abendländischen Handelswegen in den europäischen Norden und Nordwesten seien „nur kleinere Schmuckstücke verhandelt worden" hinfällig durch den gesicherten Nachweis eines Handels mit Massengütern wie Getreide und Wein.

6. Demographische Probleme

Noch eng verknüpft mit den wirtschaftlichen Grundgegebenheiten, aber auch bereits in die Sozialverfassung des Frankenreiches hinübergreifend ist das Problem demographischer Erfassung. Mit welchen Bevölkerungszahlen ist innerhalb des fränkischen „Vielvölkerstaates" und insbesondere bei den Franken selbst zu rechnen? Trotz der völligen Aussichtslosigkeit, die Größenordnungen auch nur abschätzen zu können, ist die diffizile Problematik nicht uninteressant.

Unbrauchbare Zahlenangaben

Zu allererst muß die Unbrauchbarkeit historisch überlieferter Zahlenangaben herausgestellt werden. Spätantike Schriftsteller melden regelmäßig Barbarenheere von gewaltiger Größe, sofern solche mit Römern oder Byzantinern zusammenstießen, was den praktischen Nutzen bot, daß eigene Leistungen glorifiziert oder mindestens plausibel bzw. entschuldbar erscheinen konnten. Als beispielsweise 539 ein Frankenheer nach Italien einbrach, schätzte Prokop es zunächst auf 100 000 Mann und beim zweiten Male gar auf 500 000 Franken, obwohl aus Prokops eigenen Berichten hervorgeht, daß auch Burgunder und Alemannen sich zusätzlich (!) an diesem Feldzug beteiligten. Für Jordanes war übrigens das gleiche Frankenheer über 200 000 Mann stark [74: E. Zöllner 209].

Weil die überlieferten Zahlenangaben offensichtlich unbrauchbar sind, hat die moderne Forschung versucht, eng begrenzte Räume zu bestimmen, um auf ihrer Grundlage demographische Näherungswerte gewinnen zu können. Dies galt beispielsweise für Versuche, Gräberfelder und ihr Fundgut im Hinblick auf die einst gegebene Besiedlungsdichte zu interpretieren. Das für diese Zwecke überaus spröde Material ist jedoch schwer datierbar, läßt dementsprechend die Frage der gleichzeitigen Siedlungsdichte weitgehend unbeantwortet und weist meist nicht auf fränkische Bevölkerung.

Näherungswerte

Als ergiebigere Berechnungsgrundlage erwiesen sich Stadtmauerreste etwa der alten Belgica II. Man errechnete nämlich die Fläche der ummauerten bzw. mauergeschützten Städte und ging von einem Ansatz von 150–200 Einwohner pro ha ummauerter Fläche aus. Plausibel erschienen die so gewonnenen Resultate für Städte wie Reims (25 ha = etwa 3750–5000 Einwohner), Tournai, die Stadt Childerichs I. (15 ha = etwa

2250–3000 Einwohner), und Soissons, die ehemalige Residenz des Syagrius (12 ha = etwa 1800–2400 Einwohner). Da seit spätrömischer Zeit vermutlich mit einem Absinken der Bevölkerungszahlen zu rechnen ist, muß für die Merowingerzeit wohl von dem jeweils kleineren der beiden Ansätze ausgegangen werden [74: E. ZÖLLNER]. Die erwähnte Plausibilität wird jedoch schwer erschüttert, wenn beispielsweise Trier, das als spätrömische Kaiserresidenz freilich absoluten Ausnahmecharakter hatte, herangezogen wird (285 ha = 42 750–57 000 Einwohner?) oder immerhin noch Mainz (100 ha = 15 000–20 000 Einwohner?) und Köln (96 ha). Hier muß wohl mit erheblichen Schrumpfungsvorgängen gerechnet werden, wie denn die seit dem 3. Jahrhundert durchweg ummauerten gallisch-germanischen Städte durchschnittlich nur noch ein 15 ha kleines Areal mit entsprechend geringen Einwohnerzahlen umschlossen und ihre Maximalgröße mit 30–45 ha erreicht haben dürften [344: E. EWIG]. Mit diesem Hinweis könnte die Unbrauchbarkeit des genannten methodischen Ansatzes bereits erwiesen sein. Gleichwohl gibt es eine Reihe differenzierender, aber auch differierender Berechnungen: Nach F. LOT [359] betrug das Reimser ummauerte Stadtareal 60–65 ha, nach F. VERCAUTEREN [378] 20–30 ha; ihmzufolge wäre die größte Stadt des merowingischen Galliens Poitiers mit 50 ha gewesen, während LOT nur von 42–43 ha ausging. Die Probleme verschärfen sich bei einem Blick in den Süden Galliens, wo Lyon, Vienne, Nîmes und Toulouse mit ummauerten Stadtarealen von 100–200 ha errechenbar sind, während LOT zu arg differierenden Größenordnungen kommt: Arles (18 ha mit 2700–3600 Einwohnern), Vienne (26 ha mit 3750–5000 Einwohnern!) und der nach ihm möglicherweise größten Stadt Aix-en-Provence (66 ha mit 9900-13 200 Einwohnern). Spätestens hier mag nicht nur ein flüchtiger Leser den Eindruck der Zahlenspielerei haben. Dennoch ist unverkennbar, daß hinter diesen Bemühungen ein ernstes Problem liegt, zumal die Frage nach demographischen Daten unbedingt legitim und dringlich ist. Die sachlichen Gründe für die unterschiedlichen Größenansätze mögen vor allem darin zu suchen sein, daß nicht der gesamte mauergeschützte innerstädtische Raum jeweils bewohnt war und daß zum Teil sehr starke Schrumpfungsprozesse im Frühmittelalter stattfanden. Im frühmittelalterlichen Trier beispielsweise saß der comes in der kaiserlichen Aula, später bewohnte diese Aula der bischöfliche Stadtherr mit seinem Gefolge – er nutzte aber längst nicht die ganze Aula/Basilika, sondern hatte lediglich die Apsis als Wohnturm ausgebaut! Für manch andere Stadt könnte mit leichten Vorbehalten gelten, was durch Zeichnungen für das freilich spätmittelalterliche Arles bezeugt ist: Hier hatten sich die Einwohner der Stadt in die Arena zurückgezogen, die mit ihren riesigen Mauern notwendigen Schutz bot, in ihrem Innern aber völlig mit einzelnen aneinandergemauerten Häusern gefüllt war. Hingewiesen werden muß auch auf methodische Schwierigkeiten, insofern der Mauerumfang nicht immer deutlich erkennbar bleibt: Teils stützen sich die Berechnungen auf erhaltene Reste, teils auf ergrabene, teils aber nur auf vermutete. Immer sind sie schwer oder überhaupt nicht datierbar. Daher ist selbst ein so gesichert erscheinender Ansatz der Errechnung des Stadtmauerumfangs sehr problematisch. Auf die unterschiedliche Siedlungsdichte innerhalb des Mauerareals war bereits verwiesen worden. Ganz ohne Zweifel hat sich außerdem in der Merowingerzeit eine Bedeutungsverlagerung für viele Städte ergeben. Davon profitierten insbesondere Paris, dessen römisches Areal nur 8 ha betragen hatte, Tours (7 ha) und das etwas ausgedehntere Rouen (14 ha). Alle angedeuteten Versuche demographischer Klärung bringen jedoch insofern einen Teilgewinn, als man für die frühe Merowingerzeit im Raum zwischen Rhein und Loire städtische Bevölkerungswerte zwischen 1000 und 6000 wird annehmen können. Dabei ist zu berücksichtigen, daß mit der städtischen Bevölkerung vermutlich nur ein äußerst geringer Teil der Gesamtbevölkerung des Frankenreiches abgeschätzt werden kann [74: E. ZÖLLNER]. Für die Bevölkerungszahl auf dem Lande ergeben sich nämlich keinerlei Anhaltspunkte, die für eine Gesamtschätzung auch nur annäherungsweise herangezogen werden könnten. Dieser Hintergrund macht es verständlich, daß auch in der Fachliteratur die Bevölkerungsangaben für den gallisch-fränkischen Raum bereits seit römischer und spätrömischer Zeit um ein Mehrfaches selbst der unteren Grenzwerte schwanken. Einerseits wird die galloromische Bevölkerung des 5. Jahrhunderts (zwischen Rhein und Loire) auf etwa zwei Millionen Einwohner geschätzt [397: J. DHONDT; 359: F. LOT; 386: H. VAN WERVEKE], während andere für den ganzen gallischen Raum in spätantiker Zeit auf 10 Millionen kommen. Bei einer Bevölkerungsdichte von 34 pro km^2 gelangten LOT und VAN WERVEKE für das 9. Jahrhundert auf eine Bevölkerungszahl von 20 Millionen für „Gesamtgallien“, was etwa im gleichen 9. Jahrhundert auf eine Größenordnung von 6–7 Millionen im Raum zwischen Rhein und Loire schließen ließe. Für diesen Raum würde damit ein Bevölkerungswachstum um 4–5 Millionen seit dem 5. Jahrhundert anzunehmen sein, was allerdings wiederum Fragen aufwirft. Ohne auf weitere Berechnungen und Ansätze eingehen zu können, läßt sich summarisch und sehr pointiert nur feststellen, daß eine Aussage für alle angeschnittenen demographischen Fragen nicht möglich ist: non liquet!

Es mag daher tröstlich sein, daß mindestens ein Richtwert genannt werden kann. Ziemlich genaue Zahlen liegen nämlich für die Wandalen vor, die nach starker Dezimierung infolge einer Reihe von Niederlagen bei ihrem Übergang nach Afrika über 20 000 Krieger verfügten, so daß die realistische Schätzung der Gesamtzahl auf 80 000 Köpfe dieses Herrscher- oder Staatsvolkes möglich ist [81: L. SCHMIDT]. In Orientierung an diesem Richtwert hat man nun die fränkische Gesamtzahl auf 150 000–250 000 Köpfe geschätzt [344: E. EWIG]. Berücksichtigt man dagegen stärker die Tatsache, daß außerhalb Galliens die fränkische Bevölkerungszahl höher anzusetzen wäre, daß ein Bevölkerungsanstieg seit dem Ende des 5. Jahrhunderts stattgefunden hat und daß ursprünglich nichtfränkische germanische Gruppen teilweise eingegliedert wurden, aber auch, daß ein nichtwandernder Stamm (im Vergleich zu den Wandalen) in der Regel größer gewesen sein dürfte, so kommt man auf eventuell etwa 500 000–800 000 Men-

Realistischere Schätzungen der Stammes- und Gesamtbevölkerung

schen [74: E. Zöllner]. Weil dies erhebliche Größenordnungen sind, erscheint nunmehr auch eine Schätzung der Gesamtbevölkerung des Frankenreiches als einigermaßen sinnvoll. Da die Franken schätzungsweise einen 10%igen Anteil an der Bevölkerung des Reiches bis hin zur Loire, der späteren Sprachgrenze etwa, hatten, während südlich dieser Linie ihr Bevölkerungsanteil nur etwa 2% betragen haben dürfte, ließe sich eine Bevölkerungsgesamtzahl von etwa 10 Millionen erschließen.

Aus methodischen Gründen ist noch kurz auf einen Sonderfall hinzuweisen. So hat sich F. Lot bei seinen Schätzungen vornehmlich auf das Polyptychon von St.-Germain-des-Prés von 826 gestützt, in dem 23 153 ha bebautes Land erfaßt werden, 4710 Familienoberhäupter und die relativ große Zahl von 5316 „Kindern und sonstigen Verwandten". Diese demographische Forschungen geradezu herausfordernde Quelle bietet jedoch kaum einen Ansatzpunkt zur Verallgemeinerung [361: L.-R. Ménager]. Zum einen seien die Mansengrößen unterschiedlich ansetzbar, entsprechend auch die Ansätze für die Bevölkerungsdichte unterschiedlich; offen bliebe, ob Kinder unter 12 Jahren erfaßt wurden, so daß auch die Familiengrößen unklar bleiben. Unbrauchbar sind die Zahlen dieses Polyptychons für Umrechnungen aber auch, weil beispielsweise Sklaven nicht erwähnt werden, wohl aber vorhanden waren, und weil vor allem von der Tatsache einer relativen Geborgenheit im Bereich der geistlichen Grundherrschaft auszugehen sein könnte, die zumal in Zeiten großer Angst und Furcht eine verstärkte Anziehungskraft besaß, die sich bis zum Sog steigern konnte, woraus gegebenenfalls extrem hohe Siedlungsdichten im Bereich geistlicher Grundherrschaft resultierten. Aber nur über solche geistlichen Grundherrschaften liegen historische Daten vor, während der sicher in Bedeutung und Umfang als gewichtiger einzuschätzende Gesamtkomplex weltlicher Grundherrschaften in der historischen Überlieferung nahezu ausfällt. Auf den Ausnahmecharakter der königlichen Grundherrschaft, die einigermaßen gut belegt ist, braucht in diesem Zusammenhang aber nicht mehr näher eingegangen zu werden.

7. Sozialverfassung

Unabhängig von modernen Tendenzen der Frühmittelalterforschung, mit Hilfe genealogisch-prosopographischer Methoden die traditionelle Quellenbasis entscheidend zu erweitern, ist diese selbst für eine Fülle oft kontroverser Einzeluntersuchungen benutzt worden. Dabei dominieren nach wie vor die alten Grundfragen nach „den fränkischen Freien", nach Ursprung und Wesen „des Adels" und dem Charakter frühmittelalterlicher Freiheit. Diese für die fränkische Sozialverfassung entscheidenden Fragen sind zwar vielfältig miteinander verzahnt, sie führen aber zu unterschiedlichen Lösungsversuchen je nach Art des betrachteten zeitlichen Sektors, des methodischen Ausgangspunktes oder des zugrundegelegten Materials. Insgesamt sind etwa fünf Grundpositionen erkennbar [vgl. die historiographischen Überblicke von 416: F. IRSIGLER; 422: E. MÜLLER-MERTENS; 431: J. SCHMITT]:

Die ältere Gemeinfreienlehre

1. In seiner Osnabrückischen Geschichte hatte sich J. MÖSER 1768 auf die Frage nach Entstehung und Verlust der bäuerlichen Freiheit konzentriert. Der ihn interessierende westfälische Hofbauer sei zur Zeit Caesars noch frei gewesen, und unter Karl d. Gr. habe die goldene Zeit des Bauerntums geherrscht. Unter Ludwig „dem Frommen und Schwachen" aber sei die Zeit des Niedergangs mit dem Verlust der Freiheit angebrochen. Für MÖSER, der wie K. F. EICHHORN zum Begründer der älteren Gemeinfreienlehre wurde, ist die goldene Zeit durch den fränkischen gemeinen Freien geprägt worden, während seither infolge der Veränderungen der fränkischen Heeresverfassung mit ihrer Umstellung vom bäuerlichen Fußsoldaten zum Panzerreiter eine Feudalisierung größten Ausmaßes erfolgte, die fortan unfreie Bauern von adligen Herren schied.

Die klassische Gemeinfreienlehre

2. Seit P. ROTHS „Geschichte des Benefizialwesens" (1850) ist die ältere zur sogenannten „klassischen Lehre" von der Gemeinfreiheit modifiziert worden, als deren Hauptvertreter schließlich G. WAITZ und H. BRUNNER angesehen werden können. Sie nahmen an, daß außer dem Adel des merowingischen Königsgeschlechts die Franken keinen alten Geburtsadel besessen hätten. Durch das Königtum sei er nämlich ausgerottet worden. Erst in späterer Zeit habe sich durch Anlehnung an das Königtum und dessen Förderung ein Amts- und Dienstadel am Königtum emporranken können; somit aus der Masse der Gemeinfreien emporgewachsen, habe sich dieser Adel von ihnen ständisch abgesetzt.

Die marxistische Variante

3. Mit leichten Modifikationen wurde die klassische Gemeinfreienlehre von K. MARX und F. ENGELS übernommen, womit seither die Vorstellung dominiert, daß die urgesellschaftliche Ordnung freiheitlich und gleichheitlich gewesen sei. Das marxistische Hauptinteresse gilt den Feudalstrukturen im mittelalterlichen Deutschland und vor allem ihrer Entstehung und Entwicklung. Relative Einigkeit besteht in der Einschätzung, daß die Anfänge etwa um die Wende vom 5. zum 6. Jahrhundert liegen. Strittig dagegen bleibt die Beurteilung, ob die feudalen Züge in der Sozialstruktur des fränkischen Reiches ein Ergebnis bereits der Merowinger- oder Karolingerzeit waren. Entstanden sie vornehmlich durch die Berührung mit der spätrömischen Sklavenhaltergesellschaft oder aber handelte es sich um eine spezifisch germanische Neubildung des Frühmittelalters? Der dominante Aspekt fast aller Arbeiten in diesem thematischen Bereich ist nach wie vor die Entwicklung der ökonomischen Abhängigkeit oder anders ausgedrückt: die Frage nach der Entstehung von Großgrundbesitz und Grundherrschaft. Erstaunlich zäh hat sich diese Lehre in nahezu dogmatischer Fixierung bis in unsere Zeit gehalten, obwohl auch von marxistischer Seite gelegentlich der Nachweis geführt wird, daß die marxistischen Klassiker (beispielsweise F. ENGELS) sich jeweils am neuesten Forschungsstand orientierten und diesen sogar dann berücksichtigten, wenn sich in zweiter Auflage eine Veränderung bei Werken ergeben hatte, auf die sich die eigene Lehre stützte.

Die Lehre von der Adelsfreiheit und den Königsfreien

4. In erstaunlicher Dichte und Konzentration ist um die Jahre 1938 bis 1940 in der sich stürmisch entwickelnden verfassungsgeschichtlichen Forschung eine Vielzahl neuer Ansätze sichtbar geworden, die teilweise völlig unabhängig voneinander erarbeitet wurden. Sie zielten in die Richtung einer stärkeren Herausarbeitung des adligen wie auch herrschaftlichen Elementes innerhalb der frühmittelalterlichen Welt. Diese sog. neue Schule der deutschen Verfassungsgeschichte setzte sich durchaus nicht geschlossen von älteren Lehren ab, sondern blieb überraschend vielseitig, was von modernen Kritikern gelegentlich übersehen wird. Ihre Hauptvertreter (O. BRUNNER, H. DANNENBAUER, TH. MAYER, W. SCHLESINGER, H. MITTEIS, K. BOSL) erkannten im fränkischen Adel seit der Frühzeit einen wesentlichen, das staatliche und soziale Leben entscheidend prägenden Träger autogener Herrschaftsrechte. Neben ihm gab es kaum in nennenswertem Umfang Freiheit, es sei denn, es handelte sich um mühsam im Königsdienst oder speziell in Rodungsarbeit erworbene Freiheit, weshalb man gern von der Rodungsfreiheit als spezifischem Wesensmerkmal sprach.

Die Diskussion seit den 60er Jahren

5. Sieht man von teilweise sehr bösen Attacken des Schweizer Historikers F. WERNLI, der seine Polemik oft stark überzog und sachlich fast ausschließlich an Schweizer Verhältnissen des Spätmittelalters orientiert war, einmal ab, so gelang ein entscheidender Forschungsfortschritt erst 1968 mit den Untersuchungen von F. IRSIGLER zur Geschichte des frühfränkischen Adels [416]. Er belegte eine „politisch, wirtschaftlich und sozial klar abgehobene Führungsschicht, deren Angehörige aufgrund der ihnen zugeschriebenen Eigenschaft, Funktion und Lebensweise als Adlige bezeichnet werden können". Mindestens seit der Mitte des 5. Jahrhunderts sei diese „Oberschicht" zu erkennen. Eine merowingische Ausrottungspolitik von seiten Chlodwigs und seiner Söhne sei nicht belegbar, wohl aber wurde anerkannt, daß Gefolgsdienste und Königsgefolgschaft Garanten eines Aufstiegs waren, wie überhaupt der Königsdienst Vorteile bot. Nur in dieser Form wollte IRSIGLER einen Dienstadel gelten lassen, denn für die frühfränkische Zeit sei der fränkische Adel charakteristisch gewesen, den das Königtum heranziehen mußte und auf den es bei seiner Herrschaftsausübung zwingend angewiesen blieb. Mit dieser Arbeit schien ein Schlußpunkt für die viel diskutierte fränkische Frühzeit gegeben zu sein. Dieser Eindruck wurde durch zahlreiche Arbeiten von K. BOSL noch verstärkt, der nunmehr drei Formen von Adel unterschied: Einen „frühfränkischen Stammesadel, der es nicht nötig hatte, sich in königliche Dienste zu begeben, weil er selber mächtig genug war", einen „aus der trustis und dem Hofdienst hervorgegangenen ‚Dienstadel', der sich vielleicht auch stärker mit dem gallo-römischen Senatorenadel assimiliert hatte und der trotzdem auch dem fränkischen Uradel zum großen Teil geburtsmäßig entstammte" und schließlich den sogenannten „Provinzialadel" des 7. Jahrhunderts, „der den alten Stammesadel fortsetzte, eine eigenständische Herrschaft übte, aber auch Elemente des Hof- und Dienstadels enthielt" [in 45: BOSL 141]. Mit der bei IRSIGLER bereits angelegten These, Adel sei zwar vorhanden gewesen, aber nicht als Rechtsstand existent, sondern als Schicht bzw. Ober- oder

Führungsschicht zu verstehen, wurde die Diskussion neu entfacht. Keinen Fortschritt brachte jedoch die irrige These des Rechtshistorikers SCHEYHING, wonach unterschiedliche Heilskräfte das Sozialgefüge bestimmt hätten, Adel Steigerung dessen gewesen sei, „was wenigstens in Ansätzen bei allen Mitgliedern der Gemeinschaft vorhanden ist". Trotz gewisser Popularität ist die weitere Zuspitzung dieser These noch unverständlicher: „Die gleichartige Stellung zur Rechtsordnung, die alle Vollrechtsgenossen einnahmen, prägt die Führungsfunktionen, die man dem Adel zuschreiben darf, in kennzeichnender Weise dahin, daß kein rechtlicher Zwang stattfindet, sondern alles auf der natürlichen Autoritätsbasis geschieht, die das stärkere Heil zwangsläufig mit sich bringt" [48: HRG s. v. „Adel"].

Definitionsprobleme

Im Mittelpunkt der modernen Diskussion steht das Problem der Definition. 1959 wollte R. WENSKUS unter Adel „nur ganz allgemein Personengruppen erhöhten gesellschaftlichen Ansehens" verstehen, „die dieses Ansehen vor allem ihrer Geburt verdanken" [443: WENSKUS], und 1973 hat er im Reallexikon der Germanischen Altertumskunde unter bewußter Beibehaltung des gewiß problematischen Begriffs („– weil es einen neutraleren nicht gibt –") damit „ganz allgemein nur jene Schicht gemeint . . ., die *von Geburt* dazu bestimmt war, die Führungskräfte des Gemeinwesens zu stellen, ohne daß von vornherein ein ständischer Abschluß nach unten mitgedacht werden muß" [59: s. v. „Adel"]. Diese Akzentuierung hatte F. GRAUS aber bereits früher nicht genügt, und die Diskussion verschärfend meinte er, „falls der Begriff ‚Adel' überhaupt einen Sinn haben soll", müsse man „ihn auf solche Fälle beschränken, wo eine soziale Schicht mit besonderer Rechtsstellung auftaucht, wobei diese Stellung nicht an die Person gebunden ist, sondern entweder erblich ist oder von einem Herrscher gewissen Familien zugestanden wird" [111: GRAUS 201]. Einen solchen (engen) Adelsbegriff lehnte F. IRSIGLER dann ab, obwohl er seine Position nicht voll durchzuhalten vermochte, wenn er von „Geburtsadel", „Geburtsrang", „Geburtsstand" und „geburtsbedingtem Adel" sprach [416]. Immerhin konnte sich IRSIGLER, der in der modernen Diskussion fast als einziger archäologische Ergebnisse berücksichtigte, auf umfangreiche Untersuchungen von F. STEIN über „Adelsgräber des achten Jahrhunderts in Deutschland" [437] stützen, in denen mit archäologischen Methoden eine Oberschicht nachgewiesen wurde, die sich in reich ausgestatteten Gräbern widerspiegelte, ohne daß jedoch aufgrund der Bodenfunde Aussagen über ihre rechtliche Stellung selbstverständlich möglich wären. Heftigen Anstoß an IRSIGLERS Begrifflichkeit nahm dann 1976 H. GRAHN-HOEK und formulierte: „Allein soziale, wirtschaftliche und politische Vorzüge machen noch keinen Adel. Es gibt einen Adel, der rechtlich nicht mehr hervorgehoben ist, nicht aber einen solchen, der es noch nicht ist. Erst das Recht macht den Adel zu der kontinuierlichen Einrichtung, die er darstellt. Soziale, wirtschaftliche und politische Faktoren sind zu sehr dem Wandel unterworfen, als daß sie allein viele Generationen hindurch an der Geburt haften könnten. Die Kontinuität des Adels haftet an der Kontinuität des Rechts oder doch des Rechtsempfindens der

Menschen." Da die entscheidende Merkmalverbindung Geburt und Recht für Oberschichtengruppen des 6. Jahrhunderts nicht belegbar sei, könne von einem Adel in dieser Zeit keine Rede sein [411: GRAHN-HOEK].

In der Konsequenz bedeutet dies auch die Leugnung eines fränkischen Uradels, wobei ganz offensichtlich die Frage nach der Entstehung des fränkischen Adels auf das 7., 8. und insbesondere 9. Jahrhundert verschoben worden ist, für das ähnlich konsequente Untersuchungen mit begrifflicher Überschärfe, die auch die überlieferten Schriftquellen oft terminologisch überfordern, vorläufig noch ausstehen. Bemerkenswert ist freilich, daß der stärker genealogisch orientierte K. F. WERNER wie selbstverständlich 1965 von „bedeutenden Adelsfamilien im Reich Karls des Großen" [444] sprach und 1977 den Adelsbegriff, der „zu verschiedenen Zeitaltern jeweils abweichend strukturierte Gruppen" bezeichne, stets auf Familien bezogen wissen wollte: „Trotz aller Bedeutung wirtschaftlicher Faktoren bei der Entstehung von A. ist dieser primär nicht durch Reichtum (Besitz von Sachen) gekennzeichnet, sondern durch Teilhabe an der Macht (Herrschaft über Menschen). Wer ihm angehört, ist (von Geburt) zur Herrschaft berufen, im Gemeinwesen wie in der Kirche und im Eigengut, das nicht ‚Privatbesitz' ist, weil er in ihm öffentliche Gewalt sowohl darstellt als vertritt" [54, s. v. „Adel"]. Wenn H. K. SCHULZE wiederum 1978 nicht nur das Kriterium der Geburt besonders berücksichtigt sehen will, sondern vor allem das rechtsständische Element [433], dann liegt offen zutage, daß die Adelsproblematik die Mediävistik noch einige Zeit stärker fesseln wird. Sie müßte jedoch beachten, daß entsprechend historischer Erfahrung politisch, wirtschaftlich und sozial herausgehobene Führungs- oder Oberschichten mindestens in der zweiten oder dritten Generation ihre herausgehobene Stellung den eigenen Nachkommen vererbt haben könnten, so daß dann neben erkennbarer Exklusivität auch die Merkmalverbindung „Geburt und Recht" bzw. die Relevanz rechtlicher Kriterien gegeben wären, wenngleich der Nachweis eines adligen Rechtsstandes im Frankenreich kaum stringent zu erbringen sein dürfte.

Die frühmittelalterliche Adelsdiskussion hat in ihrer methodisch-terminologischen Grundsätzlichkeit aber wohl schon den Kulminationspunkt erreicht, und zwei Tendenzen scheinen sich in den Vordergrund zu schieben. Mit kritisch-methodischen Einwänden hat nach T. ZOTZ [449] auch K. SCHREINER [432], für den „Herrschaftsübung kraft eigener Gewalt . . . das entscheidende Kriterium für die Angemessenheit oder Unangemessenheit des Begriffs Adel zu sein" scheint, vor begrifflichen Überforderungen frühmittelalterlicher Autoren gewarnt. Auch die pragmatischer orientierte Forschung verwendet den Adelsbegriff, wenngleich dies behutsam geschieht. Noch 1980 hat M. WERNER beispielsweise eine breit angelegte Untersuchung „führender Familien des Lütticher Raumes" [447] publiziert, während er kurz darauf „Adelsfamilien im Umkreis der frühen Karolinger" erforschte [446], und W. STÖRMER konzentrierte sein Interesse auf den „frühen Adel" als „politische Führungsschicht im fränkisch-deutschen Reich vom 8. bis 11. Jahrhundert" [438]. Der Wiener Historiker K.

Brunner dagegen spricht von „oppositionellen Gruppen“, wenn er die Adelsopposition im Karolingerreich untersucht [156].

Die Freienfrage

Es dürfte bereits deutlich geworden sein, daß in der gelehrten Diskussion schon seit dem 18. Jahrhundert die Frage nach dem Vorhandensein eines frühmittelalterlichen Adels, nach der Bedeutung der Freien und nach dem Wesen fränkischer Freiheit stets eng miteinander verzahnt waren. Immer hatte es auch den Anschein, als würde sich eine Lösung der strittigen Probleme erst ergeben, wenn größere geschlossene Quellenkomplexe detailliert und zugleich umfassend untersucht werden könnten. Als einen solchen tragfähigen Grund hat E. Müller-Mertens die Kapitularien erkannt, an die er 1963 die Frage richtete: „Wer waren die liberi homines der karolingischen Kapitularien (742/743–832)?“ [422]. Auch Müller-Mertens benutzte als Ausgangspunkt die Freiheitsdefinition Karls d. Gr., wonach der Kaiser nur *servi* und *liberi* kennen wollte. Diesen für die Erfassung der fränkischen Sozialstrukturen fast unbrauchbaren Freiheitsbegriff haben die Kapitularien glücklicherweise nicht konsequent durchhalten können. Vielmehr ergibt sich eine Vielzahl von Gruppen, die keine streng getrennten und abgeschlossenen Einheiten bildeten, sind fließende Grenzen, Phänomene des Wechsels und der Zugehörigkeit zu mehreren Gruppen charakteristisch:

Die *liberi homines* der Kapitularien

1. Eine wichtige Gruppe bildeten die Aprisionäre, d. h. Flüchtlinge aus dem sarazenischen Spanien, die von fränkischen Königen auf wüst gewordenen Landteilen zum Zwecke der Grenzsiedlung und Grenzsicherung angesiedelt worden waren (*pars, quam ille ad habitandum sibi occupaverat* bzw. *portio, quam adprisionem vocant*). Solche Aprisionäre waren persönlich frei, sie sind aber nicht summarisch als Bauern anzusprechen, sondern als herrenmäßig bzw. grundherrlich lebende und als bäuerlich lebende Aprisionäre, deren militärische und gesellschaftlich-staatliche Dienste nicht aus agrarischer Produktion erwuchsen. Diese Aprisionäre wertete Müller-Mertens als Modellfall für fränkische Militärkolonisation und als ein „Musterbeispiel und Hauptbeweisstück der Königsfreien-Theorie.“

2. Mit *liberi homines* als Inhabern von Allod (Allodisten) sind Eigentümer von Grund und Boden, Unfreien sowie von Land und Leuten gemeint. Die fließende Grenze zum herrenmäßigen Leben solcher Allodisten ist wohl bei einem Besitz von 3–4 Hufen anzunehmen.

3. *Liberi homines* in feudaler Bindung und Abhängigkeit bzw. feudal gebundene und feudal abhängige Freie, die als Benefiziare, Vasallen und auch als freie Dienstmannen ohne Land, dafür aber mit Spanndiensten, Aufgaben im Handel usw. belegt sind. Schließlich gehören hierher auch freie Hintersassen der königlichen, adligen und geistlichen Grundherrschaften.

4. Weitere Militärkolonisten und Königszinser, die in den Kapitularien neben den Aprisionären allerdings nur knapp erkennbar sind.

Im Gesamtergebnis stellte Müller-Mertens [422] heraus: „Die Kapitularien kannten überhaupt keine Klasse oder sozial homogene Schicht der Freien und sprachen Angehörige ganz verschiedener sozialer Gruppen mit dem Namen liber homo an. Liber waren alle, die nicht servi waren. Mit Sproemberg qualifizierten wir dieses Postulat Karls des Großen als politisches Programm der frühen Karolinger: Alle, die nicht servi waren, sollten vor dem König gleich sein."

Die Ergebnisse dieser Arbeit sind recht lange zurückhaltend beurteilt worden, vor allem wohl, weil der Verfasser in der historiographischen Einleitung seines Buches den polemischen und einseitig marxistisch orientierten Ton überzogen hatte. Darüber hinaus rüttelte die Untersuchung nicht nur an der Lehre von der germanischen Gemeinfreiheit und an ihrer marxistischen Variante, sondern auch an der sog. Lehre von der Königsfreiheit, wenngleich wichtig genug bleibt, daß diese Theorie von Müller-Mertens nicht insgesamt, sondern nur in Teilen angegriffen, in den bedeutsamen Untersuchungen über Aprisionäre aber sogar erhärtet wurde. Die Rezeption wurde schließlich auch erschwert durch die anhaltende Unsicherheit in der Bewertung der karolingischen Kapitularien, deren Texte bekanntlich teils lediglich als Protokolle oder Akten mit mehr oder weniger großer Verbindlichkeit, teils auch als rechtlich verbindliche Weisungen mit einer Art Gesetzesrang angesprochen werden. Unabhängig davon, wie diese Kontroverse nach Vorliegen einer besseren Kapitularienedition auch ausgehen mag, bleibt das zusätzliche und insgesamt vielleicht sogar gewichtigere Problem der tatsächlichen Verwirklichung karolingischer Normvorstellungen ein Hindernis für die historische Erkenntnis, denn von einer steten Spannung zwischen Verfassungsnorm und Verfassungswirklichkeit geht die Frühmittelalterforschung schon längst aus.

Das Desiderat einer ähnlich gründlichen Untersuchung auch der westfränkischen Kapitularien vor allem Karls des Kahlen (in der ostfränkischen Reichshälfte Ludwigs des Deutschen gibt es keine vergleichbaren Quellen) ist vorläufig noch nicht erfüllt worden, wenngleich sich S. Epperlein als Fortsetzer seines Lehrers Müller-Mertens verstand. Seine 1969 erschienenen „Studien über soziale Konflikte und dogmatisch-politische Kontroversen im fränkischen Reich" [402] sind vornehmlich an Formen bäuerlicher Resistenz gegen grundherrliche Willkür interessiert und gerieten in das Dilemma, trotz offenkundiger Sympathie mit „klassenkämpferischen" Bauern die Grundherrschaft als das progressive Element jener Zeit bewerten zu müssen.

Kritik an der Theorie von der Königsfreiheit

Einen entschiedenen Angriff auf die neueren verfassungsgeschichtlichen Theorien von der „Rodungsfreiheit und Königsfreiheit" führte 1974 H. K. Schulze, wenngleich breitere Nachweise noch ausstehen. Er kam zu dem Ergebnis, „daß sich in den Quellen eine spezielle Form der rechtsständischen Freiheit, die durch Rodung, Siedlung, Heeresdienst oder Königsdienst erworben wurde, nicht nachweisen läßt. In der primär geburtsständisch gegliederten Gesellschaft des frühen Mittelalters hat es eine solche Freiheit nicht gegeben. Nur durch den rechtsförmlichen Akt der Freilassung konnte ein Unfreier die persönliche Freiheit erlangen. Die in der Karolingerzeit noch breite Schicht der Freien setzte sich aus Altfreien und Freigelassenen zusammen" [304: 549].

Unklar bleibt der Charakter solcher „Altfreiheit", lassen die überlieferten Quellen vor allem eine Altfreiheit erkennen?

Zu einer „partiellen Überprüfung bisheriger Forschungsergebnisse", d. h. vor allem der Gemeinfreienlehre, der Königsfreientheorie und des Buches von E. MÜLLER-MERTENS hat 1977 J. SCHMITT „Untersuchungen zu den Liberi Homines der Karolingerzeit" [431] vorgelegt und dabei eine breitere Materialbasis berücksichtigt (zuzüglich zu Kapitularien Formulae, Urkunden, Traditionsbücher und Güterverzeichnisse). Mit einem eigenen methodischen Ansatz hat er schließlich (nicht ganz überzeugend) versucht, für die karolingische Freienpolitik das zeitgenössische Herrscherethos und die Fürstenspiegel der Zeit als Bezugsrahmen zu nutzen. Dabei sei eine „Interdependenz von ‚Herrscherethos' und ‚Pauperes-Politik' unter Karl d. Gr. und Ludwig d. Frommen" festzustellen. Im Hauptergebnis konnte J. SCHMITT eine weitgehende Übereinstimmung mit Kritikern der Gemeinfreienlehre, insbesondere mit A. DOPSCH betonen, aber auch die Übereinstimmungen mit MÜLLER-MERTENS sind beachtlich. Der sog. kleine Allod-Bauer der Gemeinfreienlehre ist ebenso wenig durchgängig in den Quellen belegbar wie der für die Königsfreientheorie konstitutive kleine, Fiskalland bebauende Siedler: „Die liberi bildeten keine in sich homogene soziale Schicht oder Gruppe, sondern gehörten aufgrund spezifischer Merkmale verschiedenen Gruppen an, zwischen denen aber durchaus Übergänge und Überschneidungen erkennbar sind." Weitere Forschungsfortschritte könnten sicher erzielt werden, wenn die Zeit nach Karl d. Gr. und Ludwig d. Fr. ähnlich gründlich überprüft würde und vor allem die westfränkischen Quellen (und Verhältnisse) konsequenter beachtet werden. Auch die thematische Konzentration auf eine einzelne Grundherrschaft, die L. KUCHENBUCH mit „Studien zur Sozialstruktur der Familia der Abtei Prüm" [420] 1978 eindrucksvoll gelungen ist, könnte sich insgesamt als ein die Sozialgeschichte befruchtender Ansatz erweisen. Gelingen müßte dann allerdings noch der Brückenschlag von der im allgemeinen gut überlieferten geistlichen Grundherrschaft über die Kluft der nahezu unbekannten weltlichen/adligen Grundherrschaft sowie der vielleicht doch einst vorhandenen sonstigen (freien) „bäuerlichen Gesellschaft". Dieser Brückenschlag müßte schließlich sogar noch bis zu den Kapitularien und anderen normativen Quellen führen. Vorschnelle Urteile wird indes kaum jemand mehr riskieren wollen, seit K. NEHLSEN-VON STRYK mit Entschiedenheit Tendenzen widersprach, welche die vor allem in Formularsammlungen und Urkunden zahlreich belegten *boni homines* für eine bestimmte soziale Schicht in Anspruch nehmen. Aufschlußreich sind für diesen Rechtsterminus die Verbindungen fränkischer Quellen zu solchen der Spätantike [424].

Gab es Sklaven im Frankenreich?

Seit einigen Jahren ist in der wissenschaftlichen Literatur eine gewisse Unsicherheit erkennbar, ob man für frühmittelalterliche Verhältnisse den Sklavenbegriff verwenden könne, und als sich H. NEHLSEN 1972 in seiner Untersuchung über „Sklavenrecht zwischen Antike und Mittelalter" [328] um eine terminologische Klarstellung bemühte, mußte er feststellen, daß die althistorisch orientierte

Literatur nach wie vor lat. servus stets mit „Sklave“ übersetzt, während die deutschsprachige mediävistische Literatur von „Knechten“ oder „Unfreien“ spricht. In der Tat liegt diesem Sprachgebrauch die sehr alte These von einem evolutionären Prozeß der Sklaverei zugrunde, der seit der Spätantike weit in das Mittelalter hinein reiche. Aber auch der Franzose P. ALLARD beispielsweise hat 1913 in seinen „Origines du servage en France“ eine Transformation der Sklaverei zur Servage gesehen, die vom 4. bis zum 10. Jahrhundert gedauert habe. Vom serf sei dann eine Entwicklung zum paysan verfolgbar, die zeitlich vom 10. bis zum Ende des 18. Jahrhunderts geführt habe. H. NEHLSEN hat sich mit der Mehrzahl der aus römischen Quellen schöpfenden Literatur für die Übersetzung von *servus* mit Sklave entschieden, dabei aber offengelassen, ob die Bestimmungen des spätrömischen Sklavenrechts, die von den Leges barbarorum rezipiert wurden, wirklichen Sklaven oder nicht viel eher solchen Angehörigen der unfreien Unterschicht galten, die sich insgesamt besser standen als Sklaven. Das terminologische Problem ist aber auch ein sachliches. Nach den Forschungen von CH. VERLINDEN ist bekannt, daß im Frankenreich der Merowinger- und Karolingerzeit Sklavenhandel existierte, und zwar im Großhandel, der zugleich Transithandel von Ost nach West war [441]. Ob es dagegen auch im Binnenland Sklavenhandel gab und Sklaven hier in relevanter Zahl gehalten wurden, ist vorläufig noch eine offene Forschungsfrage. Denn selbst der fränkische Zolltarif von Arras, der unter der Rubrik „De bestiis“ anordnet, daß *mancipia* zusammen mit Tieren aller Art zu verzollen seien, könnte sich auf Transithandel beziehen. (Diese Bestimmung ist übrigens eine fatale Parallele zum berüchtigten Passus des Raffelstettener Zollweistums von 903–06: „Wenn aber jemand Manzipien oder Pferde verkaufen will, muß er für eine *ancilla* eine Tremise (1/3 Goldschilling), für einen Hengst (*de cavallo masculino*) ebensoviel, für einen *servus* eine Saige (1/12 Goldschilling) und für eine Stute ebensoviel zahlen“.)

Hinweise auf innerfränkische Sklavenhaltung geben vor allem Urkundenformulare, also Musterstücke für die Urkundenaussteller. Noch im ausgehenden 8. Jahrhundert beziehen sie sich auf Kauf oder Verkauf eines *servus* (oder einer *ancilla*) mit öffentlicher Taxierung der Ware, Fixierung des Geldwertes/Preises und eben schriftlich bestätigtem Rechtsakt der Veräußerung (Kauf- bzw. Verkaufsurkunde). Alles geschieht öffentlich, auf dem üblichen Markt vor rechtschaffenen Zeugen nach offensichtlich geregelten Formen und ohne jegliche Indizien für Vorbehaltsbindungen der Ware. Sogar Erbansprüche gegenüber dem Erwerber werden berücksichtigt, selbstverständlich auch sein Recht, frei über das Kaufgut verfügen zu dürfen: *iam dictum servum habeas, teneas atque possedeas, vel quicquid exinde facere volueris, liberam in omnibus habeas potestatem.* So rundet eine Reihe von Urkundenmustern das Bild offensichtlicher Sklavenhaltung: Wie anders sollte man öffentlich kauf- und verkaufbare, zumal deutlich in ihrer Qualität öffentlich begutachtete und preislich taxierte Menschenware, die ganz offensichtlich schollenungebunden war, definieren? Zahlenmäßiger Umfang und Relevanz solcher Sklaverei aber sind mangels entsprechender Überlieferung kaum abschätzbar, die Tatsache vielfältiger Formelüberlieferung warnt jedoch vor jeglicher Unterbewertung.

Neben den soeben skizzierten Fragestellungen der sozialgeschichtlichen Forschung sind sehr breit angelegte und intensiv betriebene Versuche zu verzeichnen, die traditionelle sozialgeschichtliche Quellenbasis zu erweitern sowie vor allem ungenutzte und weithin als unnutzbar erscheinende Stoffmassen zu erschließen. Beides hängt mit der Aufnahme prosopographischer Fragestellungen zusammen, die in den klassischen Altertumswissenschaften bereits seit langem ihren bewährten Rang einnehmen. Konkret beschritten hat den Weg prosopographischer mittelalterlicher Forschung G. Tellenbach, als er in „Königtum und Stämme in der Werdezeit des deutschen Reiches" [439] schon 1939 eine Liste von „Reichsaristokraten" vorlegte, die mit ihrer verfassungsgeschichtlichen Deutung allerdings heftige Kontroversen auslöste. Mit seinem Freiburger Schülerkreis, dem eine Reihe wichtiger Einzeluntersuchungen seit den 1950er Jahren verdankt wird, ist Tellenbach den eingeschlagenen Weg dann konsequent weitergegangen, unabhängig von ihm sind andere Bemühungen zu verzeichnen. Zu erwähnen ist allerdings auch ein beträchtlicher Fehlschlag. Er betrifft das von K. F. Werner und einigen seiner Mitarbeiter im Deutschen Historischen Institut in Paris betriebene Forschungsunternehmen Prosopographia Regnorum Orbis Latini (PROL), das den prosopographischen Brückenschlag von der Antike zum Hochmittelalter leisten wollte. Das gigantische und nur mit Hilfe elektronischer Datenverarbeitung überhaupt zu betreibende Projekt versuchte lange Jahre als Grundlage einer späteren Prosopographie alle verfügbaren Belege der „Personen der lateinischen Welt in den Quellen des 3.–12. Jahrhunderts" [445: K. F. Werner] zu sammeln, um so auch einen wesentlichen Einblick in die „Geschichte der west- und mitteleuropäischen Oberschichten bis zum 12. Jahrhundert" liefern und überdies die Struktur der jeweiligen Regna erhellen zu können. Da aber das Kernproblem der Identifizierung von Personennamen, zumal in einer Zeit der Einnamigkeit (nur Vornamen!), methodisch auch nach dem erfolgten Arbeitsbeginn nicht durchgängig lösbar war, konnte das Fiasko des kostenträchtigen Unternehmens eigentlich niemanden überraschen.

Ansätze prosopographischer Forschung

Als fruchtbar erwiesen sich hingegen die von G. Tellenbach ausgehenden Impulse, wie sich insbesondere an den von K. Schmid, J. Wollasch und einer Forschungsgruppe in Münster verfolgten Zielen erkennen läßt. Von der Erwartung ausgehend, daß in der auch für die fränkische Zeit sehr reich erhaltenen Memorialüberlieferung (Toten-, Gedenk- und Verbrüderungsbücher einzelner Klöster und großer Verbände) mit Hunderttausenden von eingetragenen Personennamen wesentliche Einblicksmöglichkeiten in das innere Gefüge sozialer Gruppen und Verbände gegeben seien, wird hier in subtiler methodischer Arbeit und grundsätzlich fächerübergreifend (Namenforschung, Paläographie und Kodikologie, Liturgiewissenschaft und historische Personenforschung) versucht, Personengruppen und einzelne in ihrem Wechselverhältnis zu erforschen [429: K. Schmid]. Von besonderer Bedeutung ist dabei in jedem Falle, daß bisher noch ungenutzte und nahezu wertlos erscheinende Quellenmassen konsequent bearbeitet und auch erschlossen werden; das mitunter vernachlässigte hilfswissenschaftliche Instrumentarium hat gerade bei diesen Forschungsarbeiten seinen besonderen Wert unter Beweis stellen können.

Über das Konzept sowie den Fortgang der Forschungen wird regelmäßig vor allem in der Zeitschrift „Frühmittelalterliche Studien" berichtet, wo auch Teilergebnisse publiziert werden. Erstes erschließendes Zeugnis des Münsteraner Projekts „Personen und Gemeinschaften" ist das gewichtige Werk über „Die Klostergemeinschaft von Fulda im frühen Mittelalter" [475].

Diese an Subtilität wie Umfang beeindruckenden Untersuchungen können indes den Charakter etwas peripherer Thematik noch nicht ganz abstreifen. Hinzu kommt ein so hohes Maß an Spezialisierung, daß selbst Sachkennern der frühmittelalterlichen Geschichte das Verständnis erheblich erschwert wird und der kontrollierende Nachvollzug des Erarbeiteten oft verwehrt bleibt. Vor allem aber hat sich die von Dritten häufig vorschnell entwickelte Annahme, mit Hilfe groß angelegter Personenforschung werde bereits Sozialgeschichte betrieben, würden relevante Sozialstrukturen wesentlich erhellt, vorläufig noch nicht bestätigen lassen. Für das genannte „Fulda-Werk" (FW), das mit seinen 3 Bänden in 5 Teilen nicht nur sehr umfangreich, sondern auch unübersichtlich ist, liegt dem Interessenten freilich ein notwendiger Benutzungsschlüssel von dritter Seite durch M. GOCKEL [469] vor.

Bedingt durch außerordentliche spezifische Quellenarmut hat sich das Interesse an der Geschichte von Frauen im Frühmittelalter fast ausschließlich an Herrscherinnen orientieren können. Die überragenden Merowingerköniginnen Brunhilde und Fredegunde haben dabei seit jeher detaillierte Beachtung gefunden. Schwieriger ist die allgemeine politische Rolle bzw. der Verfassungsrang von Herrscherinnen zu fassen, der sich aber über die berühmte consors-regni-Formel erschließt (T. VOGELSANG, Die Frau als Herrscherin im hohen Mittelalter, 1954) und im Zusammenhang mit herrscherlichen Nachfolgeregelungen über die Rechtsfigur der Einheirat [298]. Von besonderer Bedeutung ist, daß E. ENNEN in ihrer souveränen Monographie „Frauen im Mittelalter" über die Königinnen hinaus den Blick auch auf hochadlige Frauen „in der Welt und im Kloster und Stift" richtet sowie auf Mägde und hörige Bauersfrauen [400]. Selbst wenn die archaische Zeit des Frühmittelalters E. ENNEN vor allem als Folie für die Darstellung der großen historischen Wende seit Mitte des 11. Jahrhunderts dient, so ergeben sich doch auch für die fränkischen Verhältnisse wichtige Einblicke und eine Übersicht.

8. KIRCHE

Grundprobleme und Tendenzen der Forschung sind für die Geschichte der Kirche des Frankenreiches, die in weiten Strecken zugleich die geistige Situation der

Zeit fast ausschließlich erkennen läßt, durch die Quellenlage vorgegeben. Die noch immer umfassendste Gesamtdarstellung wird H. v. SCHUBERT verdankt [64], unentbehrlich wegen der Dichte ihrer Schilderung bleibt die Kirchengeschichte Deutschlands von A. HAUCK [50: 8. unveränderte Auflage 1954], deren Bände 1 und 2 bis zur „fränkischen Kirche als Reichskirche" und zur „Auflösung der Reichskirche" im 9. Jahrhundert reichen. Moderne Handbücher der Kirchengeschichte ergänzen das Bild [47; 44; 159; 474; weitere Angaben in: 491, S. 287 ff.], wobei „lexikalische" Werke oft durch Ausführlichkeit und Eindringlichkeit beeindrucken [55; 60; 70].

Fragen kirchlicher Kontinuität

Die für die Geschichte der fränkischen Frühzeit dominierende Frage nach spätantik-römischer oder germanischer Kontinuität ist auch für die Kirche nicht auszuklammern gewesen. Vor allem die gallische Bischofskirche, das Phänomen eines alle Krisen des 4.–6. Jahrhunderts schier unbeschadet überstehenden Episkopats, der in seinem Sprengel zugleich die politische Führung der *civitas* übernahm [287: PRINZ], ist hier vorrangig zu nennen. Probleme der innerkirchlichen Verfassung bleiben jedoch bis in die Karolingerzeit hinein auffällig undeutlich, weil die Quellenlage unzureichend ist. An ihr dürfte es auch vor allem liegen, wenn die von U. STUTZ und seinen Schülern seit 1895 entwickelte Lehre vom germanischen Ursprung des Eigenkirchenwesens [494: STUTZ] energisch bestritten werden konnte. Unter Eigenkirche versteht man dabei „ein Gotteshaus, das dem Eigentum oder besser der Eigenherrschaft so unterstand, daß sich daraus nicht bloß eine Verfügung in vermögensrechtlicher Beziehung, sondern auch die volle geistige Leitungsgewalt ergab". Gegen U. STUTZ haben FUSTEL DE COULANGES und IMBART DE LA TOUR an römische und keltische Wurzeln dieses auffälligen Phänomens gedacht, während A. DOPSCH und M. TORRES glaubten, das Eigenkirchenwesen völlig aus der Grundherrschaft ableiten zu können. Die herrschende Lehre in diesem letztlich noch offenen Forschungsstreit hat in weitreichender Anlehnung an STUTZ der Kirchenrechtler H. E. FEINE fixiert und dabei zugleich auf den Horizont weitreichender Konsequenzen hingewiesen: „Am stärksten, jedoch nicht ausschließlich, hat das Eigenkirchenwesen germanisches Recht in den Bau der Kirche eingefügt und bald auf dem ganzen Kontinent einschließlich der Britischen Inseln jahrhundertelang die Kirchenverfassung beherrscht, das Kirchenrecht völlig umgebildet, so daß man vor allem seinethalben von einer Periode ‚germanischen Kirchenrechts' sprechen kann. Eigenkirchenwesen und germanische Kirchherrschaft sind dann zum Gegenstand einer großen Auseinandersetzung zwischen Papsttum und weltlichem Herrschertum – hinsichtlich der Bistümer im Investiturstreit –, zwischen germanischem Rechtsleben und kirchlicher Wissenschaft und Verwaltungspraxis – hinsichtlich der Niederkirchen: Patronat und Inkorporation – geworden, deren Ausläufer sich bis in das Recht der Gegenwart, des Codex Iuris Canonici, erstrecken" [41: FEINE 147 mit Literaturhinweisen].

Auswertung hagiographischer Quellen

Im Vergleich zu anderen Feldern ist die hagiographische Quellenlage geradezu vorzüglich, wenngleich eine Scheu vor der Auswertung von Heiligenlegenden und Viten auch bei Kirchenhistorikern zu erkennen ist. Die nüchternen „Studien zur Hagiographie der Merowingerzeit“ des Historikers F. Graus, der sich besonders für die „gesellschaftliche Funktion und die Lehre der Legende“ interessierte und sein Hauptaugenmerk „demgemäß besonders auf die Einstellung der Hagiographen zum Volk und zu den Herrschern“ konzentrierte [111], haben zwar starke Beachtung gefunden, jedoch noch keine wesentliche Neuorientierung bewirkt.

Von besonderem Reiz ist für die kirchengeschichtliche Forschung das Umfeld von Chlodwigs Bekehrung und Taufe sowie die Christianisierung der Franken geblieben. Entscheidender Fortschritt bleibt jedoch abhängig von der (schier unmöglichen) Lösung chronologischer Probleme (s. o.). Der thematische Zusammenhang von „Taufe und Politik im frühen Mittelalter“ ist jedoch auf breiterer Grundlage erst jüngst wieder verdeutlicht worden [452: Angenendt]. Für die auf Chlodwig folgende Zeit des 6. bis ausgehenden 8. Jahrhunderts lassen sich kaum größere Forschungsdebatten nennen, weil die Quellenlage zumeist desolat ist. Viel spricht auch für eine verworrene Lage der innerkirchlichen Verfassung in dieser Zeit. Das Bild ihrer „sittlichen Verwilderung im sechsten Jahrhundert“ ist schon von A. Hauck [50] eindrucksvoll gezeichnet worden, Reformversuche des Mönchtums dürften in der Folge kaum durchgreifende Besserungen erreicht haben, und als Prototyp könnten für die 1. Hälfte des 8. Jahrhunderts der Trierer und Reimser Doppelbischof „Milo et eiusmodi similes“ [459: E. Ewig] gelten. Gegen solche *falsi sacerdotes* richtete sich vor allem der Zorn eines Bonifatius. Dem Reformator gilt aus vielerlei Gründen seit langem ein besonderes Forschungsinteresse. T. Schieffer, dessen Feder die eindrucksvollste Darstellung vom Leben und Wirken des Bonifatius verdankt wird, hatte 1954 seinen Blick gerichtet „auf einen Menschen, ohne dessen Wirken wir uns das europäische, insbesondere das deutsche Mittelalter, so wie es geworden ist, nicht vorstellen könnten“ und daher in konsequenter Weise seine Monographie „Winfrid-Bonifatius und die christliche Grundlegung Europas“ betitelt [491]. Diesen allerdings schon riskanten Rahmen wußten später englische Historiker noch zu erweitern, wenn sie ihre „Essays on Saint Boniface and the Church at Crediton“ (Crediton könnte B's Geburtsort gewesen sein) 1980 unter dem Titel „The Greatest Englishman“ publizierten, zugleich aber auch „Saint Boniface and Europe“ [488: T. Reuter] ins Visier nahmen.

Bonifatius als Reformator

Erheblich nüchterner sind demgegenüber grundlegende Arbeiten zum Mönchtum und den Missionsbemühungen. Monographisch behandelt hat F. Prinz „Frühes Mönchtum im Frankenreich. Kultur und Gesellschaft in Gallien, den Rheinlanden und Bayern am Beispiel der monastischen Entwicklung (4. bis 8. Jahrhundert)“ 1965 [487], spätere Studien umkreisen denselben Gegenstand, über den unter dem Titel „Askese und Kultur“ [486] seit 1980 eine gute Einführung vorliegt. Besondere Aufmerksamkeit beansprucht weiterhin der St. Galler Klosterplan. Seit die Amerikaner W. Horn und E. Born in großzügiger Dokumentation das Werk Haitos, des Bischofs von Basel und Abtes der Reichenau,

Die Rolle des Mönchtums

als Kopie aus der ersten Hälfte des 9. Jahrhunderts bezeichnet und seine Vorlage in den Zusammenhang der Aachener Klosterreform von 817/18 gerückt haben [515], hört die Diskussion nicht auf: Reichenauer Provenienz oder reichsweiter Klosterplan, zumal im Zusammenwirken mit dem Reformkloster Aniane? Die in Teilen noch offene Diskussion [514] dürfte am Modellcharakter des Planes jedoch kaum mehr rütteln können. Die mit dem Namen Benedikts von Ariane verknüpften Reformbemühungen sind von J. SEMMLER [493; 493a] wiederholt untersucht und in den Zusammenhang der karolingischen Klosterpolitik gestellt worden. Undeutlich mag einstweilen noch ihr Realisierungsgrad bleiben.

Ohne das Spektrum vielfältiger Detailforschung hier auch nur andeuten zu können, soll exemplarisch auf den Sammelband der Reihe Vorträge und Forschungen von 1974 über „Mönchtum, Episkopat und Adel zur Gründungszeit des Klosters Reichenau“ [479] hingewiesen werden sowie auf das Bemühen, mit der „*Universalis gentium confessio* Formeln, Träger und Wege universalmissionarischen Denkens im 7. Jahrhundert“ [462: FRITZE] zu fassen. W. H. FRITZES zumeist an entlegener Stelle publizierte weitere Untersuchungen über missionarische Konzepte, die bis in slavische Bereiche hineinreichen, werden hoffentlich bald zusammengefaßt nachlesbar sein. Mit der fränkischen Slavenmission liegt im übrigen ein westliches Äquivalent zur Slavenmission der Ostkirche vor, für die Kyrills und Methods Wirken exemplarisch stehen kann [474: C. HANNICK].

Fragen der Heidenmission

Alle höchst interessanten und wichtigen Untersuchungen missionarischer Bemühungen gipfeln sozusagen im Versuch, „Kirchengeschichte als Missionsgeschichte“ verstehen zu können, auch wenn der Herausgeber des entsprechenden Teilbandes für „die Kirche des frühen Mittelalters“ sich gegen solche „untragbare Einengung dessen . . ., was als Kirchengeschichte anzusprechen ist“, energisch verwahrt [474]. Und in der Tat bringt eine Betrachtung etwa der Christianisierung des Sachsenstammes unter Karl d. Gr. recht düstere Farben und neue Probleme. Einerseits hatte sich der Blick der angelsächsischen Festlandsmission schon lange auf das Gebiet der als stammverwandt empfundenen Sachsen gerichtet [490: SCHIEFFER; 461: FRITZE], unter dem Einfluß einer nordfränkischen Missionsgruppe columbanischer Prägung aber grundsätzlicher erweitert. Denn die neutestamentliche Forderung des „Ite, docete omnes gentes“ bezog auch Friesen, Dänen, Thüringer und selbst Slaven und Awaren ein, die auch Bonifaz in seinem missionarischen Blickfeld behielt. Solche prinzipiell universalmissionarische Ausrichtung ist mit frappierender Offenheit bereits an Bedas „angelsächsischer Missionsvölkerliste von 703/04“ [461] ablesbar, und das so abgesteckte angelsächsische Missionsarbeitsfeld taucht fast vollständig wieder bei Alkuin auf, jetzt allerdings zum Missionsprogramm erhoben. Da Alkuin wiederholt als spiritus rector der Missionierung von Slaven und Awaren während der Zeit Karls d. Gr. angesprochen wurde, wird hinreichend deutlich, daß die Kirche der Karlszeit nicht gänzlich unvorbereitet von den Aufgaben der Christianisierung getroffen wurde.

Andererseits aber waren bislang alle ernsthaften Versuche etwa der Missionierung des Sachsenstammes bereits so gründlich im Ansatz stecken geblieben, daß von elementarer Missionierung im fränkischen Bereich vor 768 im allgemeinen keine Rede sein konnte. Üblicherweise folgte nämlich die Christianisierung den fränkischen Feldzeichen und war auf Hilfe und Schutz der Staatsgewalt so sehr angewiesen, daß T. SCHIEFFER von einem „Gesetz von der Kongruenz politischer und religiöser Ordnung" hat sprechen können, „das bei der Verkündung des Evangeliums Mitwirkung und Vorbild der staatlichen Herrschaft – und das hieß im 8. Jahrhundert: der fränkischen Reichsgewalt – unentbehrlich machte". Als typische Missionsweise könne demnach Taufe nach allerknappster Unterrichtung und Ablegung des Glaubensbekenntnisses gelten, während die elementare Durchdringung mit dem neuen Glaubensgut zunächst nicht geleistet werden konnte. Sie hätte erst „in geduldiger, mühevoller Erziehungsarbeit" nachgeholt werden müssen [491: SCHIEFFER]. Diese von der Katechumenenpraxis der alten Kirche kraß abweichende Methode ist in der Karlszeit gegenüber den Sachsen um einen massiven Zwangscharakter bereichert worden, der die freiwillige Taufe nicht mehr als Norm sah, sondern überaus wirksam mit Waffengewalt, Strafen bis hin zum Massaker und mit groß angelegten Deportationen den Übergang zum Christentum erzwang. Er erfolgte in der bei den Franken schon typischen Reihenfolge: Unterwerfung unter den siegreichen Herrscher und anschließende Taufe als Unterwerfung unter den stärkeren Gott. Viel Arbeit erwuchs der Kirche jeweils nicht, zumal häufig genug von Massentaufen der Besiegten in der Überlieferung zu lesen ist. Wie man sich solche allerdings technisch vorzustellen hat, bleibt offen. Gänzlich unklar ist vor allem, wie das Problem der vorhergehenden Minimalunterrichtung im neuen Glauben und das Einstudieren des Glaubensbekenntnisses, welches bei der Taufe abzulegen war, bewältigt worden sein mag. Immerhin ist ein volkssprachlich abgefaßter (knapper) Katalog von Fragen und Antworten bei der Taufe überliefert, der in das 8. Jahrhundert zu gehören und aus Sachsen zu stammen scheint (MGH Capit. 1, 222):

Zwangsmissionierung

(Interrogationes et responsiones baptismales): *Forsáchistu diobolae? et respondeat: ec forsacho diabolae. end allum diobolgeldae? respondeat: end ec forsacho allum diobolgeldae. end allum dioboles uuercum? respondeat: end ec forsacho allum dioboles uuercum and uuordum thunaer ende woden ende saxnote ende allum them unholdum the hira genotas sint. gelobistu in got alamehtigan fadaer? ec gelobo in got alamehtigan fadaer. gelobistu in crist godes suno? ec gelobo in crist gotes suno. gelobistu in halogan gast? ec gelobo in halogan gast.*

Der Fragen- und Antwortkatalog weist auf personelle Probleme der Minimalinstruktion und auf elementare sprachliche Verständigungsschwierigkeiten. Zudem darf angenommen werden, daß viele Massentaufen ohne Minimalinstruktion und in unwürdiger bis empörender Form abgewickelt wurden. Den Getauften half das freilich nicht, denn das Gesetz des Siegers behandelte sie beispielsweise in der Capitulatio de partibus Saxoniae von 785 durchweg als Christen und verordnete mit unerbittlicher Konsequenz bei fast jedem „Rückfall" ins überwundene und abgesagte Heidentum die Todesstrafe.

Die Frage nach den Missionierungsleistungen des Karlsreiches verdient dementsprechend längst eine dramatische Akzentverschiebung [492: Schneider]. Unverkennbar groß blieb die Aufgabe, die sich nach dem Taufvollzug bei der Lehre und Verkündung christlichen Glaubensgutes sowie bei der kirchlichen Durchdringung des unterworfenen Landes ergab. Ob sich der reichsfränkische Klerus dieser Verpflichtung voll zu widmen verstand, ist nicht erkennbar. Nicht auszuschließen bleibt jedenfalls, daß eine entsprechende Feststellung Alkuins nicht nur punktuell die wahren Verhältnisse bezeichnet hat, der einmal schrieb: „Würde mit der gleichen Beharrlichkeit das sanfte Joch Christi und seine leichte Last dem starren Sachsenvolk verkündigt, mit welcher Leistung der Zehnten und strenge Bußen für die leichtesten Vergehen gefordert werden, so würden sie vielleicht die Taufe nicht verabscheuen."

Kirche – Staat

Die gegebenen Andeutungen könnten für sich erklären, weshalb kirchengeschichtliche Fragestellungen fast nur im Kontext allgemeinerer Fragestellungen und Zusammenhänge entscheidend erhellt werden können. Für das Verhältnis von Staat und Kirche ist es ohnehin selbstverständlich. K. Voigts „Staat und Kirche von Konstantin d. Gr. bis zum Ende der Karolingerzeit" (1936) [309: Voigt] ist zusammen mit der „Kirchlichen Rechtsgeschichte" von H. E. Feine [484] und der „Geschichte des Kirchenrechts" von W. Plöchl [484] die Grundlage geblieben, während für die zentrale Thematik von „Papst und Frankenkönig" neue „Studien zu den päpstlich-fränkischen Rechtsbeziehungen von 754 bis 824" [267: W. H. Fritze] und nahezu parallele Untersuchungen über „Die Verträge der fränkischen und deutschen Herrscher mit dem Papsttum von 754 bis 1020" [259: A. M. Drabek] vorliegen: der Fundamentalcharakter karolingischer Strukturen für die spätere europäische Entwicklung ist offensichtlich.

Der Nachweis päpstlich-fränkischer Vertragsbeziehungen seit 754 irritierte in seinen Konsequenzen manchen, obwohl nur der Kirchenhistoriker A. Angenendt eine kräftige Modifizierung riskierte. In der päpstlichen Compaternitas, die sich aus päpstlicher Taufrolle und daraus resultierender Patenschaft über Mitglieder des karolingischen Herrscherhauses ergebe, sieht er eine römische Parallele zur byzantinischen Idee der „Familie der Könige", die F. Dölger 1940 herausgearbeitet hatte. Mit Hilfe dieser auch auf antiker Tradition beruhenden Compaternitas hätte der Papst die Chance einer Dominanz im sonst als zweiseitig interpretierten Vertragsverhältnis grundsätzlich gleichberechtigter Partner gehabt [450; 241]. Dieser bedeutungsschweren These ist indes von O. Engels in minuziöser Form weitgehend der Boden entzogen worden: Der fränkisch-päpstliche Freundschaftsbund habe „mit dem byzantinischen Vorbild der ‚Familie der Könige' und des Kaisers als des Vaters dieser Familie ... nur partiell zu tun" [261].

Frühkarolingisches Kirchenrecht

Für das Kirchenrecht der frühen Karolingerzeit ergibt sich ein vielschichtiges Bild. Bekanntlich hatte sich Karl d. Gr. im Jahre 774 von Papst Hadrian I. eine Kirchenrechtssammlung (sog. Dionysio-Hadriana) geben lassen, um mit Hilfe eines „authentischen" Exemplars den Wildwuchs fränkischer Rechtssammlungen korrigieren zu können, was sich durchaus im Sinne eines kritischen „karolingischen Rationalismus“ [522: H. LIEBESCHÜTZ] werten ließe. Nach Forschungen von H. MORDEK hat die Dionysio-Hadriana aber keine volle Wirkung erlangt, sondern ist neben anderen „kirchenrechtlichen Autoritäten im Frühmittelalter“ [482] orientierend geblieben. Besondere Bedeutung für „Kirchenrecht und Reform im Frankenreich“ [481: H. MORDEK] hatte „die Collectio Vetus Gallica, die älteste systematische Kanonessammlung des fränkischen Gallien“ [Untertitel zu 481], deren Edition mit ausführlichen Studien seit 1975 vorliegt. Die in ihrer letzten Fassung zwischen 730 und 750 im Kloster Corbie entstandene Sammlung, die auch auf eine nur erschließbare Redaktion des Bischofs Leodegar von Autun (um 670) zurückgehen könnte, ist zu Anfang des 9. Jahrhunderts für die Kapitulariengesetzgebung herangezogen worden. Das differenzierte Bild des frühkarolingischen Kirchenrechts läßt aber insgesamt eine „Bezogenheit auf Rom“ und den Papst als höchste kirchliche Autorität erkennen, die nach H. MORDEK „die von STUTZ und FEINE vertretene These eines ‚germanisch geprägten Kirchenrechts‘ in dieser Zeit (als) zu einseitig“ erscheinen läßt [480; 481]. Dieses Ergebnis kontrastiert zum autoritativen Anspruch, mit dem der Karlshof bisweilen in theologische Kontroversen eingriff. Der in der Kirche des maurischen Spanien entstandene adoptianische Streit, der von Byzanz auf das Frankenreich übergreifende Bilderstreit und schließlich die dogmatische Kontroverse um das „filioque“ im Glaubensbekenntnis (es handelt sich um den in Spanien entstandenen, verdeutlichenden Zusatz im trinitarischen Streit um den „Ausgang des Heiligen Geistes“ [*qui ex patre filioque procedit*], den die griechische und römische Liturgie im Gegensatz zur fränkischen nicht übernehmen wollte) sahen Karl d. Gr. und seine Hoftheologen sogar als theologische Entscheidungsinstanz gegenüber „römischer Praxis und päpstlicher Ansicht“ [471: HEIL; 73: ZIMMERMANN; 536: WALLACH]. Nach Karls des Großen Tod änderte sich die Situation, insofern die fränkische Autonomie allmählich zugunsten des päpstlichen Zentralismus überwunden wurde [466: H. FUHRMANN]. Diese Entwicklung wurde entscheidend von der fränkischen Geistlichkeit gefördert und ist ohne deren Rückhalt an Ludwig dem Frommen kaum vorstellbar.

Nur kurz gestreift werden können Forschungen, die sich um die Erhellung großer kirchenrechtlicher Fälschungskomplexe wie der Kapitulariensammlung des sog. Benedictus Levita oder gar der sog. Pseudoisidorischen Dekretalen bemühen, deren Kenntnis erst nach der uns gesetzten Zeitgrenze sichtbar bzw. deutlicher wird. Ausführlicher müßte dagegen auf eine der berühmtesten mittelalterlichen Fälschungen eingegangen werden, zumal auf die Frage nach der Bedeutung der Konstantinischen Schenkung seit Jahrzehnten viel Mühe und Scharfsinn verwendet worden sind. In der „Zeit der Kontroverstheologie und der konfessionell gebundenen Historie“ dominierten eindeutige Konträrurteile: „Auf die Frage, was denn die Konstantinische Schenkung dem Papsttum von Anfang an eingebracht habe, antworteten die einen: sehr viel, vom Kirchenstaat bis zum Primat und bis zur Kaisergleichheit, die anderen hingegen: Nichts.“

Konstantinische Schenkung

[467: H. FUHRMANN 257]. Auch heute gibt es zweifellos noch Unterschiede in der Bewertung, vor allem aber in der Datierungsfrage, deren Spielraum von der 1. Hälfte des 8. Jahrhunderts bis zur Mitte des 9. Jahrhunderts reicht. Kontrovers geblieben ist ebenfalls die Beurteilung der Wirkung des Constitutum Constantini, dessen historischer Rahmen ohnehin näheres Interesse verdient. Die Bezugnahme auf den Kaiser hat einen realen Kern insofern, als Konstantin nach dem Sieg über Maxentius 312 Herr über Rom gewesen war und bereits damals dem Christentum zuneigte. Daraus resultierte eine Reihe von Schenkungen, unter denen die Zuweisung des Laterans als bedeutsamste, auch als am sichersten verbürgte gilt. Dieser „historisch verbürgte“ Kern der Donatio Constantini ist in der Folge durch Legendenbildung allerdings stark erweitert und ausgeschmückt worden. Auf ihr fußt nun die berühmte Urkunde, die sich als Schreiben Kaiser Konstantins an Papst Silvester I. und dessen Klerus ausgibt. Abgefaßt in lateinischer Sprache, auf den 30. März 317 datiert und in Rom ausgestellt, nimmt sie in ihrem erzählenden Teil Bezug auf die wundersame Heilung und Bekehrung Konstantins, bei der Papst Silvester ein ausschlaggebendes Verdienst zugesprochen wurde (Silvesterlegende). Konstantin erwies seine Dankbarkeit gegenüber Silvester mit Schenkungen und Privilegierungen. Denn nach dem Wortlaut des umfangreichen Textes wies Konstantin dem Papst die Basilika im Lateranpalast zu, die Stiftung von St. Peter in Vaticano und von St. Paul vor den Mauern. Hinzu kam der (weltliche) Lateranpalast, dann aber auch das Zugeständnis, daß der Papst Kaiserkrone, Kaisergewänder und viele kaiserliche Gerechtsame in Anspruch nehmen könne. So habe der Kaiser auch den sogenannten Stratordienst gewährt. Von eminenter politischer Bedeutung sollte sich das Zugeständnis erweisen, daß Konstantin dem Papst die Stadt Rom und alle Provinzen Italiens und der westlichen Regionen gewährte. Diese Konzession stand im Zusammenhang mit der vorbereiteten Verlagerung der Kaiserherrschaft nach Osten.

Fälschungsnachweise

Mit ihrem reichen Inhalt hat die Konstantinische Schenkung für Jahrhunderte eine vorzügliche Rechtsbasis abgeben können für die päpstlichen Ansprüche und die päpstliche Politik im Abendlande. Im Karolingerreich hat die gefälschte Urkunde möglicherweise noch keine Bedeutung gehabt, obwohl sie dem Kaiserhofe vorgelegen haben könnte, wofür die Aufnahme des Kaisertitels in die an den Papst gerichtete Version der Regni Divisio von 806 zu sprechen scheint [291: SCHLESINGER]. Erste Zweifel an der Echtheit des hochbedeutsamen Dokuments sind in der Arenga einer Kaiserurkunde Ottos III. (Nr. 389 von 1001) bezeugt. Das Argument, die Konstantinische Schenkung sei gefälscht, wird dann deutlicher zur Zeit der Herrschaft Arnolds von Brescia über die Stadt Rom bezeugt. Sein eigener Herrschaftsanspruch vertrug sich nämlich nicht mit dem Inhalt der Konstantinischen Schenkung, so daß Arnold schon deshalb einen Fälschungsverdacht aussprechen mußte, der in einem Schreiben an Friedrich Barbarossa überliefert ist: angeblich hätten selbst die Marktweiber in Rom gründlicher über den Fälschungscharakter Bescheid gewußt als die Gelehrten der Zeit. Weitere Zweifel an der Echtheit finden sich, allerdings vorsichtig formuliert, in Dantes

Monarchia und ähnlich behutsam in distanzierenden Äußerungen des Marsilius von Padua. Vehement jedoch wurde der Angriff des italienischen Humanisten Lorenzo Valla (1407–1457), der als erster mit quellenkritischen Methoden den Fälschungscharakter hat zwingend nachweisen können. Da aber Valla zum Widerruf seiner Schrift und seiner Erkenntnisse gezwungen wurde, gelangte die Wahrheit über die Konstantinische Schenkung erst zum Durchbruch, als Ulrich von Hutten Vallas Schrift verbreitete. Jetzt freilich wirkte sich der Fälschungsnachweis kaum mehr brisant aus, war doch der auf der Konstantinischen Schenkung als (vermeintlicher) Rechtsbasis fußende Kirchenstaat bereits Realität seit Jahrhunderten und als solche nicht mehr antastbar.

Unterschiedliche Fälschungsbegriffe

In der Wertung des Fälschungscharakters folgt die moderne Mediävistik unterschiedlichen Auffassungen, wie sich am deutlichsten auf dem Duisburger Historikertag von 1962 zeigte, als sich eine eher kanonistisch ausgerichtete Beurteilung und eine vornehmlich landesgeschichtlich orientierte Anschauung schroff gegenüberstanden. Für die Haltung der kanonistischen Seite mag noch immer als repräsentativ gelten, was H. FUHRMANN 1980 formuliert hat: „Fälschung: das hat in unserer Zeit einen üblen Klang. Im Mittelalter war eine Fälschung zuweilen Ausdruck einer anderen, uns weitgehend fremden Mentalität: sie konnte den Versuch darstellen, die durcheinandergeratene kleine oder große Welt wieder in eine rechte, von Gott gewollte Ordnung zu bringen“. Dabei hat FUHRMANN auf einfühlende Gedankengänge eines modernen Historikers (F. KERN) verwiesen: „War es denn nicht sozusagen aus Vernunft, Rechtsgefühl, leisen oder lauten Überlieferungen usw. klar und einleuchtend, daß jener Acker nicht dem bösen Vogt gehören kann, da er doch so gut geschnitten ist, daß er zu dem anstoßenden Klostergut ursprünglich gehört haben muß? Ist nicht klar, daß Konstantin, als er nach Neurom (= Konstantinopel) ging, in Altrom den Papst zum Erben einsetzen mußte?“ Diese verstehende Wertung ist sogar noch weiter zugespitzt worden mit den Worten: „Ob echt, ob falsch, stets wurde geprüft, ob ein Dokument in das Bild hineinpaßte, das man sich von der göttlichen Ordnung machte. Hier setzte der Widerspruch ein. Wer im Mittelalter die Konstantinische Schenkung ablehnte, hatte nicht mit Mitteln historisch-philologischer Kritik den Fälschungscharakter aufgedeckt; er ließ sie nicht gelten, weil sie nicht in sein Weltbild paßte. Die Apostel haben die Armut gepredigt, und der Herr soll eine vor Länderbesitz berstende Kirche gewünscht haben? Mit einem solchen ‚Nein‘ wiesen Ketzer, die dem Ideal der Armut anhingen, die Konstantinische Schenkung und die offizielle Kirche zurück. Die Konstantinische Schenkung war ein Symbol für die irdische Gestalt der Kirche, kein Besitztitel für den Kirchenstaat“ [468: FUHRMANN 33]. Die auf der referierten Sehweise fußende Wertung mittelalterlicher (frommer) Fälschungen wird vornehmlich von landesgeschichtlich orientierten Mediävisten bestritten, deren zerstreutes Material erkennen läßt, daß bereits Zeitgenossen Fälschungen als solche werteten und verurteilten – wenn sie sie entlarvten.

Es ist aber H. FUHRMANN zu danken, daß er mit großem Nachdruck das Problem der Fälschungen im Mittelalter stets erneut aufgegriffen und dabei auch den mittelalterlichen Wahrheitsbegriff untersucht hat. Ausgangspunkt ist neben dem Constitutum Constantini immer wieder das komplizierte Feld der pseudoisidorischen Fälschungen [465], die um die Mitte des 9. Jahrhunderts auftauchen. Die Bedeutung des Gesamtkomplexes wurde der breiten Öffentlichkeit im Herbst 1986 bewußt, als die Monumenta Germaniae Historica einen internationalen Kongreß über „Fälschungen im Mittelalter" veranstalteten: 5 Textbände neben 1 Registerband sind die stattliche publizierte Ausbeute, die sich allerdings vornehmlich auf Hoch- und Spätmittelalter bezieht.

9. Kulturelles Leben

Die karolingische Blütezeit hat seit jeher das Interesse für geistig-kulturelle Entwicklungen gefesselt. Demgegenüber konnte allzu leicht der Eindruck einer finsteren Merowingerzeit entstehen, wenngleich beispielsweise das Fortleben des senatorischen Adels in Gallien über die Spätantike hinaus die Annahme eines Kulturbruchs erschwert. Vor allem archäologischer Forschung und musealer Fundaufbereitung wird inzwischen verstärkt der Nachweis einer gallisch-fränkischen Mischkultur des 5. und 6. Jahrhunderts verdankt, die auf einen „gleitenden Übergang" weist [76]. Sparsam genug bleiben freilich die überlieferten Kulturgüter der zunehmend fränkisch-barbarisch geprägten Merowingerzeit (siehe aber den Bildband von 530: H. Roth sowie 138: M. Weidemann), rar sind auch die Zeugnisse geistigen Lebens. Für den großen Geschichtsschreiber der Franken, den aus einer vornehmen römischen Familie stammenden und 593 oder 594 verstorbenen Bischof Gregor von Tours, gibt es keinen Nachfolger. Nur der sog. Fredegar bietet im 7. Jahrhundert eine nennenswerte Geschichtsdarstellung: Doch wie barbarisch ist schon seine (lateinische) Sprache! Beachtlichen Umfang hat immerhin die Legendenliteratur, sie korrespondiert mit einer Vielzahl städtischer Schutzpatrone. Erst modernere Zugriffe bieten methodisches Rüstzeug, diesen reichen hagiographischen Fundus auch für politische, soziale und verfassungsgeschichtliche Fragestellungen zu erschließen. Methodisch vorbildlich und im Forschungsertrag ergiebig ist nach wie vor die 1965 in Prag erschienene Monographie von F. Graus, Volk, Herrscher und Heiliger im Reich der Merowinger. Studien zur Hagiographie der Merowingerzeit [111].

Mit diesen Hinweisen wird die allgemeine Geringschätzung des kulturellen und geistigen Lebens in der Merowingerzeit etwas relativiert, doch dominiert die Einschätzung etwa eines W. von den Steinen, der im „Karlsjahr" 1965 herb geurteilt hat: „Verfall der geistigen Kultur im Abendland gibt sich in den Quellen und fast mehr noch im Versiegen der Quellen vom 6. bis weit ins 8. Jahrhundert hinein vielfältig zu erkennen. Auf dem Gebiet der Bildungstradition bedarf das keiner Ausmalung. Die damaligen Autoren und Urkunden bieten sprachlich meist einen hilflos verworrenen Zwitter zwischen dem Latein des römischen

Spätreiches und dem dazumal gesprochenen Romanisch: also weder Schrift- noch Volkssprache. Die Schulen verkamen sogar in Italien und dem westgotischen Spanien, viel mehr noch in Frankreich, während Iren und Angelsachsen sie auf ihrem schmalen Boden neu begründeten. Verfall, daß heißt ja nicht, daß es an Kulturbemühungen gänzlich fehlte. Aber was erreichten sie? Aus den Ländern der Merowinger und frühen Karolinger haben wir außer verwilderten Abschriften älterer Literatur nur einen ganz geringen Bestand eigener Produktion: Heiligenlegenden, historische Aufzeichnungen, Urkunden. Zwischen 600 und 770 gibt es da keinen einzigen einheimischen Autor von literarischem Rang. Die erhaltenen Kunstwerke wirken roh, unbeholfen, abergläubisch" [534: v. DEN STEINEN]. Diese Äußerungen klingen wie eine Schelte, sie sollen vor allem aber auch einen kontrastreichen Hintergrund für die Karlszeit zeichnen, die erst im eigentlichen Sinne einen geistig-kulturellen „Neubeginn" gebracht habe. Mit diesem Wort wandte sich VON DEN STEINEN gegen den Begriff der „karolingischen Renaissance", der seit dem 19. Jahrhundert so geläufig, aber nicht unumstritten ist. Der in der 1. Hälfte des 19. Jahrhunderts für das Kulturgeschehen des 15. und 16. Jahrhunderts geprägte Begriff „Renaissance" war von J. J. AMPÈRE 1839 für die Zeit Karls des Großen übernommen worden und ist trotz mancher Bedenken und scharfer Kritik üblich geblieben. Dabei impliziert die Bezugnahme auf die „große" oder „eigentliche" Renaissance drei Grundannahmen: einen Kontinuitätsbruch zwischen der antiken und mittelalterlichen Kultur; die These von bewußter Übernahme und Nachahmung antiken Bildungsgutes als eines verpflichtenden Vorbildes und Erbes; schließlich die Entwicklung eines Bildungsideals, das mit einer Orientierung auf das historische Individuum und Aspekte der Einzelpersönlichkeit gewisse Ähnlichkeiten mit dem der Moderne aufweist.

Problematik des Begriffs „karolingische Renaissance"

Bereits die erste Annahme führt weit über ausschließlich geistesgeschichtliche Aspekte hinaus und wertet die Völkerwanderungszeit mit dem Zusammenbruch des Römischen Reiches als eine „gewaltige Kulturzäsur". Nur modifiziert, letztlich aber sogar verschärft wurde diese Grundüberzeugung durch die These von H. PIRENNE, daß die Mittelmeerkultur im Westen den Einbruch der Germanen zwar überdauert habe, dann aber den Angriffen des Islam definitiv erlegen sei. A. DOPSCH vor allem hat den Lehren von einem allgemeinen Kontinuitätsbruch zwischen Antike und Mittelalter mit seinen bedeutsamen Arbeiten zur wirtschaftlichen und sozialen Entwicklung der karolingischen Zeit vehement widersprochen. Seine Schülerin E. PATZELT (1924) zog die Konsequenz für die geistige Entwicklung der Karlszeit und lehnte die Legende der „karolingischen Renaissance" scharf ab. Es handele sich vielmehr um „eine willkürliche Konstruktion. Karl bleibt ‚der Große' auch ohne diesen unechten Schmuck" [526: E. PATZELT]. Damit war die Diskussion freilich nicht beendet, zumal P. LEHMANN 1954 in einem breiten Überblick „die karolingische Renaissance als Wiederbelebung und Reform der Studien" auffaßte [521], den Begriff also wiederverwendete. Ähnlich hatte kurz zuvor J. FLECKENSTEIN die „Bildungsreform Karls des Großen" gewertet [511] und als „Verwirklichung der norma rectitudinis" begriffen. Erst für die Ergebnisse als schönste Frucht dieser Bildungsreform wollte FLECKENSTEIN jedoch die Bezeichnung „karolingische Renaissance" gelten lassen. Letztlich war ein Streben nach einheitlichen Normen angesprochen, das H. LIEBESCHÜTZ (1951) gemeinsam mit der Suche „nach der echten Überlieferung" als Grundlage für Wesen und Grenzen eines „karolingischen Rationalismus" bezeichnete [522]. Als Vorbild galten auch ihm angelsächsische und irische Missionare, die sich auf eine schriftliche, allgemein anerkannte Norm orientierten und gerade diese Schriftlichkeit als Fundament christlicher Religionsausübung unter Berücksichtigung ihrer textkritischen Tradition betrachteten. Eigentlicher Dreh- und Angelpunkt der Diskussion blieb aber doch die Person Karls des Großen, auch für die engagierte Stellungnahme von P. E. SCHRAMM (1964), der sich gegen überzogene Wertungen und den schier inflationistischen Gebrauch bedeutungsschwerer Begriffe wandte: „Karl der Große: Denkart und Grundauffassungen. Die von ihm bewirkte ‚Correctio' (nicht ‚Renaissance')". Grundprinzipien seiner Denkart seien ‚Ordnung' und ‚Richtigkeit' sowie beide überwölbend ‚Wahrheit' gewesen – was richtig sei oder der rechten Ordnung entspreche, müsse mit der Wahrheit vereinbar sein: Ad recolendam veritatem sei es gegangen „bei der Wiederherstellung des authentischen Wortlauts der Bibel-, Liturgie- und Gesetzestexte, bei der Vertiefung des Wortverständnisses durch die Verbesserung des Unterrichts und beim Ausbau der ‚Artes liberales', bei der Wiederherstellung der richtigen Orthographie und der Bereinigung der verwilderten Schriftformen, bei der Säuberung der Kunst von jenen ‚nichtwahren' Gestalten, die im Widerspruch zur Bibel standen: ‚Um die Wahrheit von neuem zu pflegen', die - so dürfen wir hinzusetzen - letztlich im Schoße Gottes ruht und um die sich zu bemühen daher eine religiöse Verpflichtung sowie eine moralische Aufgabe bedeutete" [533: P. E. SCHRAMM 336]. Dennoch lenkte W. VON DEN STEINEN, wie erwähnt, zurück in die vorgezeichneten Bahnen der Auseinandersetzung. Nach leisen, bereits bei Bonifatius erkennbaren Ansätzen sei ein eigentlicher ‚Neubeginn' unter Karl dem Großen erfolgt, der sich im Klerus und in der Kunst erstaunlich reich entfaltete und zu einer „spezifisch karolingischen Kultur" entwickelt wurde. Auf die terminologisch verhärteten Grundpositionen ließ sich D. BULLOUGH indes nicht ein. Er bemüht sich um eine beschreibende Darstellung und sieht in der beträchtlichen Niveausteigerung der lateinischen Sprache und ihrer reichen handschriftlichen Verbreitung den Maßstab für Karls „Reformen" und ihre bleibende Bedeutung [157]. Auch P. RICHÉ geht bewußt nicht „auf den Gelehrtenstreit über den Begriff ‚Renaissance'" ein, sondern schildert statt dessen diese karolingische Renaissance farbenreich, und zwar von ihrem „bescheidenen Beginn unter Karl dem Großen" bis zur vollen Entfaltung unter seinen Nachfolgern [428]. Die „Ausbreitung des karolingischen Kulturaufschwungs" sei aber nicht flächendeckend erfolgt und habe sich ausschließlich auf die Teilhabe geistlicher wie weltlicher Angehöriger der Adelsschicht konzentriert. In der Bewertung der kulturellen Entwicklung nach Karls des Großen Tod ergeben sich auffällige Übereinstimmungen etwa mit R. McKitterick [206], die „the Flowering of the Carolingian Renaissance" weit in das 9. Jahrhundert verlegt und mit Ludwigs des Frommen und vor allem Karls des Kahlen Herrschaft in engen Zusammenhang bringt. Darin äußert sich eine neuere Forschungstendenz, die der Mitte und zweiten Hälfte des 9. Jahrhunderts mehr Eigenständigkeit zuerkennt, also zunehmend die perspektivische Ausrichtung auf den Auflösungsprozeß des Karlsreiches zu reduzieren beginnt. Die so oft auf Karl den Großen bezogene Renaissancevorstellung könnte in diesem Zusammenhang wahrhaftig als „karolingische Renaissance" im vollen Wortsinn verstanden werden. Recht eigenwillig ist schließlich W. Ullmanns Verständnis der karolingischen Renaissance [536]. Bei seinem Bemühen, das karolingische Herrschaftssystem zu rekonstruieren, setzt er bei dem Versuch der Karolinger an, die fränkische Gesellschaft durch eine kirchliche, auf das Bibelstudium zentrierte Bildungsreform zu erneuern. Dabei benutzt Ullmann die christliche Vorstellung von der Wiedergeburt des einzelnen durch die Taufe als Analogie dafür, daß die fränkische Gesellschaft zu einem Gottesvolk (*populus Dei* bzw. *christianus*) wiedergeboren werden sollte. Diese Rückführung des umfassenderen Renaissancebegriffes auf die Taufvorstellung als christliche Wiedergeburt erscheint hingegen wenig hilfreich.

Die angedeutete Diskussion um das Problem der karolingischen Renaissance dürfte noch längst nicht beendet sein, obwohl der angenommene Kontinuitätsbruch zwischen Antike und Mittelalter sich auf die Zeit zwischen ca. 600 und 750 zu reduzieren scheint, wobei die katastrophale Quellenarmut gerade dieser Periode vielfältiger Erklärung bedarf. Für die Karlszeit erschwert das Fehlen einer modernen Geschichte des Herrschers selbst einstweilen noch die Beurteilung seiner persönlichen Rolle. So ist nur ein Zwischenfazit mit der zweifelsfreien Feststellung möglich, daß die überaus rege Diskussion um die „karolingische Renaissance", um Kontinuitätsbruch oder Fortdauer wesentlicher Strukturen partiell förderlich war und reiche Erkenntnisse gebracht hat. Vermutlich wird sie weiterhin solche erbringen. Der Begriff selbst hingegen scheint trotz allem entbehrlich zu sein. Überhaupt darf man vermuten, daß künftig die Einbindung der Thematik in die Grundstrukturen des politischen, wirtschaftlichen und sozialen Lebens fruchtbarer sein dürfte als die allzu streng an einer ambitionierten Begriffsbildung orientierte Diskussion. In diese Richtung weist die detaillierte und quellennahe Darstellung der karolingischen Lebenswelt durch P. Riché, der „La Vie quotidienne dans l'empire Carolingien" zu erfassen sucht. Dies ist mehr als nur eine platte Alltagsgeschichte, obwohl der Titel der deutschen Ausgabe von 1981 die französische Fassung nicht voll zu übersetzen vermag [428].

Für die deutschsprachige Forschung der letzten Jahrzehnte ist charakteristisch, daß sie sich von H. Fichtenaus Mahnungen von 1949 nicht sonderlich beeindrucken ließ. In auffälliger Parallelität zu einer Bewertung der späten Karlsjahre als einer Zeit der Auflösung der Reichsstruktur durch den Belgier F. L. Ganshof hatte der Wiener Gelehrte in einer scharfsinnigen Analyse [172] mit dem Aufzeigen der materiellen Voraussetzungen sowie auch düsterer Aspekte einer Glorifizierung des Karlsreiches wehren wollen. Doch die in ihrem wissenschaftlichen Ertrag zumeist sehr reichen Publikationen, die vornehmlich in das Jahr 1965 fallen, haben gleichwohl glorifizierende Züge oft nicht vermeiden können, was auf dem eingangs angedeuteten Hintergrund vorangegangener dunkler Jahrhunderte wie auch der jeweiligen eigenen Detailperspektive verständlich sein mag. Die „prunkvolle Reichskunst" der Karlszeit, die zunächst fast ausschließlich als Auftragsdienst des Herrscherhofes erkennbar ist, dominiert allenthalben. Architektonischen Ausdruck findet sie in karlischen Großbauten [478: Mann], vorzugsweise in Pfalzen wie Ingelheim [505: Classen] und Aachen [518: Hugot], deren Pfalzkapelle Gegenstand zahlreicher Studien ist, die hier nicht einmal angedeutet werden können. G. Bandmann werden Untersuchungen über „Die Vorbilder der Aachener Pfalzkapelle" verdankt [496: Bandmann], A. Verbeek solche über „Die Zentralbauten in der Nachfolge der Aachener Pfalzkapelle" [537: Verbeek]. Über Buchmalerei (F. Mütherich), Buchschmuck (K. Holter), „Liturgisches Gerät in edlen Materialien zur Zeit Karls des Großen" (V. H. Elbern), „Karls des Großen Bronzewerkstatt" (W. Braunfels) und weitere „Bildkünste" gibt der dritte, der karolingischen Kunst gewidmete Band des großen Karlswerkes von 1965 noch immer vorzügliche Auskunft [52]. Auch für den engeren Bereich „des geistigen Lebens" [52, Bd. 2] haben die von der Vorbereitung der Aachener Karlsausstellung ausgehenden Impulse sich als fruchtbar erwiesen: So gelang es F. Brunhölzl, den „Bildungsauftrag der Hofschule" [52, Bd. 2], die selbst längst nicht in allen Konturen erkennbar ist, für eine sprachliche Erneuerung, eine gepflegtere Latinität und für ein in das Reich ausstrahlendes neues Bildungsideal herauszuarbeiten; B. Bischoff versuchte, „die Hofbibliothek Karls des Großen" [499] zu rekonstruieren, die biblische, patristische und antik-klassische Werke enthielt, während W. von den Steinen das schon fast klassische Thema: „Karl und die Dichter" [in: 52, Bd. 2] behandelte, also jenen illustren Kreis, zu dem der Langobarde Paulus Diaconus, der Angelsachse Alkuin, der Franke Angilbert und der Gote Theodulf vor allem gehörten. Sicher ebenso wichtig wie diese Glanzlichter sind die vielfachen Anstöße zu werten, die vom Karlshof für eine Reinigung des Bibeltextes und die Bibelreform [in 52, Bd. 2: Fischer], für die „réforme liturgique" [538: Vogel] und die monastische Entwicklung [485; 487] ausgingen. Gewiß sind diese Arbeiten auch älterer Forschung verpflichtet, geht die Forschungsdiskussion weiter. Doch um Forschungsprobleme und Tendenzen im skizzierten Rahmen exemplarisch anzudeuten, scheint es angemessen zu sein, den „Neubeginn" am „Panorama der Handschriftenüberlieferung aus der Zeit Karls des Großen" [501: B. Bischoff] aufzugreifen. Damit ist zugleich der Blick auf jene Skriptorien an Domkirchen und in Klöstern gerichtet, die mit ihrer gesäuberten Schreibweise den größten Teil der antiken Literaturschätze auch für uns noch gerettet haben. Bis zur Mitte des 8. Jahrhunderts sind im Frankenreich und in Italien „nur wenige Zentren mit eigenen Schriftstilen bekannt": Luxeuil, Bobbio, Corbie,

„Reichskunst" der Karlszeit

Neues Bildungsideal

Tours, Verona – vielleicht gehören auch Lyon und Reims noch dazu. Seit Karls Herrschaftsantritt bis etwa zum Jahre 820 wird dagegen eine so große Vielfalt sichtbar, daß eine Zusammenfassung von Skriptorien in sog. Schriftprovinzen möglich wird. Vom Ausgangspunkt des Hofskriptoriums abgesehen, hat B. Bischoff 16 verschiedene Räume unterschieden: Eine linksrheinisch-austrasische Schriftprovinz mit Ingelheim, Echternach, Metz und Köln; Nordostfrankreich (mit Saint-Germain-des-Prés, Saint-Denis, Chelles, dem herausragenden Corbie, mit Cambrai, Saint-Bertin, Laon, Reims); Bretagne; der Loire-Raum (Tours, Orléans, das mit seines Bischofs Theodulf Namen verknüpft ist, Fleury); eine Schriftprovinz südlich der Loire (vor allem mit Bourges); Burgund mit dem überragenden Skriptorium von Lyon, dazu mit Autun und Luxeuil; das Elsaß (Weißenburg, Murbach); eine alemannische Schriftprovinz mit den berühmten Zentren Sankt Gallen und Reichenau; der rätische Schriftstil Churs; Schwaben (mit Kloster Staffelsee); die reichen „südostdeutschen Schreibschulen" [502: Bischoff] an den Bischofssitzen Freising, Regensburg (St. Emmeram), Salzburg (Domkloster St. Peter), auch Eichstätt sowie die Klöster Benediktbeuern, Tegernsee, Niederaltaich und Mondsee; eine „deutsch-insulare Schriftprovinz" am Main und in Hessen, die stark durch das Wirken eines Bonifatius und seiner angelsächsischen Helfer geprägt wurde und in der vor allem Fulda herausragt, aber auch Hersfeld und Amorbach bedeutsam sind; schließlich trotz beachtlicher Uneinheitlichkeit des Schriftwesens in Oberitalien eine sog. Schriftprovinz des östlichen Oberitaliens (Verona); eine der mittleren und westlichen Teile Oberitaliens (Vercelli, Novara, Ivrea, Aosta, Nonantola, Lucca); eine mittelitalienische Schriftprovinz mit dem Salvatorkloster auf dem Monte Amiata, mit Perugia und Farfa; während keine „Vorstellung vom Schriftwesen des völkerreichen Rom" zu gewinnen sei; schließlich der Bereich des beneventanischen Schriftwesens mit Monte Cassino und Benevent. Das Panorama der Schriftprovinzen und Skriptorien ist wichtigster Beleg für die Ausdehnung kultureller Blüte und Bildungspflege. Bemerkenswert auch, daß sich ein gewisses Fünfeck abzeichne, das etwa durch die Plätze Werden/Ruhr, Fulda, Regensburg, Salzburg, Lyon, Tours und Saint-Omer markiert wird und in dem der Überlieferungsreichtum für Corbie und Sankt Gallen herausragt.

Skriptorien und Schriftprovinzen

Lenkt man zurück auf den Anteil Karls an der reichen kulturellen und geistigen Entfaltung seiner Zeit, so verstärkt sich der Eindruck, als habe der große Franke, der selbst (nach Ausweis seines Biographen Einhard) weder richtig schreiben, noch wohl lesen konnte, dafür aber außerordentlich gesellig und vielseitig interessiert war, in geradezu faszinierender Weise Impulse seiner Umgebung weiterzulenken verstanden. Es scheint, als habe er um die Notwendigkeit gewußt, relevante Herrschaftsformen mit kulturellem und geistigem Glanz zu paaren.

Karolingische Bildungsreform

Das Bemühen des Karlshofes um Correctio prägte das karolingische Kirchenrecht [481: H. Mordek], und Ziel der Bildungsreform war die „Verwirklichung der norma rectitudinis", wie J. Fleckenstein bereits 1953 darlegte [511]. Am

Vorbild der Hofschule orientierten sich im Reich die großen Klosterschulen, wie beispielsweise auch D. ILLMERS Untersuchung der „Formen der Erziehung und Wissensvermittlung im frühen Mittelalter. Quellenstudien zur Frage der Kontinuität des abendländischen Erziehungswesens“ (1971) hat zeigen können [519], während E. GLAUCHE [512] über karolingische Bibliothekskataloge und „Autoren-Sammelcodices“ sogar Aufschluß über „die Bildung eines Schulautorenkanons“ gelang. Zu P. RICHÉS Studien über die Rolle von Erziehung und Kultur in den Barbarenreichen, die bis in das 6. Jahrhundert zurückgreifen [528: P. RICHÉ, Éducation et culture dans l'Occident barbare du VIe au VIIIe siècle, 1962], gibt es insoweit schon frühe Entsprechungen in der deutschen Forschung.

Mit diesen knappen Hinweisen sind nicht einmal die wichtigen Komplexe karolingischer Schreibschulen [524 a: MCKITTERICK], karolingischer Schriftreform mit der Entwicklung der berühmten runden Minuskel (die man später als lateinische Schrift bezeichnete) oder das Verhältnis des Herrschers und seines Hofes zur Lingua Theodisca [497: W. BETZ; 524: K. MATZEL] gestreift worden. Diesen Themen gilt anhaltendes Interesse. M. RICHTER [529] hat sogar von einer „Sprachenpolitik Karls des Großen“ sprechen wollen, während sich das Hauptaugenmerk nicht nur der Germanisten auf die „Versuche volkssprachlicher Schriftlichkeit“ [512 a: W. HAUBRICHS] und den Ursprung des Wortes Deutsch bzw. den des lateinischen Wortes theodiscus konzentriert [535: mit Literaturhinweisen]. H. THOMAS vertritt hierbei die These, lat. theodiscus verdanke seinen Ursprung „dem epochalen Bündnis der Franken mit dem Papsttum“ [535: 331]: Als Ersatz für das genuin lateinische gentilis, das heidnische Bezüge nicht habe abwerfen können, sei *theodiscus* vermutlich schon bei Karls Verhandlungen 774 in Rom als fränkischer Rechtsterminus verwendet worden.

Da unsere Skizze aber vor allem am Frankenreich als einem relevanten historisch-politischen Phänomen ausgerichtet bleiben sollte, müßte, ehe der Überblick abrupt endet, auf die besondere Bedeutung ethisch-politischer Anstrengungen hingewiesen werden, die in Karls Spätjahren sogar seine Gesetzgebung prägten und zur Motivation karlischer Schutzpolitik für die *pauperes* seines Großreiches dienten [431: J. SCHMITT]. H. H. ANTON hat für das Verständnis der spezifischen Texte und Traktate mit seiner umfangreichen Monographie über „Fürstenspiegel und Herrscherethos in der Karolingerzeit“ (1968) Wesentliches über die Zeit Karls und die seines Sohnes Ludwig des Frommen hinaus erarbeiten können [242]. Zum Signum des karolingischen Staates gehörte jedenfalls die bewußte Nutzung religiöser, geistiger und ethischer Werte – wenn aber das Riesenreich bereits (à) „la fin du règne de Charlemagne“ deutliche Zeichen der „décomposition“ zeigte [183: F. L. GANSHOF] und nach 840 die unaufhaltsame „Auflösung des Karlsreiches“ [227: W. SCHLESINGER] Platz griff, dann hatte dies tiefere strukturelle Gründe. Aber auch so bleibt das Faszinosum einer erstaunlich lebenskräftigen und zugleich der wirkungsmächtigsten frühmittelalterlichen Großreichsbildung.

Auflösung des Karlsreiches nach 840

III. Quellen und Literatur

A. QUELLEN

Verzeichnet werden im folgenden nur ausgewählte Quellen, die zumeist in Teil 1 und 2 erwähnt worden sind. Ausführliche Quellenverzeichnisse finden sich in Nr. 1 und in den (auch unten angegebenen) bekannten Hilfsmitteln.

1. W. Wattenbach – W. Levison, Deutschlands Geschichtsquellen im Mittelalter. Vorzeit und Karolinger, Heft 1–5, Heft 2–5 neu bearb. von H. Löwe, Weimar 1952–73. Beiheft: Die Rechtsquellen, bearb. von R. Buchner, Weimar 1953, Nachdruck Weimar 1984
2. Annales Mettenses priores, hrsg. von B. v. Simson, in: MGH SS rG 10, Hannover 1905, Nachdruck 1979
3. Annales regni Francorum inde ab a. 741 usque ad a. 829, qui dicuntur Annales Laurissenses maiores et Einhardi, hrsg. von F. Kurze, in: MGH SS rG 6, Hannover 1895, Nachdruck 1950
4. Bedae Venerabilis historia ecclesiastica gentis Anglorum, hrsg. von B. Colgrave u. R. A. O. Mynors, Oxford 1969, Repr. 1972; dt. Übers. v. G. Spitzbart, Darmstadt 1982
5. J. F. Böhmer, Regesta Imperii, Bd. 1: Die Regesten des Kaiserreichs unter den Karolingern 751–918, bearb. von E. Mühlbacher, vollendet von J. Lechner, Innsbruck ²1908, Nachdruck mit Ergänzungen von C. Brühl u. H. H. Kaminsky, Hildesheim 1966
6. Capitularia regum Francorum, Bd. 1, hrsg. von A. Boretius, Bd. 2 hrsg. von A. Boretius u. V. Krause, in: MGH LL II, 1 und II, 2, Hannover 1883–1897, Nachdruck 1980/84
7. Concilia aevi Karolini, hrsg. von A. Werminghoff, in: MGH LL III, 2, 2 Bde., Hannover 1906–1908, Nachdruck 1979
8. Concilia aevi Merovingici, hrsg. von F. Maassen, in: MGH LL III, 1, Hannover 1893, Nachdruck 1956

8a. Capitula episcoporum, Teil 1, hrsg. von P. Brommer, Hannover 1984

9. De ordine palatii, hrsg. von T. Gross u. R. Schieffer, in: MGH Font. Iur. Germ. Ant. 3, Hannover 1980

10. Diplomata Karolinorum, Bd. 1, hrsg. von E. MÜHLBACHER u. a., in: MGH DD, Berlin 1906, Nachdruck 1979; Bd. 3, hrsg. von T. SCHIEFFER, in: MGH DD, Berlin 1966
11. Diplomata Karolinorum. Faksimile-Ausgabe der in der Schweiz liegenden originalen Karolingerdiplome, hrsg. von A. BRUCKNER, Lieferung 1–3, Basel 1969–1972
12. Diplomata Karolinorum. Recueil de reproduction en Facsimilé des actes originaux des souverains carolingiens conservés dans les archives et bibliothèques de France, hrsg. von F. LOT u. P. LAUER unter Mitwirkung von G. TESSIER, Lieferung 1 ff., Toulouse 1936 ff.
13. Diplomata regum Francorum e stirpe Merowingica, hrsg. von K. A. F. PERTZ, in: MGH DD, Hannover 1872, Nachdruck 1980
14. Les diplômes originaux des Mérovingiens. Facs. phototypiques avec nt. et transcriptions, hrsg. von P. LAUER u. C. SAMARAN, Paris 1908
15. Documents comptables de Saint-Martin de Tours à l'époque mérovingienne. Avec une étude paléographique par JEAN VÉZIN, hrsg. von P. GASNAULT, Paris 1975
16. Einhardi Vita Karoli Magni, hrsg. von O. HOLDER-EGGER, in: MGH SS rG 25, Hannover 1911, Nachdruck 1965
17. Formulae Merowingici et Karolini aevi, hrsg. von K. ZEUMER, in: MGH LL V, Hannover 1882–1886, Nachdruck 1963
18. Fredegarii et aliorum Chronica. Vitae sanctorum, hrsg. von B. KRUSCH, in: MGH SS rer. Mer. 2, Hannover 1888, Nachdruck 1984
19. F. L. GANSHOF, Le Polyptyque de l'abbaye de Saint-Bertin (884–859), Paris 1975
20. Gregor von Tours, Zehn Bücher Geschichten. Auf Grund der Übersetzung W. GIESEBRECHTS neu bearb. von R. BUCHNER, 2 Bde., Darmstadt 1964–1967
21. Gregorii episcopi Turonensis libri historiarum X, hrsg. von B. KRUSCH u. W. LEVISON, in: MGH SS rer. Mer. 1,1, Hannover [2]1937–1951
22. Ionae Vitae sanctorum Columbani, Vedastis, Iohannis, hrsg. von B. KRUSCH, in: MGH SS rG 37, Hannover. Leipzig 1905
23. Die Kaiserkrönung Karls des Großen, eingeleitet und zusammengestellt von K. REINDEL, Klecken über Hamburg 1966, [2]1970
24. Leges Alamannorum, hrsg. von K. LEHMANN, in: MGH LL I, 5, 1, Hannover 1888; [2]1966 hrsg. von K. A. ECKHARDT
25. Lex Baiwariorum, hrsg. von E. v. SCHWIND, in: MGH LL I, 5, 2, Hannover 1926
26. Lex Ribuaria, hrsg. von F. BEYERLE u. R. BUCHNER, in: MGH LL I, 3, 2, Hannover 1954, Nachdruck 1965
27. Lex Salica, hrsg. von K. A. ECKHARDT, in: MGH LL I, 4, 2, Hannover 1969
28. Liber historiae Francorum, hrsg. von B. KRUSCH, in: MGH SS rer. Mer. 2, Hannover 1888, Nachdruck 1984

29. Liber memorialis von Remiremont, hrsg. von E. HLAWITSCHKA, K. SCHMID u. G. TELLENBACH, in: MGH Libri memoriales 1, Dublin. Zürich 1970, Nachdruck 1981
30. Liber pontificalis, hrsg. von L. DUCHESNE, 2 Bde., Paris 1886/92, Nachdruck 1981
31. Monumenta Germaniae Historica (MGH)
    Scriptores (SS)
    Diplomata (DD)
    Auctores Antiquissimi (AA)
    Scriptores rerum Merovingicarum (SS rer. Mer.)
    Epistolae (Epp)
    Leges (LL)
    Scriptores rerum Germanicarum (SSrG)
32. Pactus legis Salicae, hrsg. von K. A. ECKHARDT, in: MGH LL I, 4, 1, Hannover 1962
33. Quellen zur Entstehung des Kirchenstaats, eingeleitet und zusammengestellt von H. FUHRMANN, Göttingen 1968
34. Traditiones Wizenburgenses. Die Urkunden des Klosters Weißenburg 661–864, hrsg. von A. DOLL, Darmstadt 1979
35. Das Verbrüderungsbuch der Abtei Reichenau, hrsg. von J. AUTENRIETH, D. GEUENICH u. K. SCHMID, in: MGH Libri memoriales et Necrologia, Nova Series 1, Hannover 1979

B. LITERATUR

1. Handbücher, Nachschlagewerke und allgemeine Darstellungen

36. S. Abel, Jahrbücher des Fränkischen Reiches unter Karl dem Großen, Bd. 1: 768–788, 3. unveränd. Aufl. = Neudruck der 2. Aufl. von 1888, Bd. 2: 789–814, 2. unveränd. Aufl. = Neudruck der 1. Aufl. von 1883, Berlin 1969

37. B. Bischoff, Mittelalterliche Studien. Ausgewählte Aufsätze zur Schriftkunde und Literaturgeschichte, 3 Bde., Stuttgart 1966–1981

38. K. Bosl, Staat, Gesellschaft, Wirtschaft im deutschen Mittelalter, in: B. Gebhardt, Handbuch der deutschen Geschichte, hrsg. von H. Grundmann, Bd. 1, Stuttgart ^{9}1970, 694–835

39. H. Brunner, Deutsche Rechtsgeschichte Bd. 1, Leipzig ^{2}1906 und Bd. 2, 2. Aufl. neu bearb. von C. Frhr. von Schwerin, München. Leipzig 1928

40. A. Demandt, Die Spätantike. Römische Geschichte von Diocletian bis Justinian. 284–565 n. Chr., München 1989

41. H. E. Feine, Kirchliche Rechtsgeschichte Bd. 1: Die Katholische Kirche, Wien. Köln ^{5}1972

42. F. L. Ganshof, Das Fränkische Reich, in: Handbuch der europäischen Wirtschafts- und Sozialgeschichte, hrsg. von H. Kellenbenz, Stuttgart 1980, Bd. 2, 151–205

43. Die Germanen: Geschichte und Kultur der germanischen Stämme in Mitteleuropa, Bd. 2: Die Stämme und Stammesverbände in der Zeit vom 3. Jahrhundert bis zur Herstellung der politischen Vorherrschaft der Franken, Berlin/Ost 1983, ^{2}1986

44. Geschichte der Kirche, hrsg. von L. J. Rogier, R. Aubert, M. D. Knowles, Bd. 2: Früh- und Hochmittelalter, Einsiedeln. Zürich. Köln 1971

45. Handbuch der deutschen Wirtschafts- und Sozialgeschichte, hrsg. von H. Aubin u. W. Zorn, Bd. 1, Stuttgart 1971, Nachdruck 1978

46. Handbuch der europäischen Geschichte, hrsg. von T. Schieder, Bd. 1: Europa im Wandel von der Antike zum Mittelalter, hrsg. von T. Schieffer, Stuttgart 1976

47. Handbuch der Kirchengeschichte, hrsg. von H. Jedin, Bde. 2,2 und 3,1, Freiburg. Basel. Wien 1975 und 1966, ^{2}1982 und ^{2}1973

48. Handwörterbuch zur deutschen Rechtsgeschichte, hrsg. von A. Erler u. E. Kaufmann, Berlin 1971 ff. [HRG]

49. L. M. Hartmann, Geschichte Italiens im Mittelalter, 4 Bde., Leipzig. Gotha 1897–1915, Nachdruck 1969

50. A. Hauck, Kirchengeschichte Deutschlands, Bd. 1 und 2, Berlin. Leipzig ^{8}1954

51. E. James, The origins of France. From Clovis to the Capetians, 500–1000, London 1982
52. Karl der Große. Lebenswerk und Nachleben, hrsg. von W. Braunfels, 5 Bde., Düsseldorf 1965–68, zit.: Karl der Große
53. Karl der Große. Werk und Wirkung. Zehnte Ausstellung unter den Auspizien des Europarates, hrsg. von W. Braunfels, Aachen 1965
54. Lexikon des Mittelalters, hrsg. von R. Auty, R.-H. Bautier u. a., München. Zürich 1977 ff.
55. Lexikon für Theologie und Kirche, hrsg. von J. Höfer u. K. Rahner, 14 Bde., völlig neu bearb. Aufl., Freiburg 1957–68
56. H. Löwe, Deutschland im fränkischen Reich, in: B. Gebhardt, Handbuch der deutschen Geschichte, hrsg. von H. Grundmann, Bd. 1, Stuttgart [9]1970, 90–215; Tb-Reihe Bd. 2, München [9]1987
57. J. Martin, Spätantike und Völkerwanderung (Oldenbourg Grundriß der Geschichte Bd. 4) München 1987
58. F. Prinz, Grundlagen und Anfänge: Deutschland bis 1056, München 1985
59. Reallexikon der Germanischen Altertumskunde, hrsg. von J. Hoops, in 2. völlig neu bearbeiteter Aufl. hrsg. von H. Jankuhn u. a., bisher erschienen 6 Bde., Berlin. New York [2]1973–1986
60. Die Religion in Geschichte und Gegenwart. Handwörterbuch für Theologie und Religionswissenschaft, hrsg. von K. Galling u. a., 7 Bde., 3. völlig neu bearb. Aufl., Tübingen 1957–65
61. P. Riché, Les Carolingiens: Une famille qui fit l'Europe, Paris 1983; deutsche Ausgabe: Die Karolinger. Eine Familie formt Europa, übersetzt und hrsg. von C. u. U. Dirlmeier, Stuttgart 1987
62. P. E. Schramm, Kaiser, Könige, Päpste. Gesammelte Aufsätze zur Geschichte des Mittelalters. Bde. 1 und 2, Stuttgart 1968
63. P. Schreiner, Byzanz (Oldenbourg Grundriß der Geschichte Bd. 22) München 1986
64. H. v. Schubert, Geschichte der christlichen Kirche im Frühmittelalter. Ein Handbuch, Tübingen 1921, Nachdruck 1962
65. H. K. Schulze, Grundstrukturen der Verfassung im Mittelalter, 2 Bde., Stuttgart 1985/86 (Bd. 1: Stammesverband, Gefolgschaft, Lehnswesen, Grundherrschaft; Bd. 2: Familie, Sippe u. Geschlecht)
66. ders., Vom Reich der Franken zum Land der Deutschen. Merowinger und Karolinger, Berlin 1987
67. B. Simson, Jahrbücher des Fränkischen Reichs unter Ludwig dem Frommen, Bd. 1: 814–830. Bd. 2: 831–840, Neudruck der 1. Aufl. 1874, 1876, Berlin 1969
68. R. Sprandel, Verfassung und Gesellschaft im Mittelalter, Paderborn 1975, [2]1978
69. F. Steinbach, Das Frankenreich, in: Handbuch der deutschen Geschichte, hrsg. von O. Brandt, A.-O. Meyer, L. Just, Bd. 1, Konstanz 1957, 2–90

70. Theologische Realenzyklopädie (TRE), Berlin. New York 1977ff.
71. G. WAITZ, Deutsche Verfassungsgeschichte, Bde. 1–4, Berlin [3]1880–1885, Nachdruck 1953/55
72. K. F. WERNER, Les Origines avant l'an mil. Histoire de France, Bd. 1, Paris 1984; deutsche Ausgabe: Die Ursprünge Frankreichs bis zum Jahr 1000, übersetzt und hrsg. von C. und U. DIRLMEIER, Stuttgart 1989
73. H. ZIMMERMANN, Das Mittelalter, Teil 1: Von den Anfängen bis zum Ende des Investiturstreites, Braunschweig 1975
74. E. ZÖLLNER, Geschichte der Franken bis zur Mitte des 6. Jahrhunderts. Auf der Grundlage des Werkes von L. SCHMIDT unter Mitw. von J. WERNER neu bearb., München 1970

2. FRÄNKISCHE FRÜHGESCHICHTE

75. H. W. BÖHME, Germanische Grabfunde des 4. bis 5. Jahrhunderts zwischen unterer Elbe und Loire. Studien zur Chronologie und Bevölkerungsgeschichte, 2 Bde., München 1974
76. Gallien in der Spätantike. Von Kaiser Constantin zu Frankenkönig Childerich. Mit 170 Schwarzweißabbildungen und 42 Farbtafeln, Römisch-Germanisches Zentralmuseum, Mainz 1980
77. Geschichtswissenschaft und Archäologie, hrsg. von H. JANKUHN u. R. WENSKUS, Sigmaringen 1979
78. F. GRAUS, Lebendige Vergangenheit. Überlieferung im Mittelalter und in den Vorstellungen vom Mittelalter, Köln 1975
79. R. LATOUCHE, Gaulois et Francs. De Vercingétorix à Charlemagne, Paris 1965
80. R. MENGHIN, Kelten, Römer und Germanen. Archäologie und Geschichte, München 1980
81. L. SCHMIDT, Die Ostgermanen, München 1933, Nachdruck 1969
82. DERS., Die Westgermanen, unter Mitw. von H. ZEISS, 2 Bde., München [2]1938 u. 1940, Nachdruck 1970
83. R. SCHMIDT-WIEGAND, Gens Francorum inclita. Zu Gestalt und Inhalt des längeren Prologs der Lex Salica, in: Festschrift A. Hofmeister, Halle 1955, 233–250
84. Von der Spätantike zum frühen Mittelalter, hrsg. von J. WERNER u. E. EWIG, Sigmaringen 1979
85. F. K. STROHEKER, Der senatorische Adel im spätantiken Gallien, Tübingen 1948
86. Untersuchungen zur eisenzeitlichen frühmittelalterlichen Flur in Mitteleuropa und ihrer Nutzung, hrsg. von H. BECK u. a., Teile 1 u. 2, Göttingen 1979 u. 1980

3. Merowingerzeit

87. H. Ament, Franken und Romanen im Merowingerreich als archäologisches Forschungsproblem, in: Bonner Jahrbücher 178 (1978) 377–394
88. B. S. Bachrach, Charles Martel, mounted shoc combat, the stirrup and feudalism, in: Studies in medieval and renaissance history 7 (1970) 49–75
89. ders., Merovingian military organization 481–751, Minneapolis 1972
90. A. Bergengruen, Adel und Grundherrschaft im Merowingerreich. Siedlungs- und standesgeschichtliche Studien zu den Anfängen des fränkischen Adels in Nordfrankreich und Belgien, Wiesbaden 1958
91. H. Beumann, Gregor von Tours und der Sermo Rusticus, in: Spiegel der Geschichte. Festgabe für M. Braubach, Münster 1964, 69–98
92. W. Bleiber, Das Frankenreich der Merowinger, Wien u.a. 1988
93. C. Courtois, L'avènement de Clovis II et les règles d'accession au trône chez les Mérovingiens. Mélanges d'histoire du moyen âge, dédiés à la mémoire de L. Halphen 1951, 155–164
94. K. H. Debus, Studien zu merowingischen Urkunden und Briefen, Teil 1, in: AD 13 (1967) 1–109, Teil 2 in: AD 14 (1968) 1–192
95. A. M. Drabek, Der Merowingervertrag von Andelot aus dem Jahr 587, in: MIÖG 78 (1970) 34–41
96. L. Dupraz, Contribution à l'histoire du regnum Francorum pendant le troisième quart du VIe siècle, Fribourg 1948
97. H. Ebling, Prosopographie der Amtsträger des Merowingerreiches von Chlothar II. (613) bis Karl Martell (741), München 1974
98. W. A. Eckhardt, Die Decretio Childeberti und ihre Überlieferung, in: ZRG GA 84 (1967) 1–71
99. E. Ewig, Die fränkischen Teilreiche im 7. Jahrhundert (613–714), in: Trierer Zeitschrift 22 (1953) 85–144
100. ders., Die fränkischen Teilungen und Teilreiche (511–613), Mainz 1952
101. ders., Die Merowinger und das Frankenreich, Stuttgart 1988
102. ders., Die Merowinger und das Imperium, Opladen 1983
103. ders., Spätantikes und fränkisches Gallien. Gesammelte Schriften (1952–1973), hrsg. von H. Atsma, 2 Bde., München 1976–1979
104. ders., Studien zur merowingischen Dynastie, in: Frühmittelalterliche Studien 8 (1974) 15–59
105. ders., Trier im Merowingerreich. Civitas, Stadt, Bistum, Trier 1954, Aalen ²1987
106. G. Fournier, Les Mérovingiens, Paris 1966, ⁵1987
107. W. H. Fritze, Untersuchungen zur frühslawischen und frühfränkischen Geschichte bis ins 7. Jahrhundert, Diss. Marburg 1959
108. P. J. Geary, Before France and Germany. The Creation and Transformation of the Merovingian World, New York. Oxford 1988

109. W. GOFFART, Byzantine policy in the West under Tiberius II and Maurice. The pretenders Hermenegild and Gundovald (579–585), in: Traditio 13 (1957) 73–118

110. F. GRAUS, Die Gewalt bei den Anfängen des Feudalismus und die „Gefangenenbefreiung" der merowingischen Hagiographie, in: Jahrbuch für Wirtschaftsgeschichte 15 (1961) 61–156

111. DERS., Volk, Herrscher und Heiliger im Reich der Merowinger. Studien zur Hagiographie der Merowingerzeit, Prag 1965

112. K. HAUCK, Von einer spätantiken Randkultur zum karolingischen Europa, in: Frühmittelalterliche Studien 1 (1967) 3–93

113. I. HEIDRICH, Titulatur und Urkunden der arnulfingischen Hausmeier, in: AD 11. 12 (1965/66) 71–279

114. M. HEINZELMANN, Bischofsherrschaft in Gallien. Zur Kontinuität römischer Führungsschichten vom 4. bis 7. Jh. Soziale, prosopographische und bildungsgeschichtliche Aspekte, München 1976

115. R. HOLTZMANN, Die Italienpolitik der Merowinger und des Königs Pippin, Darmstadt [2]1962, zuerst in: Das Reich – Idee und Gestalt. Fs für Johannes Haller, Stuttgart 1940, 95–132

116. B. KRUSCH, Chronologica Regum Francorum Stirpis Merovingicae, catalogi, computationes annorum vetustae cum commentariis, in: MGH SS rer. Mer. 7, Hannover 1920, 468–516

117. DERS., Die erste deutsche Kaiserkrönung in Tours Weihnachten 508, in: SB Preuß. Ak. der Wissenschaften, Phil-hist. Klasse, Berlin 1933, 1060–1066

118. G. KURTH, Clovis, 2 Bde., Paris 1901, Nachdruck Brüssel 1982

119. W. LEVISON, Aus rheinischer und fränkischer Frühzeit, Düsseldorf 1948

120. DERS., Das Nekrologium von Dom Racine und die Chronologie der Merowinger, in: NA 35 (1910) 17ff.

121. DERS., Zur Geschichte des Frankenkönigs Chlodwig, in: Bonner Jahrbücher 103 (1898) 42–86

122. G. LÖHLEIN, Die Alpen- und Italienpolitik der früheren Merowinger im 6. Jahrhundert, Erlangen 1932

123. A. LOHAUS, Die Merowinger und England, München 1974

124. F. LOT, Naissance de la France, neu bearb. u. hrsg. von J. BOUSSARD, Paris 1970

125. U. NONN, Eine fränkische Adelssippe um 600. Zur Familie des Bischofs Berthram von Le Mans, in: Frühmittelalterliche Studien 9 (1975) 186–201

126. DERS., Das Bild Karl Martells in den lateinischen Quellen vornehmlich des 8. und 9. Jahrhunderts, in: Frühmittelalterliche Studien 4 (1970) 70–137

127. DERS., Merowingische Testamente. Studien zum Fortleben einer römischen Urkundenform im Frankenreich, in: AD 18 (1972) 1–129

128. J. DE PANGE, Doutes sur la certitude de cette opinion que le sacre de Pépin est la première époque du sacre des rois de France, in: Mélanges d'histoire du moyen âge, dédiés à la mémoire de L. Halphen, 1951, 557–564

129. P. Riché, Les temps mérovingiens. VIe–VIIe siècles, in: Histoire de la France, hrsg. von G. Duby, Bd. 1, Paris 1970, 169–188

130. K. Schäferdiek, Ein neues Bild der Geschichte Chlodwigs? Kritische Erwägungen zu einem chronologischen Versuch, in: ZKG 84 (1973) 270–277

131. W. Schlesinger, Das Frühmittelalter, in: Geschichte Thüringens, hrsg. von H. Patze u. W. Schlesinger, Bd. 1: Grundlagen und frühes Mittelalter, Köln. Graz 1968, 317–380

132. K. Selle-Hosbach, Prosopographie merowingischer Amtsträger in der Zeit von 511–613, Diss. Bonn 1973

133. W. v. d. Steinen, Chlodwigs Übergang zum Christentum. Eine quellenkritische Studie, Darmstadt 1963

134. G. Tessier, Le baptême de Clovis, 25 décembre..., Paris 1964

135. H. Thomas, Die Namenliste des Diptychon Barberini und der Sturz des Hausmeiers Grimoald, in: DA 25 (1969) 17–63

136. F. Wagner, Die politische Bedeutung des Childerich-Grabfundes von 1953, München 1973

137. J. M. Wallace-Hadrill, The Long-Haired Kings and other studies in Frankish history, London 1962

138. M. Weidemann, Kulturgeschichte der Merowingerzeit nach den Werken Gregors von Tours, Teil 1 u. 2, Mainz 1982

139. R. Weiss, Chlodwigs Taufe. Reims 508. Versuch einer neuen Chronologie für die Regierungszeit des ersten christlichen Frankenkönigs unter Berücksichtigung der politischen und kirchlich-dogmatischen Probleme seiner Zeit, Bern. Frankfurt 1971

4. Karolingerzeit

140. W. Affeldt, Das Problem der Mitwirkung des Adels an politischen Entscheidungsprozessen im Frankenreich vornehmlich des 8. Jahrhunderts, in: Aus Theorie und Praxis der Geschichtswissenschaft. Festschrift für H. Herzfeld zum 80. Geburtstag, hrsg. von D. Kurze, Berlin. New York 1972, 404–423

141. ders., Untersuchungen zur Königserhebung Pippins. Das Papsttum und die Begründung des karolingischen Königtums im Jahre 751, in: Frühmittelalterliche Studien 14 (1980) 95–187

142. Alemannen und Ostfranken im Frühmittelalter, hrsg. von F. Quarthal, Bühl 1984

143. Althessen im Frankenreich, hrsg. von W. Schlesinger, Sigmaringen 1975

144. H. H. Anton, Trier im frühen Mittelalter (Quellen und Forschungen aus dem Gebiet der Geschichte, NF 9), Paderborn u. a. 1987

145. B. S. BACHRACH, Military Organization in Aquitaine under the early Carolingians, in: Speculum 49 (1974) 1–33

146. Die Bayern und ihre Nachbarn: Berichte des Symposions der Kommission für Frühmittelalterforschung Stift Zwettl 1982, Bd. 1 hrsg. von H. WOLFRAM u. A. SCHWARCZ, Bd. 2 hrsg. von H. FRIESINGER u. F. DAIM, Wien 1985

147. K. J. BENZ, „Cum ab oratione surgeret". Überlegungen zur Kaiserkrönung Karls des Großen, in: DA 31 (1975) 337–369

148. H. BEUMANN, Nomen imperatoris. Studien zur Kaiseridee Karls des Großen, in: HZ 185 (1958) 515–549

149. DERS., Das Paderborner Epos und die Kaiseridee Karls des Großen, in: Karolus Magnus et Leo Papa. Ein Paderborner Epos vom Jahre 799, hrsg. von J. BROCKMANN, Paderborn 1966, 1–54

150. A. BORST, Das Karlsbild in der Geschichtswissenschaft vom Humanismus bis heute, in: Karl der Große, Bd. 4, Düsseldorf 1967, 364–402

151. L. BOSCHEN, Die Annales Prumienses. Ihre nähere und weitere Verwandtschaft, Düsseldorf 1972

152. K. BOSL, Franken um 800. Strukturanalyse einer fränkischen Königsprovinz, München 1959, ²1969

153. DERS., Das Großmährische Reich in der politischen Welt des 9. Jahrhunderts, München 1966

154. J. BOUSSARD, Charlemagne et son temps, Paris 1968

155. W. BRAUNFELS, Karl der Große in Selbstzeugnissen und Bilddokumenten, Hamburg 1972

156. K. BRUNNER, Oppositionelle Gruppen im Karolingerreich, Wien. Köln. Graz 1979

157. D. A. BULLOUGH, The Age of Charlemagne, London 1965; dt. Übers. von K. HOFFMANN, Karl der Große und seine Zeit, Wiesbaden 1966

158. J. CALMETTE, L'effondrement d'un empire et la naissance d'une Europe (IXᵉ–Xᵉ siècles), Paris 1941, Nachdruck Genf 1978

159. E. CASPAR, Das Papsttum unter fränkischer Herrschaft, Darmstadt 1956

160. P. CLASSEN, Der erste Römerzug in der Weltgeschichte, in: Vorträge und Forschungen 28 (1983) 23–43

161. DERS., Bayern und die politischen Mächte im Zeitalter Karls des Großen und Tassilos III., in: Die Anfänge des Klosters Kremsmünster, Linz 1978, 169–187; auch in: Vorträge und Forschungen 28 (1983) 231–248

162. DERS., Italien zwischen Byzanz und dem Frankenreich, in: Vorträge und Forschungen 28 (1983) 85–115; zuerst in: Nascita dell'Europa ed Europa carolingia, hrsg. vom Centro italiano di studi sull' alto medioevo, Spoleto 1981, Bd. 2, 919–967

163. DERS., Karl der Große, das Papsttum und Byzanz, in: Karl der Große, Bd. 1, Düsseldorf 1965; erweiterte Sonderausgabe, Sigmaringen ³1985

164. DERS., Karl der Große und die Thronfolge im Frankenreich, in: Festschrift

für H. HEIMPEL, Bd. 3, Göttingen 1973, 109–134; auch in: Vorträge und Forschungen 28 (1983) 205–229

165. DERS., Romanum gubernans imperium. Zur Vorgeschichte der Kaisertitulatur Karls des Großen, in: Vorträge und Forschungen 28 (1983) 187–204; überarbeitete Fassung des Aufsatzes in: DA 9 (1951/52) 103–121

166. DERS., Die Verträge von Verdun und Coulaines 843 als politische Grundlage des Westfränkischen Reiches, in: HZ 196 (1963) 1–35; auch in: Vorträge und Forschungen 28 (1983) 249–277

167. J. DEÉR, Karl der Große und der Untergang des Awarenreiches, in: Karl der Große, Bd. 1, Düsseldorf 1965, 719–791; auch in: DERS., Byzanz und das abendländische Herrschertum. Ausgewählte Aufsätze, hrsg. von P. CLASSEN, Sigmaringen 1977, 285–371

168. J. DHONDT, Das frühe Mittelalter, Frankfurt 1968

169. Die Eingliederung der Sachsen in das Frankenreich, hrsg. von W. LAMMERS, Darmstadt 1970

170. S. EPPERLEIN, Karl der Große. Eine Biographie, Berlin 1972, [7]1978

171. E. EWIG, Descriptio Franciae, in: Karl der Große, Bd. 1, Düsseldorf 1965, 143–177

172. H. FICHTENAU, Das karolingische Imperium. Soziale und geistige Problematik eines Großreiches, Zürich 1949

173. J. FLECKENSTEIN, Fulrad von Saint-Denis und der fränkische Ausgriff in den süddeutschen Raum, in: Studien und Vorarbeiten zur Geschichte des großfränkischen und frühdeutschen Adels, hrsg. von G. TELLENBACH, Freiburg 1957, 9–39

174. DERS., Grundlagen und Beginn der deutschen Geschichte, Göttingen 1974

175. DERS., Karl der Große, Göttingen 1962, [2]1967

176. DERS., Die Struktur des Hofes Karls des Großen im Spiegel von Hinkmars De ordine palatii, in: Zeitschrift des Aachener Geschichtsvereins 83 (1976) 5–22

177. R. FOLZ, Le couronnement impérial de Charlemagne, 25 décembre 800, Paris 1964

178. DERS., Le souvenir et la légende de Charlemagne dans l'empire germanique médiéval, Paris 1950, Nachdruck Genf 1973

179. Frühmittelalterliche Ethnogenese im Alpenraum, hrsg. von H. BEUMANN u. W. SCHRÖDER, Sigmaringen 1985

180. F. L. GANSHOF, L'Armée sous les Carolingiens, in: Ordinamenti militari in occidente nell' alto medioevo 1, Spoleto 1968, 109–130

181. DERS., La Belgique carolingienne, Brüssel 1958

182. DERS., Charlemagne, in: Speculum 24 (1949) 520–528

183. DERS., La fin du règne de Charlemagne. Une Décomposition, in: Zeitschrift für schweizerische Geschichte 28 (1948) 433–452 [The last period of Charlemagne's reign, a study in decomposition, in: The Carolingians and the Frankish monarchy. Ithaca 1971, 240–255]

184. DERS., The imperial Coronation of Charlemagne. Theories and Facts, Glasgow 1949

185. Geschichte Thüringens, hrsg. von H. PATZE u. W. SCHLESINGER, Bd. 1: Grundlagen und frühes Mittelalter, Köln. Wien [2]1985

185a. O. HAGENEDER, Das *crimen maiestatis*, der Prozeß gegen die Attentäter Papst Leos III. und die Kaiserkrönung Karls des Großen, in: Aus Kirche und Reich (Festschrift F. Kempf), hrsg. von H. MORDEK, Sigmaringen 1983, 55–79

186. L. HALPHEN, Charlemagne et l'Empire carolingien, Paris [2]1968, Nachdruck 1979

187. J. HASELBACH, Aufstieg und Herrschaft der Karolinger in der Darstellung der sogenannten Annales Mettenses priores. Ein Beitrag zur Geschichte der politischen Ideen im Reich Karls des Großen, Lübeck. Hamburg 1970

188. K. HELDMANN, Das Kaisertum Karls des Großen. Theorien und Wirklichkeit, Weimar 1928, Nachdruck 1971

189. E. HLAWITSCHKA, Merowingerblut bei den Karolingern?, in: Adel und Kirche. Gerd Tellenbach zum 65. Geburtstag, dargebracht von Freunden und Schülern, hrsg. von J. FLECKENSTEIN und K. SCHMID, Basel. Wien 1968, 66–91

190. DERS., Die Vorfahren Karls des Großen, in: Karl der Große, Bd. 1, Düsseldorf 1965, 51–82

191. H. HOFFMANN, Untersuchungen zur karolingischen Annalistik, Bonn 1958

192. H. JANKUHN, Karl der Große und der Norden, in: Karl der Große, Bd. 1, Düsseldorf 1965, 699–707

193. J. JARNUT, Geschichte der Langobarden, Stuttgart. Berlin. Köln. Mainz 1982

194. DERS., Quierzy und Rom. Bemerkungen zu den „promissiones donationis“ Pippins und Karls, in: HZ 220 (1975) 265–297

195. DERS., Wer hat Pippin 751 zum König gesalbt?, in: Frühmittelalterliche Studien 16 (1982) 45–57

196. K.-U. JÄSCHKE, Bonifatius und die Königssalbung Pippins des Jüngeren, in: AD 23 (1977) 25–54

197. DERS., Die Karolingergenealogien aus Metz und Paulus Diaconus. Mit einem Exkurs über Karl „den Kahlen“, Rhein. Vjbll. 43 (1970) 190–218

198. H.-D. KAHL, Europäische Wortschatzbewegungen im Bereich der Verfassungsgeschichte, in: ZRG GA 77 (1960) 154–240

199. DERS., Karl der Große und die Sachsen. Stufen und Motive einer historischen „Eskalation“, in: Politik, Gesellschaft, Geschichtsschreibung. Festgabe für F. Graus, hrsg. von H. LUDAT u. R. C. SCHWINGES, Köln. Wien 1982, 49–130

200. A. KLEINCLAUSZ, Charlemagne, Paris 1934, Kurzausgabe: Charlemagne, Paris 1938

201. H. Koller, Bayerisch-fränkische Kolonisation in Pannonien im 8. Jahrhundert, in: Das östliche Mitteleuropa in Geschichte und Gegenwart. Acta congressus historiae Slavicae Salisburgensis in memoriam SS. Cyrilli et Methodii anno 1963 celebrati, Wiesbaden 1966

202. M. Lintzel, Ausgewählte Schriften, Bde. 1 und 2, Berlin 1961

203. H. Löwe, Geschichtsschreibung der ausgehenden Karolingerzeit, in: DA 23 (1967) 1–30

204. ders., Von den Grenzen des Kaisergedankens in der Karolingerzeit, in: DA 14 (1958) 345–375

205. ders., Von Theoderich dem Großen zu Karl dem Großen. Das Werden des Abendlandes im Geschichtsbild des frühen Mittelalters, in: DA 9 (1952) 353–401

206. R. McKitterick, The Frankish kingdoms under the Carolingians, 751–987, London. New York 1983

207. W. Mohr, Fränkische Kirche und Papsttum zwischen Karlmann und Pippin, Saarbrücken 1966

208. ders., Die karolingische Reichsidee, Münster 1962

209. ders., Die kirchliche Einheitspartei und die Durchführung der Reichsordnung von 817, in: ZKG 72 (1961) 1–45

210. E. Mühlbacher, Deutsche Geschichte unter den Karolingern, Stuttgart 1896, Nachdruck Darmstadt 1980; Neuaufl. in 2 Bden. Essen 1984

211. R. Mussot-Goulard, Charlemagne (Que sais-je?) Paris 1984

212. Nascità dell' Europa ed Europa Carolingia: Un' equazione da verificare (Settimane di studio del Centro italiano di studi sull'alto medioevo, Bd. 27) Spoleto 1981

213. La Neustrie. Les pays au nord de la Loire de 650 à 850. Colloque historique, hg. v. H. Atsma, 2 Bde. (Beihefte der Francia 16, 1 u. 2), Sigmaringen 1987

214. T. F. X. Noble, The revolt of King Bernhard of Italy in 817: its causes and consequences, in: Studi Medievali Serie III 15 (1974) 314–326

215. O. G. Oexle, Die Karolinger und die Stadt des heiligen Arnulf, in: Frühmittelalterliche Studien 1 (1967) 250–364

216. W. Ohnsorge, Abendland und Byzanz. Gesammelte Aufsätze zur Geschichte der byzantinisch-abendländischen Beziehungen und des Kaisertums, Weimar 1958, Nachdruck Darmstadt 1979

217. ders., Das Kaisertum der Eirene und die Kaiserkrönung Karls des Großen, in: Saeculum 14 (1963) 221–247

218. ders., Das Zweikaiserproblem im frühen Mittelalter, Hildesheim 1947

219. H. Pirenne, Mohammed und Karl der Große. Untergang der Antike am Mittelmeer und Aufstieg des germanischen Mittelalters, Hamburg 1963, überarb. Ausg. Frankfurt a. M. 1985, ^{2}1986

220. W. Pohl, Die Awaren. Ein Steppenvolk in Mitteleuropa. 567–822 n. Chr., München 1988

221. K. Reindel, Bayern im Karolingerreich, in: Karl der Große, Bd. 1, Düsseldorf 1965, 220–246

222. H.-J. Reischmann, Die Trivialisierung des Karlsbildes der Einhard-Vita in Notkers „Gesta Karoli Magni“: rezeptionskritische Studien zum Abbau der kritischen Distanz in der spätkarolingischen Epoche, Diss. Konstanz 1984

223. R. Reiser, Die Agilolfinger, Pfaffenhofen 1985

224. J. T. Rosenthal, The public assembly in the time of Louis the Pious, in: Traditio 20, 25–40

225. D. Schaller, Das Aachener Epos für Karl den Kaiser, in: Frühmittelalterliche Studien 10 (1976) 134–168

226. T. Schieffer, Die Krise des karolingischen Imperiums, in: Aus Mittelalter und Neuzeit. G. Kallen zum 70. Geburtstag, hrsg. von J. Engel u. H. M. Klinkenberg, Bonn 1957, 1–15

227. W. Schlesinger, Die Auflösung des Karlsreiches, in: Karl der Große, Bd. 1, Düsseldorf 1965, 792–858

228. K. Schmid, Zur Ablösung der Langobardenherrschaft durch die Franken, in: Quellen und Forschungen aus italienischen Archiven und Bibliotheken 52 (1972) 1–36

229. J. Schmidt, Hinkmars „De ordine palatii“ und seine Quellen, Gelnhausen 1962

230. R. Schneider, Fränkische Alpenpolitik, in: H. Beumann u. W. Schröder, Die transalpinen Verbindungen der Bayern, Alemannen und Franken bis zum 10. Jahrhundert, Sigmaringen 1987, 23–49

230a. J. Semmler, Ludwig der Fromme. 814–840, in: H. Beumann (Hrsg.), Kaisergestalten des Mittelalters, München [2]1985, 28–49

231. F. Steinbach u. F. Petri, Zur Grundlegung der europäischen Einheit durch die Franken, Leipzig 1939

232. G. Tessier, Charlemagne, Paris 1967

233. A. J. Toynbee, A Study of History, Neuausgabe 12 Bde., London 1956–61: Bd. 2, 341–350, Teil II D, Kap. 7; Bd. 4, 322f., 488–490, Teil IV C, Kap. 3c

234. E. Tremp, Studien zu den Gesta Hludowici imperatoris des Trierer Chorbischofs Thegan (MGH-Schriften 32) Hannover 1988

235. W. Vogel, Die Normannen und das Fränkische Reich bis zur Gründung der Normandie (799–911), Heidelberg 1906, Nachdruck Aalen 1973

236. W. Wehlen, Geschichtsschreibung und Staatsauffassung im Zeitalter Ludwigs des Frommen, Lübeck. Hamburg 1970

237. L. Weinrich, Wala. Graf, Mönch und Rebell. Die Biographie eines Karolingers. Ein Beitrag zur Reichs- und Kirchengeschichte, Lübeck 1963

238. W. Wendling, Die Erhebung Ludwigs des Frommen zum Mitkaiser im Jahre 813 und ihre Bedeutung für die Verfassungsgeschichte des Frankenreiches, in: Frühmittelalterliche Studien 19 (1985) 201–238

239. K. F. Werner, Das Geburtsjahr Karls des Großen, in: Francia 1 (1973), 115–157

240. ders., Die Nachkommen Karls des Großen bis zum Jahr 1000 (1.–8. Generation), in: Karl der Große, Bd. 4, Düsseldorf 1967, 403–479

5. Verfassung

241. A. Angenendt, Das geistliche Bündnis der Päpste mit den Karolingern (754–796), in: HJb. 100 (1980) 1–94

242. H. H. Anton, Fürstenspiegel und Herrscherethos in der Karolingerzeit, Bonn 1968

243. B. Behr, Das alemannische Herzogtum bis 750, Bern. Frankfurt 1975

244. W. Bleiber, Grundherrschaft und Markt zwischen Loire und Rhein während des 9. Jahrhunderts: Untersuchungen zu ihrem wechselseitigen Verhältnis, in: Jahrbuch für Wirtschaftsgeschichte 1982, T. 3, 105–135

245. E.-W. Böckenförde, Die deutsche verfassungsgeschichtliche Forschung im 19. Jahrhundert. Zeitgebundene Fragestellungen und Leitbilder, Berlin 1961

246. R. Boutruche, Seigneurie et féodalité, Bd. 1, Paris 1959

247. M. Borgolte, Geschichte der Grafschaften Alemanniens in fränkischer Zeit, Sigmaringen 1984

248. ders., Die Grafen Alemanniens in merowingischer und karolingischer Zeit: eine Prosopographie, Sigmaringen 1986

249. O. Brunner, „Feudalismus". Ein Beitrag zur Begriffsgeschichte, Wiesbaden 1959

250. ders., Land und Herrschaft. Grundfragen der territorialen Verfassungsgeschichte Österreichs im Mittelalter, Darmstadt [5]1973, Nachdruck 1984

251. R. Buchner, Das merowingische Königtum, in: Das Königtum. Seine geistigen und rechtlichen Grundlagen, Lindau. Konstanz 1956, 143–154

252. A. Bühler, Capitularia Relecta. Studien zur Entstehung und Überlieferung der Kapitularien Karls des Großen und Ludwigs des Frommen, in: AD 32 (1986) 305–501

253. E. Caspar, Pippin und die römische Kirche. Kritische Untersuchungen zum fränkisch-päpstlichen Bunde im 8. Jahrhundert, Berlin 1914, Nachdruck Darmstadt 1973

254. P. Classen, Kaiserreskript und Königsurkunde. Diplomatische Studien zum Problem der Kontinuität zwischen Altertum und Mittelalter, Thessaloniki 1977

255. D. Claude, Die Bestellung der Bischöfe im merowingischen Reiche, in: ZRG GA 80 (1963) 1–75

256. ders., Untersuchungen zum frühfränkischen Comitat, in: ZRG GA 81 (1964) 1–79

257. DERS., Zu Fragen frühfränkischer Verfassungsgeschichte, in: ZRG GA 83 (1966) 273–280

258. H. DANNENBAUER, Adel, Burg und Herrschaft bei den Germanen. Grundlagen der Verfassungsentwicklung, in: HJb 61 (1941) 1–50

259. A. M. DRABEK, Die Verträge der fränkischen und deutschen Herrscher mit dem Papsttum von 754 bis 1020, Wien. Köln. Graz 1976

260. W. A. ECKHARDT, Die Capitularia missorum specialia von 802, in: DA 12 (1956) 498–516

261. O. ENGELS, Zum päpstlich-fränkischen Bündnis im 8. Jahrhundert, in: Ecclesia et Regnum. Festschrift für F.-J. Schmale, Bochum 1989, 21–38

262. E. EWIG, Volkstum und Volksbewußtsein im Frankenreich des 7. Jahrhunderts, in: Spätantikes und fränkisches Gallien, hrsg. von H. ATSMA, Bd. 1, München 1976, 231–273

263. DERS., Zum christlichen Königsgedanken im Frühmittelalter, in: Das Königtum, Konstanz 1956, 7–74

264. J. FLECKENSTEIN, Das Großfränkische Reich: Möglichkeiten und Grenzen der Großreichbildung im Mittelalter, in: HZ 233 (1981) 265–294

265. DERS., Die Hofkapelle der deutschen Könige, Bd. 1, Stuttgart 1959

266. W. FRITZE, Die fränkische Schwurfreundschaft der Merowingerzeit. Ihr Wesen und ihre politische Funktion, in: ZRG GA 71 (1954) 74–125

267. DERS., Papst und Frankenkönig. Studien zu den päpstlich-fränkischen Rechtsbeziehungen von 754–824, Sigmaringen 1973

268. F. L. GANSHOF, Charlemagne et les institutions de la monarchie franque, in: Karl der Große, Bd. 1, Düsseldorf 1965, 349–393

269. DERS., Das Lehnswesen im fränkischen Reich. Lehnswesen und Reichsgewalt in karolingischer Zeit, in: Studien zum mittelalterlichen Lehnswesen, Sigmaringen 1960, ²1972, 37–49

270. DERS., Was ist das Lehnswesen?, Darmstadt 1961, ⁶1983

271. DERS., Was waren die Kapitularien?, Darmstadt 1961

272. F. GRAUS, Herrschaft und Treue. Betrachtungen zur Lehre von der germanischen Kontinuität 1, in: Historica 12 (1961) 5–44

273. DERS., Über die sogenannte germanische Treue, in: Historica 10 (1959) 71–121

274. J. HANNIG, Pauperiores vassi di infra palatio? Zur Entstehung der karolingischen Königsbotenorganisation, in: MIÖG 91 (1983) 309–374

275. DERS., Zentrale Kontrolle und regionale Machtbalance. Beobachtungen zum System der karolingischen Königsboten am Beispiel des Mittelrheingebietes, in: Archiv für Kulturgeschichte 66 (1984) 1–46

276. E. KAUFMANN, Über das Scheren abgesetzter Merowingerkönige, in: ZRG GA 72 (1955) 177–185

277. V. KRAUSE, Geschichte des Institutes der missi dominici, Wien 1890

278. H. KUHN, Die Grenzen der germanischen Gefolgschaft, in: ZRG GA 73 (1956) 1–83

279. A. R. Lewis, The Dukes in the Regnum Francorum 550–751, in: Speculum 51 (1976) 381–410

280. M. Lugge, „Gallia" und „Francia" im Mittelalter. Untersuchungen über den Zusammenhang zwischen geographisch-historischer Terminologie und politischem Denken vom 6.–15. Jahrhundert, Bonn 1960

281. K. Metz, Die Exilierung als politische Maßnahme im Frankenreich sowie in Deutschland und Frankreich bis zum Ende des 10. Jahrhunderts, Diss. Heidelberg 1957

282. M. Mitterauer, Karolingische Markgrafen im Südosten. Fränkische Reichsaristokratie und bayerischer Stammesadel im österreichischen Raum, Graz 1963

283. W. Mohr, Studien zur Charakteristik des karolingischen Königtums im 8. Jahrhundert, Saarlouis 1955

284. H. Mordek, Karolingische Bischofskapitel in der Humanistenbibliothek zu Schlettstett, in: ZGORh 134 (1986) 413–421

285. ders., Karolingische Kapitularien, in: ders., (Hg.), Überlieferung und Geltung normativer Texte des frühen und hohen Mittelalters (Quellen und Forschungen zum Recht im Mittelalter Bd. 4) 1986, 25–50

285a. ders. u. G. Schmitz, Neue Kapitularien und Kapitulariensammlungen, in: DA 43 (1987) 361–439

286. U. Nonn, Pagus und Comitatus in Niederlothringen: Untersuchungen zur politischen Raumgliederung im früheren Mittelalter, Bonn 1983

287. F. Prinz, Die bischöfliche Stadtherrschaft im Frankenreich vom 5. bis zum 7. Jahrhundert, in: HZ 217 (1974) 1–35

288. ders., Klerus und Krieg im früheren Mittelalter. Untersuchungen zur Rolle der Kirche beim Aufbau der Königsherrschaft, Stuttgart 1971

289. W. Schlesinger, Beiträge zur deutschen Verfassungsgeschichte des Mittelalters, Bd. 1: Germanen, Franken, Deutsche, Göttingen 1963

290. ders., Herrschaft und Gefolgschaft in der germanisch-deutschen Verfassungsgeschichte, in: ders., Beiträge zur deutschen Verfassungsgeschichte des Mittelalters, Bd. 1, Göttingen 1963, 9–52

291. ders., Kaisertum und Reichsteilung. Zur Divisio regnorum von 806, in: Forschungen zu Staat und Verfassung. Festgabe für F. Hartung, hrsg. von R. Dietrich u. G. Oestreich, Berlin 1958, 9–51

292. ders., Karlingische Königswahlen, in: Zur Geschichte und Problematik der Demokratie. Festschrift für H. Herzfeld, hrsg. von W. Berges u. C. Hinrichs, Berlin 1958, 207–264

293. ders., Randbemerkungen zu drei Aufsätzen über Sippe, Gefolgschaft und Treue, in: Alteuropa und die moderne Gesellschaft. Festschrift für O. Brunner, Göttingen 1963, 11–59

294. ders., Zur politischen Geschichte der fränkischen Ostbewegung vor Karl dem Großen, in: Althessen im Frankenreich, hrsg. von dems., Sigmaringen 1975, 9–61

295. R. Schmidt-Wiegand, Ist die Lex Salica eine Fälschung? Kritik einer neuen These über die Entstehung der Lex Salica und verwandter fränkischer Rechtsquellen, Diss. Greifswald 1951

296. K. Schmitz, Ursprung und Geschichte der Devotionsformeln bis zu ihrer Aufnahme in die fränkische Königsurkunde, Stuttgart 1913

297. R. Schneider, Brüdergemeine und Schwurfreundschaft. Der Auflösungsprozeß des Karolingerreiches im Spiegel der caritas – Terminologie in den Verträgen der karolingischen Teilkönige des 9. Jahrhunderts, Lübeck. Hamburg 1964

298. ders., Königswahl und Königserhebung im Frühmittelalter. Untersuchungen zur Herrschaftsnachfolge bei den Langobarden und Merowingern, Stuttgart 1972

299. ders., Schriftlichkeit und Mündlichkeit im Bereich der Kapitularien, in: Schrift und Recht im Mittelalter, hrsg. von P. Classen, Sigmaringen 1977, 257–279

300. ders., Zur rechtlichen Bedeutung der Kapitularientexte, in: DA 23 (1967) 273–294

301. P. E. Schramm, Herrschaftszeichen und Staatssymbolik, 4 Bde., Stuttgart 1954–56 u. 1978

302. ders., Die Krönung im 9. und 10. Jahrhundert, in: ders., Kaiser, Könige und Päpste, Bd. 2, Stuttgart 1968, 140–305

303. H. K. Schulze, Die Grafschaftsverfassung der Karolingerzeit in den Gebieten östlich des Rheins, Berlin 1973

304. ders., Rodungsfreiheit und Königsfreiheit. Zu Genesis und Kritik neuerer verfassungsgeschichtlicher Theorien, in: HZ 219 (1974) 529–550

305. R. Sprandel, Dux und comes in der Merowingerzeit, in: ZRG GA 74 (1957) 41–84

306. K. Sprigade, Die Einweisung ins Kloster und in den geistlichen Stand als politische Maßnahme im frühen Mittelalter, Diss. Heidelberg 1962

307. G. Tabacco, Der Zusammenhang von Macht und Besitz im fränkischen und langobardischen Reich, in: Saeculum 24 (1973) 220–240

308. G. Tellenbach, Die geistigen und politischen Grundlagen der karolingischen Thronfolge, in: Frühmittelalterliche Studien 13 (1979) 184–302

309. K. Voigt, Staat und Kirche von Konstantin dem Großen bis zum Ende der Karolingerzeit, Stuttgart 1936, Nachdruck Aalen 1965

310. G. Wagner, Die Verwaltungsgliederung im karolingischen Reich, Göttingen 1963

311. J. M. Wallace-Hadrill, Early Germanic Kingship in England and on the Continent, Oxford 1971

312. R. Wenskus, Bemerkungen zum Thunginus der Lex Salica, in: Festschrift P. E. Schramm, Bd. 1, hrsg. von P. Classen, Wiesbaden 1964, 217–236

313. ders., Die deutschen Stämme im Reiche Karls des Großen, in: Karl der Große, Bd. 1, Düsseldorf 1965, 178–219

314. DERS., Stammesbildung und Verfassung. Das Werden der frühmittelalterlichen gentes, Köln 1961

315. K. F. WERNER, Missus – Marchio – Comes. Entre l'administration centrale et l'administration locale de l'Empire carolingien, in: Francia, Beiheft 9, hrsg. von W. PARAVICINI u. K. F. WERNER, Zürich. München 1980, 191–239

316. H. WOLFRAM, Intitulatio, Bd. 1: Lateinische Königs- und Fürstentitel bis zum Ende des 8. Jahrhunderts, Graz. Wien. Köln 1967

317. K. WÜHRER, Der deutsche Staat des Mittelalters, Bd. 1: Die fränkische Zeit, Jena 1932

318. E. ZÖLLNER, Die politische Stellung der Völker im Frankenreich, Wien 1950

6. RECHT

319. K. v. AMIRA, Germanisches Recht, 2 Bde., Berlin 1960/67

320. P. HECK, Beiträge zur Geschichte der Stände im Mittelalter, 2 Bde., Halle 1900, 1905, Nachdruck Aalen 1964

321. R. HÜBNER, Gerichtsurkunden der fränkischen Zeit, in: ZRG GA 12. 14 (1891, 1893), Nachdruck 1971

322. G. KÖBLER, Das Recht im frühen Mittelalter. Untersuchungen zu Herkunft und Inhalt frühmittelalterlicher Rechtsbegriffe im deutschen Sprachgebiet, Köln. Wien 1971

323. R. KOTTJE, Studien zum Einfluß des alten Testaments auf Recht und Liturgie des frühen Mittelalters (6.–8. Jahrhundert), Bonn 1964, ^{2}1970

324. K. KROESCHELL, Haus und Herrschaft im frühen deutschen Recht. Ein methodischer Versuch, Göttingen 1968

325. H. MITTEIS, Lehnrecht und Staatsgewalt, Weimar 1933, Nachdruck Darmstadt 1958

326. DERS., Der Staat des hohen Mittelalters, Weimar ^{9}1974

327. E. MÜLLER, Die Anfänge der Königssalbung im Mittelalter, in: HJb 58 (1938) 317–360

328. H. NEHLSEN, Sklavenrecht zwischen Antike und Mittelalter. Germanisches und römisches Recht in den germanischen Rechtsaufzeichnungen, Bd. 1, Göttingen. Frankfurt. Zürich 1972

329. Recht und Schrift im Mittelalter, hrsg. von P. CLASSEN, Sigmaringen 1977

330. C. SCHOTT, Der Stand der Leges-Forschung, in: Frühmittelalterliche Studien 13 (1979) 29–55

331. H. SIEMS, Studien zur Lex Frisionum, Ebelsbach 1980

332. R. SOHM, Die Fränkische Reichs- und Gerichtsverfassung, Bd. 1, Leipzig 1871, Nachdruck Weimar 1971

333. S. STEIN, Lex Salica I, II, in: Speculum 22 (1947) 113–134 und 395–418

334. A. Wolf, Die Gesetzgebung der entstehenden Territorialstaaten in Europa, in: Handbuch der Quellen und Literatur der neueren europäischen Privatrechtsgeschichte, Bd. 1: Mittelalter, hrsg. von H. Coing, München 1973, 517–800; separat: München 1973

7. Wirtschaft

335. Agricoltura e mondo rurale in Occidente nell' alto medioevo, hrsg. vom Centro italiano di studi sull' alto medioevo, Spoleto 1966

336. J. Becker-Dillingen, Quellen und Urkunden zur Geschichte der deutschen Bauern... Urzeit bis Ende der Karolingerzeit, Berlin 1935

337. C. Brühl, Fodrum, gistum, servitium regis. Studien zu den wirtschaftlichen Grundlagen des Königtums im Frankenreich und in den fränkischen Nachfolgestaaten Deutschland, Frankreich und Italien vom 6. bis zur Mitte des 14. Jahrhunderts, Köln. Graz 1968

338. ders., Palatium und Civitas. Studien zur Profantopographie spätantiker Civitates vom 3. bis zum 13. Jahrhundert, Bd. 1, Köln. Wien 1975

339. D. Claude, Der Handel im westlichen Mittelmeer während des Frühmittelalters, Göttingen 1985

340. ders., Die Handwerker der Merowingerzeit nach den erzählenden und urkundlichen Quellen, in: Nr. 352, S. 204–266

341. ders., Zu Fragen der merowingischen Geldgeschichte, in: VSWG 48 (1961) 236–250

342. A. Dopsch, Die Wirtschaftsentwicklung der Karolingerzeit vornehmlich in Deutschland, 2 Bde., Weimar 1912/13, Nachdruck Köln. Wien 1969

343. Das Dorf der Eisenzeit und des frühen Mittelalters. Siedlungsform – wirtschaftliche Funktion – soziale Struktur, hrsg. von H. Jankuhn u. a., Göttingen 1977

344. E. Ewig, Das Fortleben römischer Institutionen in Gallien und Germanien, in: X. Congresso Internazionale di Scienze Storiche. Relazioni, Bd. 6, Florenz 1955, 561–598; auch in Nr. 103, Bd. 1

345. E. Gamillscheg, Germanische Siedlung in Belgien und Nordfrankreich, Berlin 1938

346. ders., Romania Germanica. Sprach- und Siedlungsgeschichte der Germanen auf dem Boden des alten Römerreiches, Bd. 1, Berlin ²1970

347. A. Gauert, Zum Itinerar Karls des Großen, in: Karl der Große, Bd. 1, Düsseldorf 1965, 307–321

348. M. Gockel, Karolingische Königshöfe am Mittelrhein, Göttingen 1970

249. P. Grierson, Money and coinage under Charlemagne, in: Karl der Große, Bd. 1, Düsseldorf 1965, 501–536

350. ders., Münzen des Mittelalters, München 1976

351. D. HÄGERMANN, Anmerkungen zum Stand und den Aufgaben frühmittelalterlicher Urbarforschung, in: Rhein. Vjbll. 50 (1986) 32–58

352. Das Handwerk in vor- und frühgeschichtlicher Zeit, T. 1: Historische und rechtshistorische Beiträge und Untersuchungen zur Frühgeschichte der Gilde (Bericht über die Kolloquien der Kommission für die Altertumskunde Mittel- und Nordeuropas in den Jahren 1977–80), Göttingen 1982

353. H. HEIMPEL, Bisherige und künftige Erforschung deutscher Königspfalzen, in: GWU 16 (1965) 461–487

354. H. H. HOFMANN, Fossa Carolina. Versuch einer Zusammenschau, in: Karl der Große, Bd. 1, Düsseldorf 1965, 437–453

355. DERS., Kaiser Karls Kanalbau, Sigmaringen ^{2}1977

356. K. T. v. INAMA-STERNEGG, Deutsche Wirtschaftsgeschichte bis zum Schluß der Karolingerperiode, Leipzig 1909, Nachdruck Hildesheim 1965

357. R. LATOUCHE, Les origines de l'économie occidentale. IVe–XIe siècle, Paris 1956, Neuausgabe 1971

358. C. LELONG, La vie quotidienne en Gaule à l'époque mérovingienne, Paris 1963

359. F. LOT, Recherches sur la population et la superficie des cités remontant à la période gallo-romaine, 3 Bde., Paris 1946–50; Ausgabe in einem Bd. 1969

360. F. LÜTGE, Die Agrarverfassung des frühen Mittelalters im mitteldeutschen Raum vornehmlich in der Karolingerzeit, Stuttgart ^{2}1966

361. L.-R. MÉNAGER, Considérations sociologiques sur la démographie des grands domaines ecclésiastiques carolingiens, in: Études d'histoire du droit canonique dédiées à G. le Bras, Bd. 2, 1965, 1317–1335

362. W. METZ, Die Agrarwirtschaft im karolingischen Reiche, in: Karl der Große, Bd. 1, Düsseldorf 1965, 489–500

363. DERS., Das karolingische Reichsgut. Eine verwaltungsgeschichtliche Untersuchung, Berlin 1960

364. DERS., Die Königshöfe der Brevium Exempla, in: DA 22 (1966) 598–617

365. DERS., Zur Erforschung des karolingischen Reichsgutes, Darmstadt 1971

366. K. F. MORRISON, Carolingian Coinage, New York 1967

367. F. PETRI, Die fränkische Landnahme und das Rheinland, Bonn 1936

368. DERS., Germanisches Volkserbe in Wallonien und Nordfrankreich. Die fränkische Landnahme in Frankreich und den Niederlanden und die Bildung der westlichen Sprachgrenze, 2 Bde., Bonn ^{2}1942

369. DERS., Die fränkische Landnahme und die Entstehung der germanisch-romanischen Sprachgrenze in der interdisziplinären Diskussion, Darmstadt 1977

370. H. ROTH, Handel und Gewerbe vom 6. bis 8. Jahrhundert östlich des Rheins, in: VSWG 58 (1971) 323–358

371. R. SCHMIDT-WIEGAND, Der „Bauer“ in der Lex Salica, in: Wort und Begriff „Bauer“, hrsg. von R. WENSKUS, Göttingen 1975, 128–152

372. F. Schwind, Beobachtungen zur inneren Struktur des Dorfes in karolingischer Zeit, in: Das Dorf der Eisenzeit und des frühen Mittelalters, hrsg. von H. Jankuhn u. a., Göttingen 1977, 444–493

373. ders., Die karolingischen Klöster als Wirtschaftsorganismen und Stätten handwerklicher Tätigkeit, in: Institutionen, Kultur und Gesellschaft. Festschrift für J. Fleckenstein zum 65. Geburtstag, hrsg. von L. Fenske, W. Rösener u. T. Zotz, Sigmaringen 1984, 101–123

374. A. Suhle, Deutsche Münz- und Geldgeschichte von den Anfängen bis zum 15. Jahrhundert, Berlin [6]1973

375. Strukturen der Grundherrschaft im frühen Mittelalter, hrsg. von W. Rösener, Göttingen 1989

376. A. Tautscher, Betriebsführung und Buchhaltung in den karolingischen Königsgütern nach dem Capitulare de villis, in: VSWG 61 (1974) 1–28

377. Untersuchungen zu Handel und Verkehr der vor- und frühgeschichtlichen Zeit in Mittel- und Nordeuropa, hrsg. von H. Düwel u. a. (Bericht über die Kolloquien der Kommission für die Altertumskunde Mittel- und Nordeuropas in den Jahren 1980 bis 1983); T. 1: Methodische Grundlagen und Darstellungen zum Handel in vorgeschichtlicher Zeit und in der Antike, Göttingen 1985; T. 2: D. Claude, Der Handel im westlichen Mittelmeer während des Frühmittelalters, Göttingen 1985; T. 3: Der Handel des frühen Mittelalters, Göttingen 1985; T. 4: Der Handel der Karolinger- und Wikingerzeit, Göttingen 1987

378. F. Vercauteren, Études sur les civitates de la Belgique seconde, Brüssel 1934, Nachdruck Hildesheim 1974

379. K. Verhein, Studien zu den Quellen zum Reichsgut der Karolingerzeit (Capitulare de Villis, Capitulare Ambrosianum, Brevium Exempla, Urbar des Reichsgutes aus Lorsch, Urbar des Reichsgutes in Rätien) Teil 1, in: DA 10 (1953, 1954) 313–394

380. A. Verhulst, Das Besitzverzeichnis der Genter St. Bavo-Abtei von ca. 800. Ein Beitrag zur Geschichte und Kritik der karolingischen Urbarialaufzeichnungen, in: Frühmittelalterliche Studien 5 (1971) 193–234

381. ders., Der Handel im Merowingerreich: Gesamtdarstellung nach schriftlichen Quellen. Quellenanhang, in: Early Medieval Studies 2 (1970) 2–54

382. ders., Karolingische Agrarpolitik: Das Capitulare de villis und die Hungersnöte von 792/93 und 805/06, in: Zeitschrift für Agrargeschichte 13 (1965) 175–189

383. R. Wenskus, „Bauer" – Begriff und historische Wirklichkeit, in: Wort und Begriff „Bauer", hrsg. von R. Wenskus u. a., Göttingen 1975, 11–28

384. J. Werner, Fernhandel und Naturalwirtschaft im östlichen Merowingerreich nach archäologischen und numismatischen Zeugnissen, in: Berichte der Römisch-Germanischen Kommission 42 (1961) 307–346

385. ders., Waage und Geld in der Merowingerzeit, München 1954

386. H. v. Werveke, La Densité de la population belge au cours des âges, in: Studi in onore di A. Sapori, hrsg. von G. Astuti, F. L. Ganshof u. a., Mailand 1957

387. H. WITTHÖFT, Münzfuß, Kleingewichte, pondus Caroli und die Grundlegung des nordeuropäischen Maß- und Gewichtswesens in fränkischer Zeit, Ostfildern 1984

388. Wort und Begriff „Bauer", hrsg. von R. WENSKUS u. a., Göttingen 1975

8. Sozialverfassung

389. W. BERGES, Selbstbestimmung in der Geschichte, in: Freiheit als Problem der Wissenschaft, Berlin 1962, 147–160

390. E. BOSHOF, Armenfürsorge im Frühmittelalter: Xenodochium, matricula, hospitale pauperum, in: VSWG 71 (1984) 153–174

391. DERS., Untersuchungen zur Armenfürsorge im fränkischen Reich des 9. Jahrhunderts, in: Archiv für Kulturgeschichte 58 (1976) 265–339

392. K. BOSL, Der „Adelsheilige", Idealtypus und Wirklichkeit, Gesellschaft und Kultur im merowingerzeitlichen Bayern des 7. und 8. Jahrhunderts. Gesellschaftsgeschichtliche Beiträge zu den Viten der bayer. Stammesheiligen Emmeram, Rupert, Korbinian, in: Speculum historiale, Festschrift J. Spörl, Freiburg. München 1965, 167–187

393. DERS., Leitbilder und Wertvorstellung des Adels von der Merowingerzeit bis zur Höhe der feudalen Gesellschaft, München 1974

394. DERS., Potens und Pauper. Begriffsgeschichtliche Studien zur gesellschaftlichen Differenzierung im frühen Mittelalter und zum „Pauperismus" des Hochmittelalters, in: Alteuropa und die moderne Gesellschaft. Festschrift für O. Brunner, hrsg. vom Hist. Seminar der Universität Hamburg, Göttingen 1963, 60–87

395. H. BRUNNER, Die Freilassung durch Schatzwurf, in: DERS., Abhandlungen zur Rechtsgeschichte, hrsg. von K. RAUCH, Bd. 1, Leipzig 1965, 240–261

396. C. CLEFF, Der Schutz der wirtschaftlich und sozial Schwachen in den Kapitularien Karls des Großen und der nachfolgenden Karolinger, Diss. Köln 1955

397. J. DHONDT, Origine de la frontière linguistique, in: Antiquité classique 16 (1947) 208 ff.

398. G. DUBY, Krieger und Bauern. Die Entwicklung von Wirtschaft und Gesellschaft im frühen Mittelalter, Frankfurt a. M. 1977 (frz.: Guerriers et paysans, Paris 1973)

398a. K. A. ECKHARDT, Merowingerblut 1: Die Karolinger und ihre Frauen. 2: Agilolfinger und Etichonen (Germanenrechte NF, Deutschrechtliches Archiv 10–11) Witzenhausen 1965

399. W. EGGERT, Rebelliones servorum. Bewaffnete Klassenkämpfe im Früh- und frühen Hochmittelalter und ihre Darstellung in zeitgenössischen erzählenden Quellen, in: ZfG 23 (1975) 1147–1164

400. E. ENNEN, Frauen im Mittelalter, München 1984, ^{3}1987

401. DIES., Die europäische Stadt des Mittelalters, Göttingen [4]1987

402. W. EPPERLEIN, Herrschaft und Volk im karolingischen Imperium. Studien über soziale Konflikte und dogmatisch-politische Kontroversen im fränkischen Reich, Berlin 1969

403. DERS., Die sogenannte Freilassung in merowingischer und karolingischer Zeit. Ein Beitrag zur frühmittelalterlichen Sozial- und Wirtschaftspolitik, in: Jahrbuch für Wirtschaftsgeschichte, 1963, Teil 4, 92–110

404. DERS., Zur weltlichen und kirchlichen Armenfürsorge im karolingischen Imperium. Ein Beitrag zur Wirtschaftspolitik im Frankenreich, in: Jahrbuch für Wirtschaftsgeschichte, 1963, Teil 1, 41–60

405. J. FLECKENSTEIN, Adel und Kriegertum und ihre Wandlung im Karolingerreich, in: Nr. 212, Bd. 1, 67–94

406. F. L. GANSHOF, Le statut de la femme dans la monarchie franque, in: La Femme, Teil 2, Brüssel 1962, 5–58

407. F. GENZMER, Die germanische Sippe als Rechtsgebilde, in: ZRG GA 67 (1950) 34–49

408. H.-W. GOETZ, Leben im Mittelalter. Vom 7. bis zum 13. Jahrhundert, München 1986, [3]1987

409. DERS., „Nobilis". Der Adel im Selbstverständnis der Karolingerzeit, in: VSWG 70 (1983) 153–191

410. DERS., „Unterschichten" im Gesellschaftsbild karolingischer Geschichtsschreiber und Hagiographen, in: H. MOMMSEN u. W. SCHULZE (Hrsg.), Vom Elend der Handarbeit: Probleme historischer Unterschichtenforschung, Stuttgart 1981, 108–130

411. H. GRAHN-HOEK, Die fränkische Oberschicht im 6. Jh. Studien zu ihrer rechtlichen und politischen Stellung, Sigmaringen 1976

412. J. HANNIG, Consensus fidelium: Frühfeudale Interpretationen des Verhältnisses von Königtum und Adel am Beispiel des Frankenreiches, Stuttgart 1982

413. W. HARTUNG, Süddeutschland in der frühen Merowingerzeit: Studien zu Gesellschaft, Herrschaft, Stammesbildung bei Alamannen und Bajuwaren, Wiesbaden 1983

414. S. HELLMANN, Die Heiraten der Karolinger, in: DERS., Ausgewählte Abhandlungen zur Historiographie und Geistesgeschichte des Mittelalters, hrsg. von H. BEUMANN, Weimar 1961, 293–391

415. E. HLAWITSCHKA, Studien zur Genealogie und Geschichte der Merowinger und der frühen Karolinger, in: Rhein. Vjbll. 43 (1979) 1–99

416. F. IRSIGLER, Untersuchungen zur Geschichte des frühfränkischen Adels, Bonn 1969, [2]1981

417. G. KÖBLER, Zur Lehre von den Ständen in fränkischer Zeit, in: ZRG GA 89 (1972) 161–174

418. R. KOTTJE, Eine wenig beachtete Quelle zur Sozialgeschichte: die frühmittelalterlichen Bußbücher – Problem ihrer Erforschung, in: VSWG 73 (1986) 63–72

419. K. Kroeschell, Die Sippe im germanischen Recht, in: ZRG GA 77 (1960) 1–25

420. L. Kuchenbuch, Bäuerliche Gesellschaft und Klosterherrschaft im 9. Jahrhundert. Studien zur Sozialstruktur der Familia der Abtei Prüm, Wiesbaden 1978

421. E. Magnou-Nortier, Foi et fidélité. Recherches sur l'évolution des liens personnels chez les Francs du 7e au 9e siècle, Toulouse 1976

422. E. Müller-Mertens, Karl der Große, Ludwig der Fromme und die Freien. Wer waren die liberi homines der karolingischen Kapitularien (742/43–832)? Ein Beitrag zur Sozialgeschichte und Sozialpolitik des Frankenreiches, Berlin 1963

423. P. Munz, Life in the age of Charlemagne, London. New York 1969

424. K. Nehlsen-von Stryk, Die boni homines des frühen Mittelalters: Unter besonderer Berücksichtigung der fränkischen Quellen, Berlin 1981

425. A. J. Njeussychin, Die Entstehung der abhängigen Bauernschaft als Klasse der frühfeudalen Gesellschaft in Westeuropa vom 6. bis 8. Jahrhundert, Berlin 1961

426. O. G. Oexle, Gilden als soziale Gruppen in der Karolingerzeit, in: Nr. 346, S. 284–354

427. G. v. Olberg, Freie, Nachbarn und Gefolgsleute. Volkssprachige Bezeichnungen aus dem sozialen Bereich in den frühmittelalterlichen Leges, Frankfurt a. M. 1983

428. P. Riché, La Vie quotidienne dans l'empire Carolingien, Paris 1973; dt. Ausgabe: Die Welt der Karolinger, Stuttgart 1981

429. K. Schmid, Prosopographische Forschungen zur Geschichte des Mittelalters, in: Aspekte der historischen Forschung in Frankreich und Deutschland, hrsg. von G. A. Ritter u. R. Vierhaus, Göttingen 1981

430. R. Schmidt-Wiegand, Fränkische und frankolateinische Bezeichnungen für soziale Schichten und Gruppen in der Lex Salica, Göttingen 1972

431. J. Schmitt, Untersuchungen zu den Liberi Homines der Karolingerzeit, Frankfurt a. M. 1977

432. K. Schreiner, Adel oder Oberschicht? Bemerkungen zur sozialen Schichtung der fränkischen Gesellschaft im 6. Jh., in: VSWG 68 (1981) 225–231

433. H. K. Schulze, Reichsaristokratie, Stammesadel und fränkische Freiheit. Neue Forschungen zur frühmittelalterlichen Sozialgeschichte, in: HZ 227 (1978) 353–373

434. Siedlung, Sprache und Bevölkerungsstruktur im Frankenreich, hrsg. von F. Petri, Darmstadt 1973

435. R. Sprandel, Der merowingische Adel und die Gebiete östlich des Rheins, Freiburg 1957

436. F. Staab, Untersuchungen zur Gesellschaft am Mittelrhein in der Karolingerzeit, Wiesbaden 1975

437. F. Stein, Adelsgräber des achten Jahrhunderts in Deutschland. Mit einem Beitrag von F. Prinz, Berlin 1967

438. W. Störmer, Früher Adel. Studien zur politischen Führungsschicht im fränkisch-deutschen Reich vom 8. bis 11. Jahrhundert, 2 Bde., Stuttgart 1973

439. G. Tellenbach, Königtum und Stämme in der Werdezeit des deutschen Reiches, Weimar 1939

440. ders., Vom karolingischen Reichsadel zum deutschen Reichsfürstenstand, in: Adel und Bauern im deutschen Staat des Mittelalters, hrsg. von T. Mayer, Leipzig 1943, Nachdruck Darmstadt 1967, 22–73

441. C. Verlinden, Wo und warum gab es einen Großhandel mit Sklaven während des Mittelalters? Köln 1970

442. A. Weber, liber-ingenuus. Studien zur Sozialgeschichte des 5.–8. Jahrhunderts anhand der Leges, Bochum 1983

442a. S. F. Wemple, Women in Frankish Society: Marriage and the Closter. 500 to 900, Philadelphia 1981

443. R. Wenskus, Amt und Adel in der frühen Merowingerzeit, in: Mitteilungsheft des Marburger Universitätsbundes, 1959, 40–56

444. K. F. Werner, Bedeutende Adelsfamilien im Reich Karls des Großen, in: Karl der Große, Bd. 1, Düsseldorf 1965, 83–142

445. ders., Problematik und erste Ergebnisse des Forschungsvorhabens „PROL“ (Prosopographia Regnorum Orbis Latini). Zur Geschichte der west- und mitteleuropäischen Oberschichten bis zum 12. Jh., in: Quellen und Forschungen aus italienischen Archiven und Bibliotheken 57 (1977) 69–87

446. M. Werner, Adelsfamilien im Umkreis der frühen Karolinger. Die Verwandtschaft Irminas von Oeren und Adelas von Pfalzel. Ein Beitrag zur frühmittelalterlichen Personenforschung, Sigmaringen 1982

447. ders., Der Lütticher Raum in frühkarolingischer Zeit. Untersuchungen zur Geschichte einer karolingischen Stammlandschaft, Göttingen 1980

448. L. White jr., Die mittelalterliche Technik und der Wandel der Gesellschaft, München 1968

449. T. Zotz, Adel, Oberschicht, Freie. Zur Terminologie der frühmittelalterlichen Sozialgeschichte, in: ZGORh 125 (1977) 3–20

9. Kirche

450. A. Angenendt, Kaiserherrschaft und Königstaufe: Kaiser, Könige und Päpste als geistliche Patrone in der abendländischen Missionsgeschichte (Arbeiten zur früh-mittelalterlichen Forschung 15) Berlin. New York 1984

451. ders., Monachi peregrini. Studien zu Pirmin und den monastischen Vorstellungen des frühen Mittelalters, München 1972

452. DERS., Taufe und Politik im frühen Mittelalter, in: Frühmittelalterliche Studien 7 (1973) 143–168

453. E. BOSHOF, Erzbischof Agobard von Lyon. Leben und Werk, Köln 1969

454. H. BÜTTNER, Mission und Kirchenorganisation des Frankenreiches bis zum Tode Karls des Großen, in: Karl der Große, Bd. 1, Düsseldorf 1965, 454–487

455. C. DE CLERCQ, La Législation religieuse franque de Clovis à Charlemagne, Paris. Louvain 1936

456. DERS., La Législation religieuse franque de Louis le Pieux à la fin du IXe siècle, Paris. Louvain 1958

457. C. DAWSON, The making of Europe, 1932; dt. Ausgabe: Gestaltung des Abendlandes, Köln ^{2}1950

458. E. EICHMANN, Königs- und Bischofsweihe, München 1928

459. E. EWIG, Milo et eiusmodi similes. Sankt Bonifatius. Gedenkgabe zum 1200. Todestag, Fulda ^{2}1954, 412–440, auch in Nr. 103 (2. Bd.)

460. F. FELTEN, Äbte und Laienäbte im Frankenreich. Studien zum Verhältnis von Kirche und Staat im frühen Mittelalter, Stuttgart 1980

461. W. H. FRITZE, Slaven und Avaren im angelsächsischen Missionsprogramm, Teil 1: Theologia naturalis und Slavenmission bei Bonifatius, in: Zeitschrift für slawische Philologie 31 (1964), 316–338, Teil 2: Bedas Rugini und Willibrords Dänenmission, in: ebda. 32 (1965) 231–251, Teil 3: Bedas Hunni und die Entstehung der angelsächsischen Missionsvölkerliste von 703/04, in: ebda. 33 (1967) 358–372

462. DERS., Universalis gentium confessio. Formeln, Träger und Wege universalmissionarischen Denkens im 7. Jahrhundert, in: Frühmittelalterliche Studien 3 (1969) 78–130

463. DERS., Zur Entstehungsgeschichte des Bistums Utrecht. Franken und Friesen 690–734, in: Rhein. Vjbll. 35 (1971) 107–151

464. H. FUHRMANN, Constitutum Constantini, in: TRE s. v. (s. Kr. 70)

465. DERS., Einfluß und Verbreitung der pseudoisidorischen Fälschungen. Von ihrem Auftauchen bis in die neuere Zeit (Schriften der MGH 24, I u. II) Stuttgart 1972, 1973

466. DERS., Das Papsttum und das kirchliche Leben im Frankenreich, in: Settimane di studio del Centro italiano di studi sull' alto medioevo, Bd. 28, Spoleto 1981, 419–456

467. DERS., Das frühmittelalterliche Papsttum und die Konstantinische Schenkung, in: Settimane di studio del Centro italiano di studi sull' alto medioevo, Bd. 20, Spoleto 1973, 257–292

468. DERS., Von Petrus zu Johannes Paul II. Das Papsttum: Gestalt und Gestalten, München 1980

469. M. GOCKEL, Neue Forschungen zur Klostergemeinschaft von Fulda im früheren Mittelalter. Zum Erscheinen des „Fulda-Werkes“, in: Hessisches Jahrbuch für Landesgeschichte 31 (1981) 14–47

470. G. HAENDLER, Geschichte des Frühmittelalters und der Germanenmission. Geschichte der Slavenmission von G. STÖKL (Die Kirche in ihrer Geschichte Bd. 2, Lieferung E), Göttingen 1961, ²1976

471. W. HEIL, Der Adoptianismus, Alkuin und Spanien, in: Karl der Große, Bd. 2, Düsseldorf 1965, 95–155

472. Die Iren und Europa im früheren Mittelalter, hrsg. von H. LÖWE (Coll. Tübingen 1979), 2 Bde., Stuttgart 1982

473. F. KERFF, Der Quadripartitus. Ein Handbuch der karolingischen Kirchenreform. Überlieferung, Quellen und Rezeption, Sigmaringen 1982

474. Kirchengeschichte als Missionsgeschichte, hrsg. von H. FROHNES u. a., Bd. II: Die Kirche des früheren Mittelalters, 1. Halbband, hrsg. von K. SCHÄFERDIEK, München 1978

475. Die Klostergemeinschaft von Fulda im früheren Mittelalter. Unter Mitw. von G. ALTHOFF, E. FREISE, D. GEUENICH, F. J. JAKOBI, H. KAMP, O. G. OEXLE, M. SANDMANN, J. WOLLASCH, S. ZÖRKENDÖRFER hrsg. von K. SCHMID, Bde. I, II 1–3, III, München 1978

476. K. H. KRÜGER, Königsgrabkirchen der Franken, Angelsachsen und Langobarden bis zur Mitte des 8. Jahrhunderts. Ein historischer Katalog, München 1971

477. J.-F. LEMARIGNIER, Quelques remarques sur l'organisation ecclésiastique de la Gaule du VIIe à la fin du IXe siècle principalement au nord de la Loire, in: Agricoltura e mondo rurale in Occidente nell' alto medioevo, Spoleto 1966, 451–486

478. A. MANN, Großbauten vorkarlischer Zeit und aus der Epoche von Karl dem Großen bis Lothar I., in: Karl der Große, Bd. 3, Düsseldorf 1965, 320–322

479. Mönchtum, Episkopat und Adel zur Gründungszeit des Klosters Reichenau, hrsg. von A. BORST, Sigmaringen 1974

480. H. MORDEK, Die Collectio vetus Gallica, die älteste systematische Kanonessammlung des fränkischen Gallien (mit franz., engl. u. dt. Zusammenfassung), in: Francia 1 (1973) 45–61

481. DERS., Kirchenrecht und Reform im Frankenreich. Die Collectio vetus Gallica, die älteste systematische Kanonessammlung des fränkischen Gallien. Studien und Edition, Berlin. New York 1975

482. DERS., Kirchenrechtliche Autoritäten im Frühmittelalter, in: Schrift und Recht im Mittelalter, hrsg. von P. CLASSEN, Sigmaringen 1977, 237–255

483. H. NOTTARP, Die Bistumserrichtung in Deutschland im achten Jahrhundert, Amsterdam 1964

484. W. M. PLÖCHL, Geschichte des Kirchenrechts, 4 Bde., Bd. 1: Das Recht des ersten christlichen Jahrtausends. Von der Urkirche bis zum großen Schisma, 2. erweiterte Aufl., Wien. München 1962–1966

485. F. PRINZ, Abriß der kirchlichen und monastischen Entwicklung des Frankenreiches bis zu Karl dem Großen, in: Karl der Große, Bd. 2, Düsseldorf 1965, 290–299

486. DERS., Askese und Kultur. Vor- und frühbenediktinisches Mönchtum an der Wiege Europas, München 1980

487. DERS., Frühes Mönchtum im Frankenreich. Kultur und Gesellschaft in Gallien, den Rheinlanden und Bayern am Beispiel der monastischen Entwicklung. München. Wien 1965

488. T. REUTER (Hrsg.), The Greatest Englishman: Essays on St. Boniface and the Church at Crediton, Exeter 1980

489. G. SCHEIBELREITER, Der Bischof in merowingischer Zeit, Wien 1983

490. T. SCHIEFFER, Angelsachsen und Franken. Zwei Studien zur Kirchengeschichte des 8. Jahrhunderts, Wiesbaden 1950

491. DERS., Winfrid-Bonifatius und die christliche Grundlegung Europas, Freiburg 1954, Nachdruck Darmstadt 1972

492. R. SCHNEIDER, Karl der Große – politisches Sendungsbewußtsein und Mission, in: Nr. 474, 227–248

493. J. SEMMLER, Die Beschlüsse des Aachener Konzils im Jahre 816, in: ZKG 74 (1963) 15–82

493 a. DERS., Mönche und Kanoniker im Frankenreich Pippins III. und Karls des Großen, in: Untersuchungen zu Kloster und Stift (Studien zur Germania Sacra 14) Göttingen 1980, 78–111

494. U. STUTZ, Die Eigenkirche als Element des mittelalterlich-germanischen Kirchenrechtes, Berlin 1895, Sonderausgabe Darmstadt 1955

495. J. M. WALLACE-HADRILL, The Frankish Church, Oxford 1983

10. KULTURELLES LEBEN

496. G. BANDMANN, Die Vorbilder der Aachener Pfalzkapelle, in: Karl der Große, Bd. 3, Düsseldorf 1965, 424–462

497. W. BETZ, Karl der Große und die lingua theodisca, in: Karl der Große, Bd. 2, Düsseldorf 1965, 300–306

498. H. BEUMANN, Ideengeschichtliche Studien zu Einhard und anderen Geschichtsschreibern des frühen Mittelalters, Darmstadt 1962

499. B. BISCHOFF, Die Hofbibliothek Karls des Großen, in: Karl der Große, Bd. 2, Düsseldorf 1965, 42–62

500. DERS., Lorsch im Spiegel seiner Handschriften, München 1974

501. DERS., Panorama der Handschriftenüberlieferung aus der Zeit Karls des Großen, in: Karl der Große, Bd. 2, Düsseldorf 1965, 233–254

502. DERS., Die südostdeutschen Schreibschulen und Bibliotheken in der Karolingerzeit. Teil 1: Die bayerischen Diözesen, Leipzig 1940, Wiesbaden [3]1974; Teil 2: Die vorwiegend österreichischen Diözesen, Wiesbaden 1980

503. W. BRAUNFELS, Die Welt der Karolinger und ihre Kunst, München 1968

504. D. A. BULLOUGH, Charlemagne's Scholarship, in: English Historical Review 85 (1970) 59–105

505. P. Classen, Bemerkungen zur Pfalzenforschung am Mittelrhein, in: Deutsche Königspfalzen, Bd. 1, 1963, 75–96; auch in: Vorträge und Forschungen 28 (1983) 475–501

506. W. Edelstein, Eruditio und sapientia, Weltbild und Erziehung in der Karolingerzeit. Untersuchungen zu Alcuins Briefen, Freiburg 1965

507. L. Falkenstein, Der „Lateran" der karolingischen Pfalz zu Aachen, Köln. Graz 1966

508. H. Fichtenau, Archive der Karolingerzeit, in: Mitteilungen des österreichischen Staatsarchivs Wien 25 (1972) 15–24

509. B. Fischer, Bibeltext und Bibelreform unter Karl dem Großen, in: Karl der Große, Bd. 2, Düsseldorf 1965, 156–216

510. K. Flasch, Einführung in die Philosophie des Mittelalters, Darmstadt 1987

511. J. Fleckenstein, Die Bildungsreform Karls des Großen als Verwirklichung der norma rectitudinis, Freiburg 1953

512. G. Glauche, Schullektüre im Mittelalter. Entstehung und Wandlungen des Lektürekanons bis 1200 nach den Quellen dargestellt, München 1970

512a. W. Haubrichs, Die Anfänge: Versuche volkssprachlicher Schriftlichkeit im frühen Mittelalter: ca. 700–1050/60 (Geschichte der deutschen Literatur von den Anfängen bis zum Beginn der Neuzeit, hrsg. von J. Heinzle, Bd. 1, Teil 1) Frankfurt/M. 1988

513. K. Hauck, Gold aus Sievern, München 1970

514. K. Hecht, Der St. Galler Klosterplan, Sigmaringen 1983

515. W. Horn u. E. Born, The plan of St. Gall. A study of the architecture and economy of, and life in a paradigmatic Carolingian monastery, 3 Bde., Berkeley u. a. 1979

516. J. Hubert, J. Porcher, W. F. Volbach, L'Empire Carolingien, Paris 1968

517. dies., L'Europe des Invasions, Paris 1967

518. L. Hugot, Die Pfalz Karls des Großen in Aachen, in: Karl der Große, Bd. 3, Düsseldorf 1965, 534–572

519. D. Illmer, Formen der Erziehung und Wissensvermittlung im frühen Mittelalter. Quellenstudien zur Frage der Kontinuität des abendländischen Erziehungswesens, München 1971

520. G. Kurth, La frontière linguistique en Belgique et dans le nord de la France, 2 Bde., Brüssel 1895–98

521. P. Lehmann, Das Problem der karolingischen Renaissance, in: Settimane di studio del Centro italiano di studi sull' alto medioevo, Bd. 1, Spoleto 1954, 309–358, Neudruck in: ders., Erforschung des Mittelalters, Bd. 2, Stuttgart 1959, 109–138

522. H. Liebeschütz, Wesen und Grenzen des karolingischen Rationalismus, in: Archiv für Kulturgeschichte 33 (1951) 17–44

523. S. Mähl, Quadriga virtutum. Die Kardinaltugenden in der Geistesgeschichte der Karolingerzeit, Köln. Wien 1969

524. K. MATZEL, Karl der Große und die lingua theodisca, in: Rhein. Vjbll. 34 (1970) 172–189
525. R. MCKITTERICK, The Carolingians and the written word, Cambridge 1989
526. E. PATZELT, Die karolingische Renaissance. Beiträge zur Geschichte der Kultur des frühen Mittelalters, Wien 1924, auch in: DIES., Die karolingische Renaissance, u. C. VOGEL, La réforme cultuelle sous Pépin le Bref et sous Charlemagne, Graz 1965, 3–169
527. P. RICHÉ, Les Écoles et l'enseignement dans l'Occident chrétien de la fin du Ve siècle au milieu du XIe siècle, Paris 1979
528. DERS., Education et culture dans l'Occident barbare du VIe au VIIIe siècle, Paris 1962, [2]1967
529. M. RICHTER, Die Sprachenpolitik Karls des Großen, in: Sprachwissenschaft 7 (1982) 412–437
530. H. ROTH, Kunst der Völkerwanderungszeit (Propyläen Kunstgeschichte, Supplementband IV) Oldenburg 1979
531. DERS., Kunst und Handwerk im frühen Mittelalter, Archäologische Zeugnisse von Childerich I. bis zu Karl dem Großen, Stuttgart 1986
532. R. SCHMIDT-WIEGAND, Die Malbergischen Glossen, in: Germanische Rest- und Trümmersprachen, hrsg. v. H. BECK (Ergänzungsbände zum Reallexikon der germanischen Altertumskunde 3), Berlin u.a. 1989, 157–174
533. P. E. SCHRAMM, Karl der Große: Denkart und Grundauffassungen. Die von ihm bewirkte „Correctio" (nicht „Renaissance"), in: HZ 198 (1964) 306–345; überarb. in: DERS., Kaiser, Könige und Päpste, Bd. 1, 1968, 302–342
534. W. V. D. STEINEN, Der Neubeginn, in: Karl der Große, Bd. 2, Düsseldorf 1965, 9–27
535. H. THOMAS, Der Ursprung des Wortes Theodiscus, in: HZ 247 (1988) 295–331
536. W. ULLMANN, The Carolingian Renaissance and the Idea of Kingship, London 1969
537. A. VERBEEK, Die architektonische Nachfolge der Aachener Pfalzkapelle, in: Karl der Große, Bd. 3, Düsseldorf 1965, 113–156
538. C. VOGEL, La réforme liturgique sous Charlemagne, in: Karl der Große, Bd. 2, Düsseldorf 1965, 217–232
539. Der Volksname Deutsch, hrsg. von H. EGGERS, Darmstadt 1970
540. L. WALLACH, Alcuin und Charlemagne: Studies in Carolingian History and Literature, Ithaca 1959
541. DERS., Diplomatic Studies in Latin and Greek Documents from the Carolingian Age, Ithaca. London 1977

ANHANG

Abkürzungsverzeichnis

AD	=	Archiv für Diplomatik
DA	=	Deutsches Archiv für Erforschung des Mittelalters
GWU	=	Geschichte in Wissenschaft und Unterricht
HJb	=	Historisches Jahrbuch
HRG	=	Handwörterbuch zur deutschen Rechtsgeschichte
HZ	=	Historische Zeitschrift
MIÖG	=	Mitteilungen des Instituts für österreichische Geschichtsforschung
NA	=	Neues Archiv
Rhein. Vjbll.	=	Rheinische Vierteljahrsblätter
TRE	=	Theologische Realenzyklopädie
VSWG	=	Vierteljahrschrift für Sozial- und Wirtschaftsgeschichte
ZfG	=	Zeitschrift für Geschichtswissenschaft
ZGORh	=	Zeitschrift für die Geschichte des Oberrheins
ZKG	=	Zeitschrift für Kirchengeschichte
ZRG GA	=	Zeitschrift der Savigny-Stiftung für Rechtsgeschichte, Germanistische Abteilung

Zeittafel

Mitte 3. Jh.	Erste Bezeichnungen des fränkischen Stammes in römischen Quellen
seit Mitte 4. Jh.	Frühe gallisch-germanische Mischkultur zwischen Loire und Rhein
460–482	König Childerich I.
482–511	König Chlodwig
486/7	Sieg über den Romanen Syagrius
496/7	Sieg über die Alemannen
498	Chlodwigs Taufe in Reims zu Weihnachten
511	Teilung des Frankenreiches unter Chlodwigs Söhne: Theuderich (Reims); Chlodomer (Orléans); Childebert (Paris); Chlothar I. (Soissons)
ab 523	Unterwerfung des Burgunderreiches
531	Das Thüringerreich unter fränkischer Abhängigkeit
ab 558	Chlothar I. Alleinherrscher über das Frankenreich
560/61	Teilung des Reiches unter Chlothars I. Söhne: Charibert (Paris); Guntram (Orléans); Chilperich (Soissons); Sigibert (Reims) – (Ende der „Fränkischen Geschichten" Gregors von Tours 593/4) –
613	Chlothar II. Alleinherrscher über das Frankenreich
614	Pariser Edikt (Edictum Chlotharii)
639	Tod Dagoberts I. (seit 632 Alleinherrscher) – (Ende der Fredegarchronik zum Jahre 643) –
656	sog. Staatsstreich Grimoalds
686	Merowingervertrag von Andelot (Ausgleich zwischen Guntram und Childebert II.)
687	Schlacht bei Tertry/Somme: Pippin (der Mittlere) wird alleiniger Hausmeier und nennt sich princeps Francorum
711	Arabische Invasion in Spanien
732	Sieg Karl Martells bei Poitiers: Ende der arabisch-muslimischen Ausdehnung
741	Tod Karl Martells
751	Karolingischer Staatsstreich: Pippin König
754	Vertrag von Ponthion zwischen Papst Stephan III. und dem Frankenkönig
756	„Geburtsjahr" des Kirchenstaates um Rom und Ravenna

768	Tod König Pippins: Reichsteilung unter seine Söhne Karl und Karlmann
771	Karl (der Große) Alleinherrscher
774	Untergang des selbständigen Langobardenreiches. Karl d. Gr. auch rex Langobardorum
788	Sturz Herzog Tassilos III. von Bayern
795	Niederwerfung des Awarenreiches
772–ca. 800	Eingliederung der Sachsen in den fränkischen Reichsverband
800 Dezember 25:	Kaiserkrönung Karls des Großen
806	Divisio regnorum (später nicht realisiertes Reichsteilungsprojekt)
813	Kaiserkrönung Ludwigs des Frommen in Aachen
814 Januar 28:	Tod Karls des Großen: Ludwig der Fromme Alleinherrscher
816	Beginn der geistlichen und weltlichen Reformgesetzgebung
817	Vertrag mit dem Papsttum (Pactum Ludovicianum) Reichstag in Aachen: Ludwigs d. Fr. ältester Sohn Lothar (I.) Mitkaiser; Ordinatio Imperii – Reichsteilungsprojekt (Ursache jahrzehntelangen Nachfolgestreits)
818	Empörungsversuch Bernhards von Italien
823	Lothar I. Regent Italiens
824	Korrektur des Pactum Ludovicianum durch Lothar I. (Constitutio Romana)
831	erneutes Reichsteilungsprojekt (auf der Basis der Divisio von 806)
833	Niederlage Ludwigs d. Fr. auf dem „Lügenfeld" bei Colmar gegen seine Söhne; Herrschaftsverzicht und Kirchenbuße
834	Restituierung Ludwigs d. Fr. als Kaiser
838	Tod Pippins I., Ludwigs d. Fr. Sohn: sein eigener Sohn Pippin II. als Erbe weitgehend ausgeschaltet
839	Reichsteilungsprojekt zugunsten Lothars I. und Karls des Kahlen
840	Tod Ludwigs des Frommen und Ausbruch des offenen Bruderkriegs zwischen seinen Söhnen Lothar I., Ludwig dem Deutschen und Karl dem Kahlen

Stammtafel der Merowinger

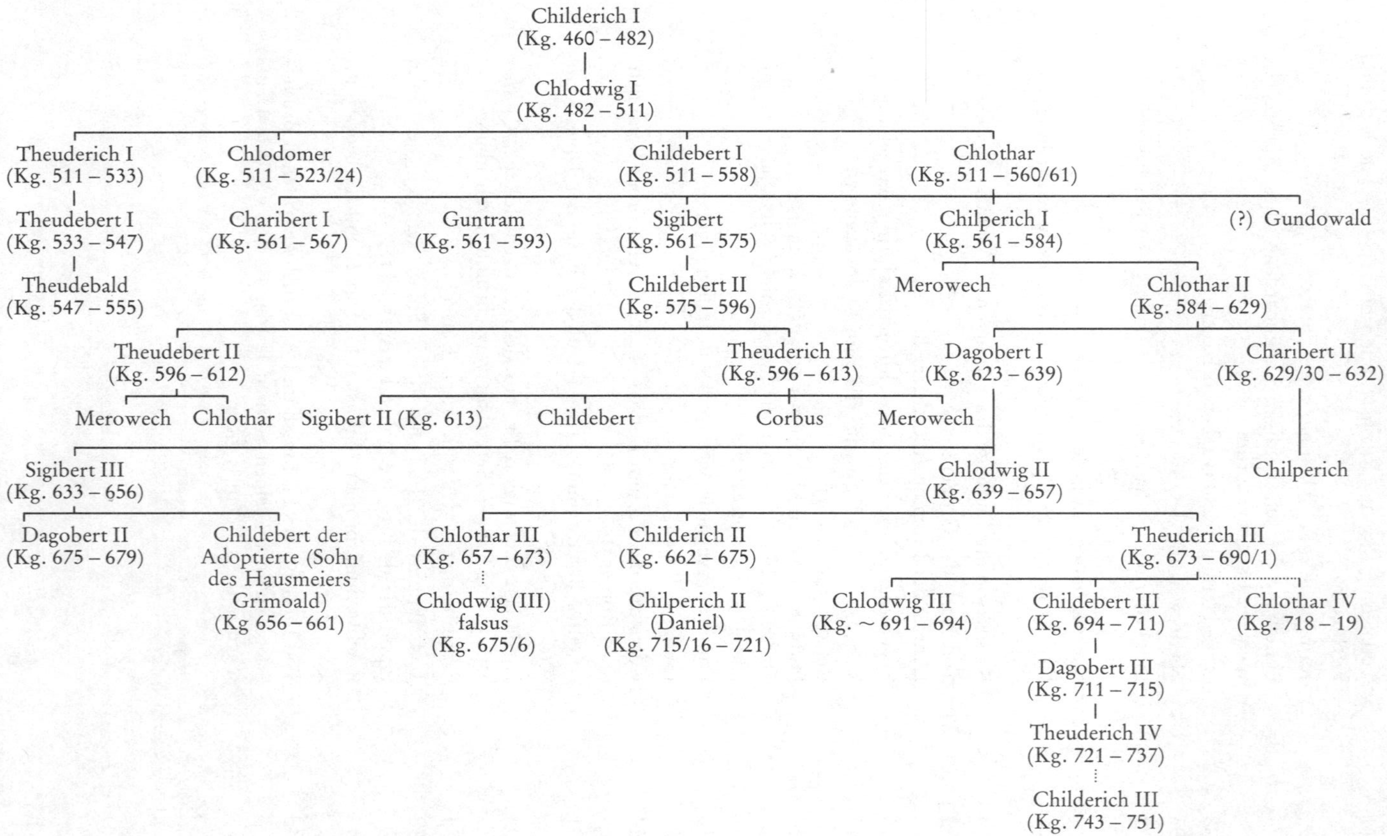

Stammtafel der Karolinger

- **Arnulf** (Bischof von Metz 614 – 629)
  - **Chlodulf** Domesticus (B. v. Metz um 660)
  - **Ansegisel** (Domesticus) ∞ **Begga**
    - **Pippin der Mittlere** (Hausmeier, † 714)
      - **Drogo** (Hz. d. Champagne † 708)
      - **Grimoald II** (Hausmeier, † 714)
        - **Theudoald** (Hausmeier)
      - **Karl Martell** (Hausmeier 714 – 741)
        - **Karlmann** (Hausmeier, 741 – 747, † 754
        - **Pippin** (Hausmeier 741 Kg. 751/52 – 768)
          - **Karl der Große** (Kg. 768 – 814, K. 800)
            - **Karl** († 811)
            - **Pippin** (781 Kg. v. Italien, † 810)
              - **Bernhard** (Kg. v. Italien, † 818)
            - **Ludwig I. der Fromme** (K. 813 – 840)
              - **Lothar I** (K. 817, † 855)
                - **Ludwig II** (Kg. v. Italien 844 – 875, K. 850)
                - **Lothar II** (Kg. 855 – 869)
                - **Karl** (Kg. v. Burgund 855 – 863)
              - **Pippin I** (Kg. v. Aquitanien, † 838)
                - **Pippin II** (Kg. v. Aquitanien, † nach 864)
              - **Ludwig II d. Deutsche** (Kg. d. Ostfränk. Reichs, † 876)
                - **Karlmann** (Kg. 876 – 880)
                - **Ludwig III d. Jüngere** (Kg. 876 – 882)
                - **Karl III** (Kg. 876, K. 881, abges. 887 † 888)
              - **Karl II d. Kahle** (Kg. d. Westfränk. Reichs, 840 – 877, K. 875)
                - **Ludwig II d. Stammler** (Kg. 877 – 879)
              - **Gisela**
                - **Berengar I** (Kg. v. Italien 888 – 924, K. 915)
          - **Karlmann** (Kg. 768 – 771)
        - **Grifo** († 753)
        - **Chiltrud** († 748)
          - **Tassilo III** (Hz. v. Bayern 748 – 788)
        - **Bernhard**
          - **Adalhard** (Abt. v. Corbie, † 826)
          - **Wala** († 836)
- **Pippin der Ältere** (Hausmeier in Austrien, † 640)
  - **Begga** (see above)
  - **Gertrud** (Äbtissin v. Nivelles, † 659)
  - **Grimoald I** (Hausmeier, † 661)
    - **Childebert der Adoptierte** (Kg. 656 – 661)

Personenregister

(Namen moderner Autoren sind kursiv gesetzt)

Orts- und Sachregister

(nicht ausgewiesen werden Begriffe wie Franken, Karolinger, Merowinger, Europa etc.)

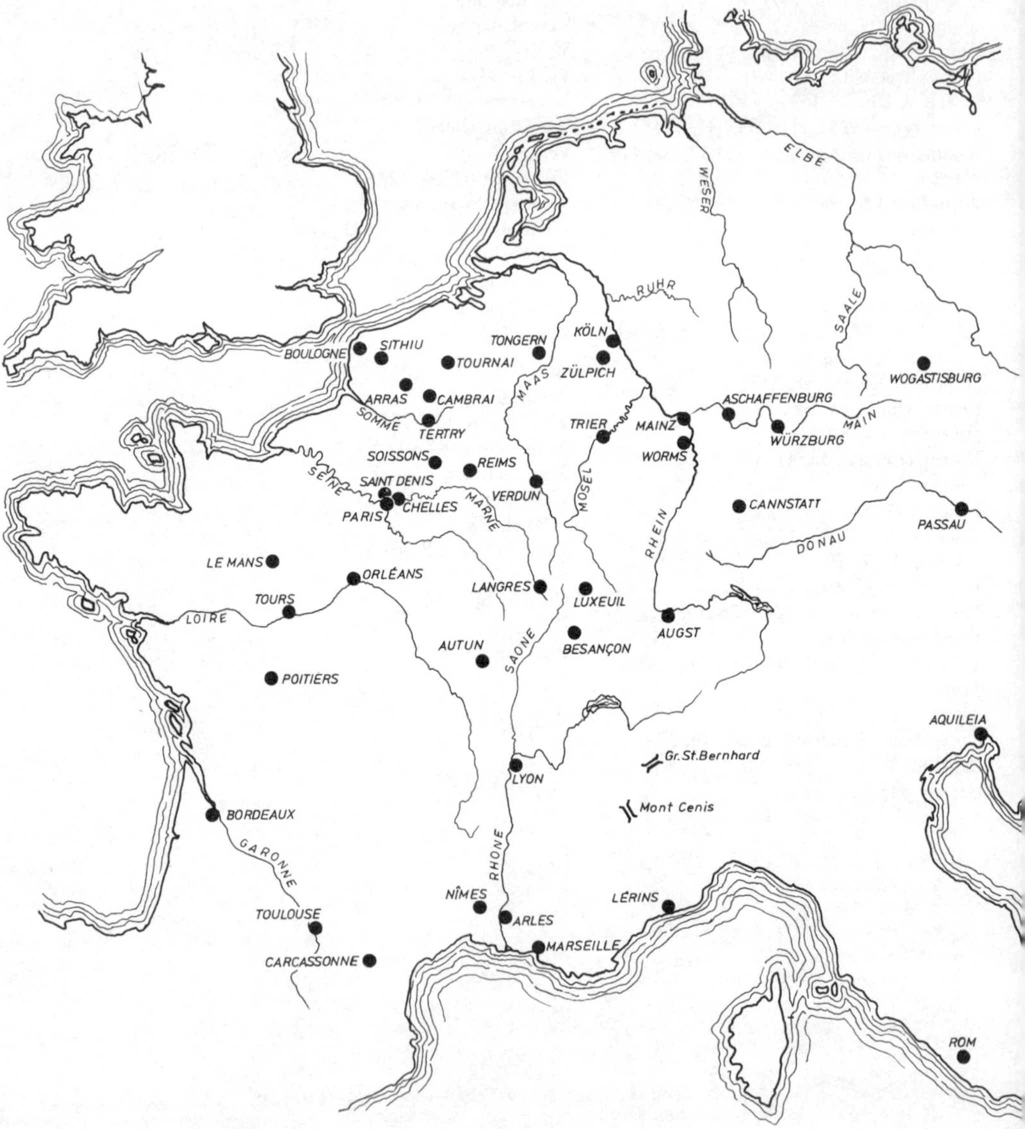

Das Frankenreich in merowingischer Zeit (verzeichnet sind vornehmlich die im Textteil genannten Orte)

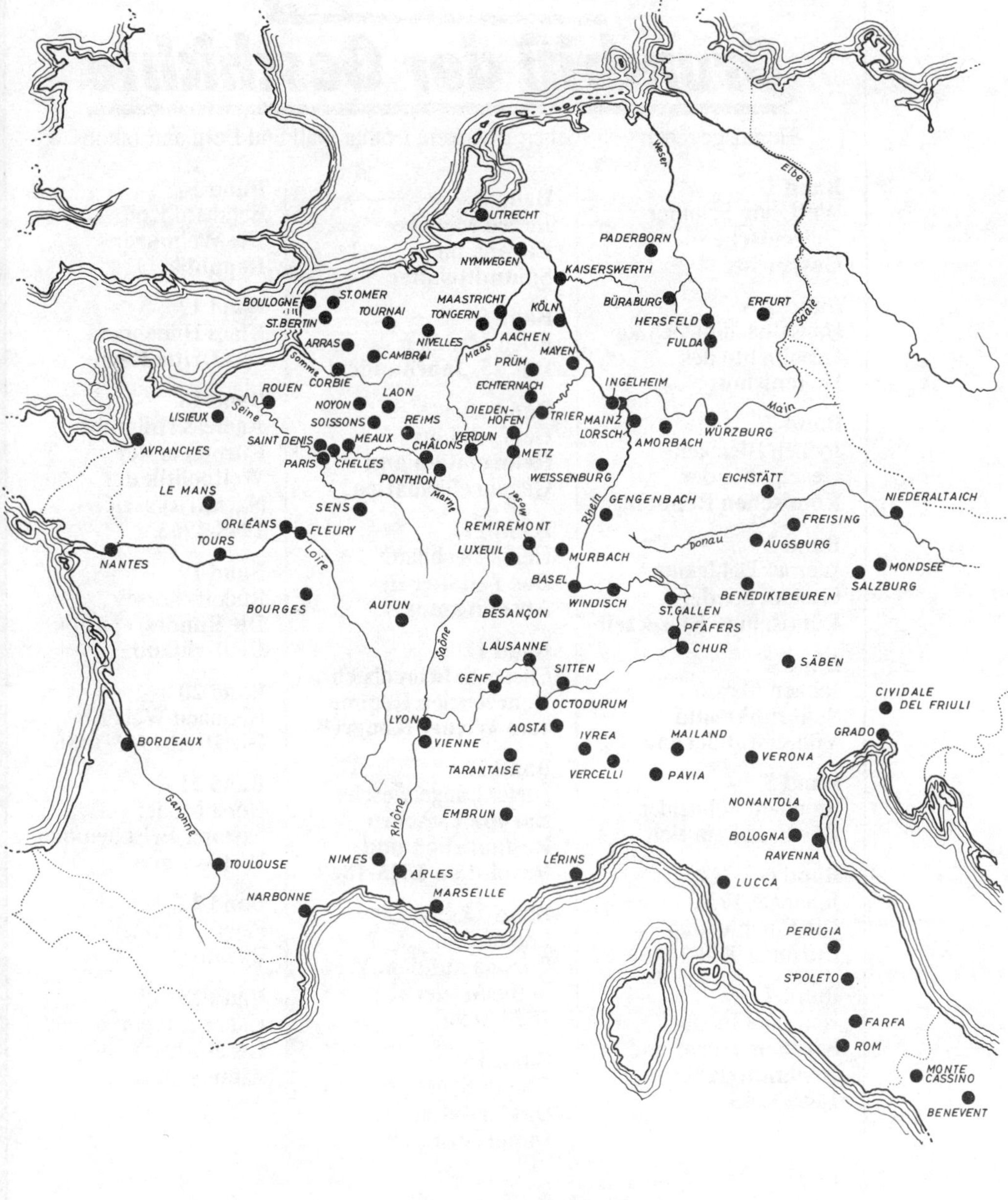

Das Frankenreich in karolingischer Zeit (verzeichnet sind vornehmlich die im Textteil genannten Orte; die punktierten Linien deuten die Marken an).